岩　波　現　代　文　庫

〈戦後知〉を歴史化する

歴史論集 2

成田龍一
Ryuichi Narita

学術 433

岩波書店

だからフィクションというようなものも、リアリティに近づいてゆくための一つの手段としては、ほとんど考えられていない。つまり、そこには事実や実感に対する懐疑というものがない。

花田清輝「記録芸術論」

歴史論集2　まえがき

「歴史論集」の二冊目となる『〈戦後知〉を歴史化する』は、〈戦後知〉に関する論稿の集成となっている。〈戦後知〉とは聞きなれない語であろうが、歴史家・安丸良夫の造語によっており、A「戦後思想」とB「現代思想」とを包含する概念である。AとBとは順接の関係ではないうえに、歴史学においては、「戦後歴史学」が「戦後思想」と親しい関係にあったのに対し、「現代歴史学」は「現代思想」と必ずしも向き合ってはいない。A／Bに対応してしかるべきはずの「戦後歴史学」／「現代歴史学」のあいだには、相互に少なからぬ温度差がある。さきの「歴史論集1」では、そのことを「史学史」として考察したが、「歴史論集2」では、「学知」の動きのなかでそれを探る。換言すれば、「歴史学」が提供され、語り出される磁場の推移とその考察である。

「戦後思想」／「現代思想」の関係性を含めた知のありようを探り、「戦後」／「「戦後」後」を包括して考察すること――〈戦後知〉を探る論稿の集成ということとなる。

「歴史論集2」の軸のひとつは、文学作品および文学研究への言及である。ここに焦点を当て、「歴史論集2」の一端を示しておこう。

「戦後文学」と文学史で括りあげられる作品群は(なんらかのかたちで)「戦後思想」と関係していたが、一九七〇年代以降、「戦後思想」と切断された文学作品が提供されるようになる。それに伴って変化した文学史は、書き換えにとどまらず、文学史の概念そのものを転回するに至っている。「歴史と文学」という問題系で考えるとき、「戦後思想」のもとでの議論と、「現代思想」のもとでの議論とではその様相が大きく異なるということである。

『社会文学』第五一号(二〇二〇年)は「歴史学と文学」を特集し、岩崎稔、上野千鶴子、小森陽一、林少陽らの論稿を掲載している。あえて「歴史と文学」ではなく、「歴史学と文学」といい、主題の移行を明示している。副題を「言語論的転回以後を考える」とし、哲学、社会学、比較文学へと議論を開き、かつてのような「歴史文学」の考察から遠く離れた問題設定を試みた。そして、歴史叙述の理論的な検証に及び、ヘイドン・ホワイト『メタヒストリー』やイヴァン・ジャブロンカ『歴史は現代文学である』に言及している。

たとえば同誌に掲げられた、フランス史家・長谷川まゆ帆「古い世界を内側から爆破する」は、ジャブロンカの議論を、歴史学における歴史叙述のありよう――「調査の水準と分析のレベルを少しも落とさずに、叙述のさらなる可能性を探り、歴史学がもちうる力を回復させていくことを模索している」と読み解く。理論的かつ世界を視野に収めた議論として「歴史と文学」が展開されるに至り、「戦後思想」のもとでの問題提起から、その問題構成を大きく推移させていることがうかがえる。

同時に『社会文学』それ自身の軌跡もまた、こうした「戦後」から「「戦後」後」の問題意識へと赴く過程を示している。創刊号(一九八七年)に「民権(自由民権運動―註)と文学」を特集し出発した『社会文学』は、「女性解放と文学」(第二号、一九八八年)、「天皇制と文学」(第三号、一九八九年)として文学と社会との接点を探り、「核」「環境」「言論の自由」、また日清・日露戦争からアジア・太平洋戦争に及ぶ「戦争」へと焦点を定めていく。もっぱら近代文学を対象とし、その問題意識に「近代」日本の問題を見出し、論点を提供した。

そうしたなか、一九九七年(第一一号)には「ジェンダー」、九九年(第一三号)には「ポストコロニアリズム」の用語/概念が用いられ、「帝国」「アジア」が対象/視点とされる。「海峡」という問題提起があり、「在日文学」から「環日本海文学」や「環「東シナ海」文学」が唱えられる。「沖縄」への言及も目立つようになる。さらに、「「戦後」後」を象徴する東日本大震災・原子力発電所の事故に対しては「大量死」として問題を提起した。方法的にも、二〇〇六年(第二三号)には「記憶と文学」へといきつき、グローバリゼーションのなかでの「貧困×ジェンダー×戦争」(第四三号、二〇一六年)が、その現在形となっている(「　」内は、特集タイトル、ないしその一部である)。

さきの「歴史学と文学」は、こうした文学と社会の接点を探る営みの延長線上にあり、方法と認識に着目したうえで議論を開いている。

知識人像も、こうした文脈で考察するとき、「知識人」を前提として、その責任を問うたサルトルから、「知識人とは何か」を問いかけたサイードへの推移がうかがわれる。加藤周一や丸山眞男に代表される知識人像からの離陸である。「知識人」という概念はすぐれて近代的／戦後的な概念だが、あらゆる問題を引き受け、演繹的な思考を示すのではなく、自らの立場に固執し帰納的な議論をすることが現代／現在の知的な姿となっていよう。「戦後知識人」から「現代知識人」へと推移し、転回していっているといいうる。

このことは、帝国―植民地という対象、移動という問題系へと議論の重心が移るということでもある。森崎和江や金石範、李恢成ら植民地主義を考察する論者に関心が寄せられ、「引揚げ」がさかんに議論されることと軌を一にしている。また、近代を問題化しあらたな語りをおこなう石牟礼道子への昨今の着目も、現代知識人への関心ゆえのことであろう。

このとき、まずはA「戦後思想」とB「現代思想」との分節をしたうえで、知識人の位相をAとBとをあわせて問題化しようとする営みが、本書「歴史論集2」に通底している。ことは「戦後」と「「戦後」後」の歴史化ということでもあった。

とともに、いまひとつ書き留めておきたいのは、B「現代思想」のなかからもあらたな動きが見えてきているということである。それをCとしたとき、たとえば「新実存主義」としてかたちが見え始めてきている。文学作品に即せば、あらたな書き手の登場であり、作品のあらたな読みの開始である。とくに、東日本大震災以降の文学と文学史／文学研究は、そのことを示している。近刊の木村朗子・アンヌ・バヤール＝坂井編『世界文学としての〈震災後文学〉』(明石書店、二〇二一年)はこうした動向の指標のひとつとなろう。フランスと日本の文学研究者の共同研究にもとづく二度の国際会議(二〇一八年、一九年)の記録として刊行されている。

同書は(木村の提起にかかわる)「震災後文学」という対象と視点の提示、それを読み解く概念と方法の探求とその実践によって、「既存の文学観、枠組みそのもの」を揺るがすことが意図される。同時に、(「震災後文学」を日本の経験に囲い込まず)「世界文学」として開くことを試みる。かかる実践が「世界同時進行」の営みであることを意識的に遂行し、高橋源一郎や多和田葉子、あるいは小林エリカらの新しい文学を考察し、大杉栄・金子文子らの読みなおしがなされる。またエンターテインメントの作品への目配りもある。

東日本大震災における原子力発電所の事故は、「戦後」が生みだし、「「戦後」後」の事態をつくりだす出来事であった。「震災後文学」という対象と視点は、A／Bの関係を問うとともに、Cとしてのあらたな事態を表出するものとなっている。このことは、「危機の時代」との認識となり、「歴史論集3」の主題と重なってくる。

＊

「歴史論集」全3巻の刊行の経緯については、「歴史論集1」の「まえがき」をごらんいただきたい。戸邉秀明さんの編集・構成によるもので、深くお礼を申し上げます。

目次

I 「戦後文学」の歴史意識——歴史学からの対峙

Ⅲ 「現代思想」への〈転回〉を歴史化する

問題の入口

なぜ〈戦後知〉を問うのか

第1章　〈戦後知〉のありか

〈戦後知〉とは聞きなれない語であろうが、歴史家の安丸良夫が仮説的に提示した概念である(安丸・喜安朗編『戦後知の可能性』山川出版社、二〇一〇年)。「戦後歴史学」から出発した安丸は、「現代歴史学」に踏み込み、現代思想の語り手ともなった。そうした安丸は、一九八〇年代を分水嶺とするA「戦後思想」とB「現代思想」――それに近似する「戦後」と「戦後後」、「モダン」と「ポストモダン」といった時間、そして文学、思想、歴史といった領域をあわせ視野に収めようとし、〈戦後知〉という概念を提唱した。敗戦後から現在に至るまでの思考(「知」)の総体を把握しようとの意図である。

やっかいなことに、敗戦後から一九七〇年代までまがりなりにも持続してきたA「戦後思想」という塊《かたまり》と、それを批判するように成立してきたB「現代思想」とは、互いに対立的に、あるいは対抗的に位置している。〈戦後知〉とは、その内部対立を見据えながら、あらためて戦後における知的な営みを、総体として把握する営みを意味する。

この〈戦後知〉のありようは、文庫という出版形態のありようともぴったりと重なる。

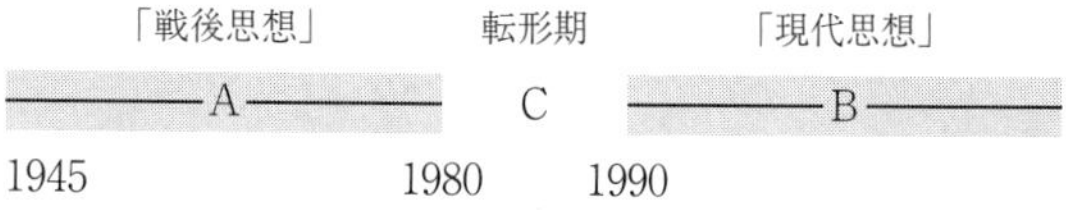

図　〈戦後知〉

従来の文庫では「文芸路線」がいわれ、A「戦後思想」の目で選択される作品が古典として収蔵されていた。「戦後」の理念を追求するための書目が選び出され、人びとの教養の分厚い基盤をなしていた。

その文庫が現在のように変容したのは、一九七〇年代後半ころからである。「大衆化路線」が台頭し、話題となりベストセラーとなったエンターテインメントが、刊行書目の主軸をなすようになる。この変容の背後にはB「現代思想」の登場があり、絶対的なものとされていたA「戦後思想」の価値が相対化され、(「戦後思想」の拠点としての)文庫がエンタメ化していった。他方、Bの作品を収蔵する器として学術系、文芸系に特化された文庫が創刊され、文庫多様化の現象がいまに至っている。

本歴史論集の版元である岩波書店においても同様に、Aの典型であり、戦後的教養の基層を収める「岩波文庫」にくわえ、「同時代ライブラリー」(一九九〇―九八年)をへて、二〇〇〇年に「岩波現代文庫」が創刊された。「岩波現代文庫　解説目録」に付された文章では、「同時代人」の諸問題への取り組みが強調され、「現代日本の自叙伝」を謳う(「読者のみなさまへ」)。ここでいわれる「現代」こそ、「戦後」と「戦後後」をあわせた時間と領域であり、〈戦後知〉といいかえることができよう。岩波現代文庫を手がかりに〈戦後知〉のありかを探ってみたい。

岩波現代文庫（以下、現代文庫）は、刊行時、帯に「本格派文庫宣言」を謳っていた。「学術」（青）、「文芸」（赤）、「社会」（緑）と三つの領域をカバーし、それぞれ色分けをする。他社は複数の文庫レーベルを用いて差異化を行うが、現代文庫は同一レーベル内でそれがなされる。

発刊時（二〇〇〇年）の書目には、（Aの作品として）大塚久雄『共同体の基礎理論』（青）、石母田正『神話と文学』（青）、渡辺一夫『曲説フランス文学』や柳田泉・勝本清一郎・猪野謙二編『座談会　明治・大正文学史』（六冊、赤）とともに、（Bとして）山口昌男『天皇制の文化人類学』（青）、筒井康隆『文学部唯野教授』（赤）などがあった。また、鎌田慧『日本列島を往く』（六冊）、澤地久枝『わたしが生きた「昭和」』が、（緑）に加えられた（以下、書名の副題は省略する）。

大塚久雄、石母田正はいうまでもなく歴史家として「戦後歴史学」の基礎を築き、渡辺一夫は抵抗のフランス文学者として戦時をくぐり抜け、戦後の指針を示した。そうした「戦後思想」と並べて、「現代思想」を縦横に用いあらたな「知」を展開した文化人類学者（山口昌男）と、あらたな文学理論を換骨奪胎し小説の冒険を続ける作家（筒井康隆）の代表作を収録した。

AとBとをあわせることによって二〇〇〇年の状況に向き合う構えを示し、さらにもっとも状況に敏感であった書き手の自伝やルポルタージュによって状況を説明しようとする。

とともに、配本が進むにつれ、次第にBの著者や書目が目立つようになる点が見逃せない。慎重な言い方をすれば、「同時代ライブラリー」を受け継ぐかたちで、当初はA「戦後思想」の書目が多かった現代文庫であるが、次第にBが主流となってきている。Aを軸足にBに目を配るありようから、Bが本流となってきている。

いま少し具体的に言えば、A「戦後思想家」としての丸山眞男や藤田省三、加藤周一らの作品とともに、B「現代思想家」の思索が収録されるということであり、柄谷行人(『定本 日本近代文学の起源』二〇〇八年、など)、上野千鶴子(『ナショナリズムとジェンダー 新版』二〇一二年、など)、見田宗介(『宮沢賢治』二〇〇一年、など)らの作品を、現代文庫で手にすることができる。

A丸山・藤田・加藤ら「戦後思想」の巨人はすでに岩波文庫の対象でもあるため、現代文庫では、丸山らの座談や講演、インタヴューといった作品が収められる。同時に、宮村治雄『丸山眞男『日本の思想』精読』(二〇〇一年)、間宮陽介『丸山眞男を読む』(二〇一四年)のような「読み」を示した著作のなかに、丸山らは登場する。Aを収録するだけではなく、BのもとでのAのありよう(受容)が探られることが、おなじ文庫のなかでなされている。

そのほか、Bにかかわっては、ヴァルター・ベンヤミン『パサージュ論』(全五巻、二〇〇三年。二〇二〇年から岩波文庫として刊行中)、ハンス・ヤウス『挑発としての文学史』(二〇〇一年)、カラー『新版 ディコンストラクション』(I・II、二〇〇九年)など、「現代思想」において必読の文献が収められる。

歴史学でいえば、A「戦後歴史学」に次ぐ、B「民衆史研究」や「社会史研究」の書目が目立つということとなる。世界史におけるBの書目としては、社会史研究の代表作である川北稔『民衆の大英帝国』(二〇〇八年)、喜安朗『パリの聖月曜日』(二〇〇八年)、谷川稔『十字架と三色旗』(二〇一五年)、二宮宏之『マルク・ブロックを読む』(二〇一六年)が収められ、阿部謹也『ヨーロッパを見る視角』(二〇〇六年)、樺山紘一『歴史のなかのからだ』(二〇〇八年)、柴田三千雄『フランス革命』(二〇〇七年)なども加え、目白押しである。このような書目が並ぶことによって、一九八〇年代以降に展開されていった社会史研究の動きが、テクスト群によって再現され、あらたな興奮が沸き起こる。

川北は「近代イギリスの路地裏は、つねに帝国につながっていたのである」とその書を結び、帝国をあらたな角度と射程で考察し、谷川は「習俗」に入り込み「伝統的な日常生活」の切断―政教分離に着目したフランス革命像を描く。また、二宮は歴史家の営みのなかに歴史のありようを探り、喜安は一九世紀パリの民衆世界に肉薄する。

他方、日本史においても、「戦後歴史学」に批判的に向き合う、色川大吉『明治精神史』(上下、二〇〇八年)から、安丸良夫『出口なお』(二〇一三年)、ひろたまさき『福沢諭吉』(二〇一五年)、鹿野政直『沖縄の淵』(二〇一八年)、網野善彦『宮本常一『忘れられた日本人』を読む』(二〇一三年)などがある。そして、こうした書目は、清水透『ラテンアメリカ五〇〇年』(二〇一七年)、保苅実『ラディカル・オーラル・ヒストリー』(二〇一八年)などの尖端の歴史叙述へと至るのである。

このことは、現代文庫を手にした私の読書の履歴でもある。久野収・鶴見俊輔・藤田省三『戦後日本の思想』(二〇一〇年)、本多秋五『物語 戦後文学史』(上中下、二〇〇五年)などは、「同時代ライブラリー」から続投だが、〈戦後知〉の論点を提示する案内書であり、有力なAの指針であった。

さらに、子安宣邦、多木浩二、中村雄二郎、前田愛、田中克彦、川田順造あるいは、中井久夫や廣松渉ら、一九七〇年代後半に大学院生であった私が繰り返し学んだ著者の書目がはいっている。Aに対抗的にむきあう学知、すなわちBの営みとして親しんだ作品群が、いまや現代文庫の書目となっている。

文芸の面でも、創刊時の筒井康隆『文学部唯野教授』(二〇〇〇年)は、Bの書目を収める姿勢を強く印象付け、その後も、「野坂昭如ルネッサンス」として野坂の作品を刊行し、さまざまな社会問題に鋭角的に切り込んだ梶山季之の小説・ルポルタージュを並べるなどは、AからBへと推移する過程を意識していよう。

このような現代文庫におけるAとBの書目の配分の推移からは、〈戦後知〉をめぐる動態的な営みの進行がうかがわれる。〈戦後知〉の成分としての「戦後思想」＝「戦後歴史学」から、「現代思想」としての「民衆史研究」「社会史研究」を注ぎ込み、〈戦後知〉の味付けを変えていった。いまや、大澤真幸『自由という牢獄』(二〇一八年)、姜尚中『オリエンタリズムの彼方へ』(二〇〇四年)、四方田犬彦『李香蘭と原節子』(二〇一一年)、小森陽一『漱石を読みなおす』(二〇一六年)、あるいはイ・ヨンスク『「国語」という思想』(二〇一二年)、村井紀『新版　南島イデオロギーの発生』(二〇〇四年)なども〈戦後知〉のなかに座席を与えられている。

このとき、証言―現場からの回想も見逃すことはできない。村山富市元首相の回顧録から、水俣病の解明に尽力した医師・原田正純の『いのちの旅』(二〇一六年)、さらにかつて存在した都立朝鮮人学校で教鞭をとった梶井陟による『都立朝鮮人学校の日本人教師』(二〇一四年)などを含みこむ。町工場を描く小関智弘『粋な旋盤工』(二〇〇〇年)、家族の抱える問題を描く春日キスヨ『家族の条件』(二〇〇〇年)、「中国残留「孤児」」を追った井出孫六『終わりなき旅』(二〇〇四年)、また、アジアからの出稼ぎ女性を取材した山谷哲夫『じゃぱゆきさん』(二〇〇五年)など、AからBへと推移する時代の光景を書き留めた著作がある。

吉田裕『日本人の戦争観』(二〇〇五年)、西川祐子・上野千鶴子・荻野美穂『フェミニズムの時代を生きて』(二〇一一年)は、戦後の過程を歴史化し、「戦後後」の入口を示すことによって、〈戦後知〉へのあらたな案内となっている。

現代文庫には、かくして〈戦後知〉が収蔵されている。むろん、文庫という形態一般の特徴が、現代文庫でも意識的に追求されている。たとえば、現代文庫では、河合隼雄や石井桃子、向田邦子、井上清らの著作を集めた数巻に及ぶ「コレクション」(ミニシリーズ)がある。また、シベリア抑留を経験した詩人・石原吉郎や、歴史の知恵を提示する思想史家の久野収や橋川文三、日高六郎、核エネルギーに言及した高木仁三郎らについては、その重要な作品を「セレクション」と銘打って一冊にまとめており、彼らの思索への適切な入門として機能している。さきの図(四頁)では、おおむねC「転形期」の「知」を領導した人びとである。

また、発掘といってよいような、高杉一郎『征きて還りし兵の記憶』(二〇〇二年)、国場幸太郎『沖縄の歩み』(二〇一九年)、井上俊夫『初めて人を殺す』(二〇〇五年)、伊藤明彦『未来からの遺言』(二〇一二年)なども目に留まる。

そして、「新版」「新編」「定本」「増補」「改訂」「新編集」「決定版」など、さまざまな言い方のもとで、元の版とは異なった現代文庫としての提供がなされていることにも着目すべきであろう。元本が書かれた時の文脈を踏まえながら、あらたな社会的・歴史的な文脈のなかでテクスト(本文)を編み直す営みであり、AやCの作品をBのもとで読むときには効果的である。

現代文庫は著者が存命であることが多く、「大幅加筆」や、「新稿」を収録することもある。大城立裕『カクテル・パーティー』(二〇一一年)は、芥川賞を受賞した表題小説に加え、その「戯曲」版を併録するなど、印象的であった。現代文庫版への「まえがき」や「あとがき」も、著者自らが元本にあらたな意味を付そうとする営みにほかならず、自身によって新たな生命を吹き込んでいる。

こうした多様・多岐にわたる付加価値のなかでも、〈戦後知〉の観点からみたとき、現代文庫で着目すべきは、やはり「解説」であろう。さきに記した第一回配本のうち、大塚『共同体の基礎理論』の解説は、姜尚中が記している。作品と解説の組み合わせとして考えられる(1)「A作品・A解説」、(2)「B作品・B解説」、(3)「A作品・B解説」のなかの(3)である。また保苅『ラディカル・オーラル・ヒストリー』の解説は本橋哲也が担当し(2)となっている。

戦後を生き、戦後を経験することを「戦後経験」というが、同様の意味あいで「〈戦後知〉経験」をいうとき、その「経験」をあたえる器として現代文庫が機能していることに、あらためて思いが至る。〈戦後知〉とは、AとBとのどちらにも軸足を置かずに、さらにいえば転形期の思想を領導したCを介在させながら、双方を見渡す概念にほかならない。姜による『共同体の基礎理論』の解説や『ラディカル・オーラル・ヒストリー』を読み解く本橋の解説は、まさにその概念にもとづく営みとなっていよう。こうした営みに〈戦後知〉の根幹があり、そこに現代文庫は位置している。

第2章 「戦後七〇年」のなかの戦後日本思想

はじめに

まずは、「戦後七〇年」といういい方への違和感、もう少し強いことばでいえば問題点から、話を始めたいと思います。

すでに、いまから二〇年前のこと。一九九五年の「戦後五〇年」をめぐって、アメリカの歴史家で、近現代日本史を研究するキャロル・グラックは、「敗戦五〇年」ならばともかく、「戦後五〇年」というのは、世界ではありえない。日本ほど「戦後」が長く続いたところはない、と述べています(「戦後五〇年」『歴史で考える』梅崎透訳、岩波書店、二〇〇七年、所収)。グラックの議論は仔細で、日本におけるいくつもの戦後論を検討し、戦後日本における「戦後」概念がもつ意味を歴史的かつ構造的に説き、「戦後五〇年」を批判的に分析しました。

しかし、グラックの議論にもかかわらず、ついに「戦後七〇年」を迎えてしまいました。メディアをはじめ歴史学界においてさえも、「戦後七〇年」といういい方が幅を利かせています。このことは、「戦後」という時間と空間が、このかん、ずっと続いてきているという意識―無意識にほかなりません。ことばを換えれば、「戦後」というアイデンティティが、(歴史家をも含めた)日本国民のなかに強くある、ということです。さらにいいかえれば、七〇年間、主体的な変革をおこなってこなかったということの無自覚な表白でもあります。

したがって、とあえて言いますが、本来ならば、恥の感覚をもつべき「戦後七〇年」ということが、堂々と言われていることに、私は違和感をもつのです。

「戦後七〇年」とは、「戦後」の時間・空間がいまにいたるまで連綿として続き、このかんの時間・空間の均一性を自明化したいい方であり、「戦後」のなかにあった凹凸、裂け目と切れ目をなだらかにしてしまい、遠近の感覚を無化してしまうことになります。また、〈いま〉に対する無条件の肯定と、アイデンティティとしての「戦後」の自明性を前提としています。〈いま〉と歴史への批判の欠如が、「戦後七〇年」といういい方のなかにあらわれています。

このように考えてくると、「戦後七〇年」といういい方自体を歴史的な検討に付すこと、そして「戦後」の歴史化をおこなっていくという課題が、いまに求められているということになるでしょう。「戦後七〇年」に「戦後」を論じる意味は、ここにあります。

1　「戦後」を論じる環境と条件

「戦後五〇年」から「戦後七〇年」に至る二〇年間は、「敗戦後論」(加藤典洋)から「永続敗戦論」(白井聡)、村山富市首相の「五〇年談話」から小泉純一郎首相「六〇年談話」をへて、安倍晋三首相による「七〇年談話」までの時間となります。「談話」内容の大きな推移がみられるとともに、論評としては、敗戦時に着目しながら「戦後」を総括し、「戦後」を同時代から歴史的な時代とする営みが開始されていることがうかがえます。

談話と論評は、ともに「戦後」の記憶の抗争から、歴史としての「戦後」への時間を設定し、「戦後」の変質―終焉に直面しているという自覚のもとに議論を展開し、談話を発しています。いくらか性急にいえば、グローバリゼーションの進展のなか、国民国家がさまざまに相対化されるなか、「戦後」の時間と空間をあらためて総括し、あらたな秩序―世界に向かうという意識です。いっけん「反動」に見えかねない安倍晋三政権もまた、「戦後レジーム」からの脱却をいっています。

となると、論点となり、争点となるのは、「戦後」の保守ではなく、「戦後」の総括の仕方ということになります。「「戦後」後」をどのように構想し、どのような社会を想念するのか。「戦後」から継承するもの、改革することの点検であり、そうした意味において「戦後」の歴史化ということになります。「戦後」の歴史像を介しての「戦後」の点検であり、「「戦後」後」への自覚的な踏み出しです。

この動きは、まずは政権の側から乱暴に開始され、(村山政権に先行した)中曽根康弘以来の保守政権の流れの基調はここにあります。政治学者の中野晃一は、この動きを「日本政治の「右傾化」」と喝破しました(『右傾化する日本政治』岩波書店、二〇一五年)。ここでの考察は、こうした動きを見すえながら、論評の側の動きを探り、「戦後」の歴史像を提供することにあります。

かかる営みを課題とするとき、見逃せないことがあります。「戦後第二世代」の台頭です。父母ではなく、祖父母を戦争経験者とする世代を、「戦後第二世代」と名づけたのは、評論家の齋藤美奈子ですが、「戦後世代」は、ほぼ一九七〇年を境に、「第一世代」と「第二世代」とに分けられます(『ニッポン沈没』筑摩書房、二〇一五年)。

「第二世代」は、戦争経験者である父母から直接に戦争を学習する「第一世代」とは異なり、ワンクッション置いたかたちでの戦争経験の授受をもちます。「第一世代」は、父母が折々に語り、また日常生活のなかでふいと出されるしぐさのなかに戦争のありようを見てとり、戦争経験の授受が日常化し、身体化されています。(「第一世代」のように)あらためて、形式ばって祖父母に戦争経験を尋ねることとは差異があります。

すなわち、身近にいる父母であれば、戦争経験の虚実に接し、その意味に触れるということになるでしょうが、距離を置いた祖父母では真実／虚偽の文脈におかれます。現在の記憶論研究のなかで、アライダ・アスマンがいう「コミュニケーション的記憶」と「文化的記憶」に、それぞれ該当するように思います。「戦後第一世代」と「戦後第二世代」とでは、戦争経験を学ぶ回路が異なっているのです。

こうした「戦後第二世代」が、戦争―戦争経験をめぐって発言を開始しています。「永続敗戦論」を主張する白井聡は、一九七七年生まれ。さらに若い世代で、一九八五年生まれの古市憲寿は『誰も戦争を教えてくれなかった』というタイトルの本を上梓しました(講談社、二〇一三年。もっとも、興味深いことに、この本を文庫化するときには、『誰も戦争を教えられない』と改題しました)。活発な議論を展開し、新しい歴史＝戦後感覚を登場させていますが、先行世代とは、大きな差異がみられます。

2　「戦後」の二つの時期区分——直線型と物語型

手順として、これまでの歴史学による戦後論―戦後認識を検討してみましょう。「戦後」の時期区分は、高等学校の教科書では通常、大きく三つに分かたれ、「占領と改革」の時期―「高度成長と経済大国化」の時期―そして、それ以降の時期に区分されています(第三番目の時期は、「変わる国際関係と現在の混迷」などとなっています)。この時期区分は、まだまだ経験(＝実感)に基づくところが大きいのですが、学界でも状況認識は同じで、おおよそは三区分がなされています。

戦後史叙述の代表的な書物として、中村政則『戦後史』(岩波書店、二〇〇五年)は、上記の認識のもと、戦後の「成立」(一九四五―六〇年)―「定着」(一九六〇―七三年)―「ゆらぎ」(一九七三―九〇年)―「終焉」(一九九〇―二〇〇〇年)という時期区分を提示しています(ちなみに、中村は一九三五年生まれで、少国民世代です)。敗戦を起点とし、戦後が「成立」し、「定着」したが、「ゆらぎ」、そして「終焉」したという認識で、歴史学の手法にぴったりとかなうものになっています。直線型です。

これに対し、社会学からは、まったく異なった戦後史の時期区分が出されています。(一九三七年生まれの)見田宗介が一九九五年に提唱しましたが、「現実《リアリティ》」の対抗概念を軸に、「理想の時代」(一九四五―六〇年)―「夢の時代」(一九六〇―七〇年代半ば)―「虚構の時代」(一九七〇年代半ば―九〇年)としています(『現代日本の感覚と思想』講談社、一九九五年)。

この時期区分は、さらに、(見田の教えを受けた社会学者で、一九五八年生まれの)大澤真幸による修正がなされます。大澤は、「理想の時代」(一九四五―七〇年)―「虚構の時代」(一九七〇―九五年)―「不可能性の時代」(一九九五年―)という時期区分を提起しました(大澤真幸『不可能性の時代』岩波書店、二〇〇八年)。

見田―大澤は、一方的な時間の流れ(形成―終焉)ではなく、参照軸(＝「現実」)によって推移する社会像を抽出し、それを戦後史の時期区分としました。均一な時間の流れによって戦後の時間・空間を認識するのではなく、戦後像を浮かび上がらせるという手法です。物語型ということが可能でしょう。

直線型と物語型。この二つの時期区分は、それぞれ「占領期」(歴史学)と「高度成長期」(社会学)の画期を軸とした時期区分となっていますが、戦後史認識の二つの型でもあります。いまや、あらたに、「戦後」をなぞらない時期区分——第三の時期区分の必要が求められているということが知られるでしょう。

3 「悔恨共同体」の内と外

あらためて、「戦後」を歴史的に論じるために、(1)世代の観点を入れ、(2)戦後の思想の主潮流を「悔恨共同体」とし、それを手がかりに構造化してみましょう。(1)にかかわって、敗戦に立ち会った三世代が抽出できます。

【戦前世代】(丸山眞男、加藤周一、鶴見俊輔、小田切秀雄ら)——**【0】【Ⅰ】【Ⅱ】**、**【戦中世代】**(橋川文三、三島由紀夫、吉本隆明ら)——**【Ⅲ】**、**【少国民世代】**(大江健三郎、井上ひさしら)——**【Ⅳ】**となります(**図1**)。

このとき、(2)にかかわって)**【Ⅰ】**の世代を中核に「悔恨共同体」の存在がみられます。

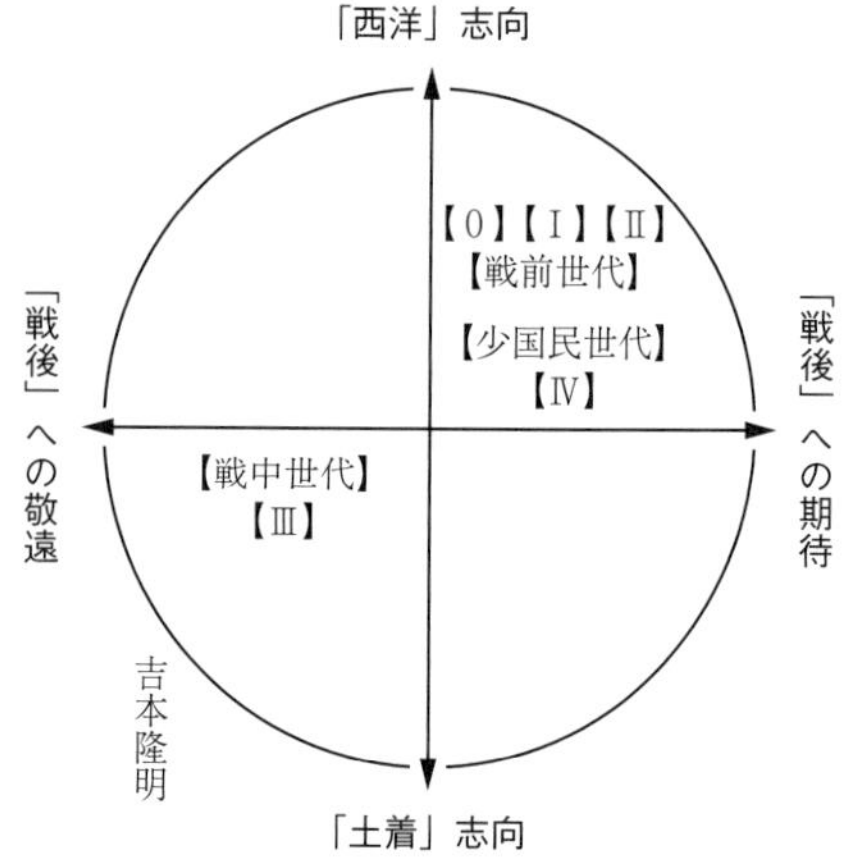

図1

「悔恨共同体」とは、丸山眞男の提起によるものです（「近代日本の知識人」一九七七年）。すなわち、（敗戦によって）「将来への希望のよろこびと過去への悔恨とが——つまり解放感と自責感とが——わかち難くブレンドして流れていた」知識人たちの「共同体」であり、戦争を回避しえなかった責任—「悔恨」をいいます。いや、正確にいいなおせば、敗戦という事態に直面し、あらためて戦争を防げなかったことを悔い、「戦後」の充実に使命をもつことを図った知識人集団を、遡及的に構成してみせました。「悔恨共同体」は、【戦前世代】の思想と心情によって形成された、分析のための集団—共同体ということができます。

この「悔恨共同体」には、【少国民世代】が啓蒙され同伴した、と考えることができるでしょう。【少国民世代】は、戦時においては戦争に同化することを強いられましたが、戦後に「民主主義少年」となりゆくのです。大江健三郎や井上ひさしに見られるように、

「戦時」経験の批判を根拠に、「戦後」における自分たちの姿勢をつくっていきました。

かくして「悔恨共同体」の知識人たちは、民主主義、基本的人権、平和を理念とし、近代の理念に基づく社会と国家の形成を意図したということができます。【戦前世代】――【0】【Ⅰ】【Ⅱ】＋【少国民世代】――【Ⅳ】を成員として構成され、戦後日本思想史の主流となりゆきますが、「悔恨共同体」は、マルクス主義＋近代主義を共通項としていました(成田龍一「〝悔恨〟が誘発する思想」『世界』二〇一五年八月)。

このとき、中間の世代に当たる【戦中世代】は、「悔恨共同体」には積極的には参加しません。戦争に殉じることを考えつづけてきた【戦中世代】は、同世代の仲間たちが戦争で死んでおり、橋川文三にせよ、三島由紀夫にせよ、戦後の体制―「悔恨共同体」にはなかなか同化できないのです。加えて、【戦中世代】は、戦後しばらくは発言しません。彼らにとっては、戦後の体制―「悔恨共同体」は、戦時の生き方を裏切るものとなり、「悔恨共同体」型の「戦時」の総括は納得し難いものでした。橋川文三『日本浪曼派批判序説』(未來社、一九六〇年)は、その一冊として、【戦前世代】が(戦後に)葬り去ろうとした「日本浪漫派」をあらためて再検証しています。

いまひとり、吉本隆明の存在を忘れることはできません。吉本は「悔恨共同体」そのものに対して、同時代的に違和を唱えました。ことばを換えれば、吉本は、「悔恨共同体」とは異なる、戦争批判の根拠を提示していきます。吉本は、【戦前世代】が依拠する、

「近代」―ヨーロッパ―普遍への疑義をいい、【戦前世代】への批判をおこないました。

実際のところ、「悔恨共同体」は共同体として機能してゆくゆえに、成員と認知しない人びと、たとえば女性、在日コリアン、沖縄、さらに戦争被害者をもはじきだしており、公害被害者は意識的にそこから距離を有していました。このことは、共同体の側からいえば、すべて「社会問題」として扱い、彼らを主体的な問題構成員とは認知していなかった、ということを意味します。「悔恨共同体」が「共同体」であるがゆえに、「共同体」の非構成員に対する排除がなされたのです。

かくして、戦後の出発において、【戦前世代】【戦中世代】【少国民世代】による対立、協力、啓蒙をはらみながらの関係性がみられ、この後、「悔恨共同体」の問題提起とそれへの批判が、戦後日本思想史の主要な流れを形成します。敗戦からおおよそ一九六〇年ころまでの戦後日本思想史を、「悔恨共同体」の主張とそれへの批判の過程として把握することができるということです。

こうした「悔恨共同体」を軸とする「戦後思想」の構図は、一九六〇年代半ばあたりから変容してきます。はっきりするのは、一九七〇年代半ばからの時期です。一九六〇年の安保闘争とその後の高度成長、ヴェトナム戦争・学生運動・市民運動の展開のなかで、「悔恨共同体」を軸とする「戦後思想」が抵抗の思想ではなく、体制―体制を補完する「知」とみなされる事態が生じました。「戦後思想」をあらためて、αマルクス主義、β近代主義、γその双方に通底する進歩主義と把握し、「近代」を価値化しているとして批判する思想が登場し、「悔恨共同体」を傍観主義であり、独善性をもつ立場であるとして批判する動きがあらわになります。

「悔恨共同体」への批判は、三段階(A・B・C)にわたり、五つの動きによって示されます。第一段階は「六八年」を軸とする時期(A　一九七〇年前後)、第二段階は「八〇年代の知」(B　一九八〇年代)、そして第三段階として、「九〇年代半ば」(C　一九九〇年前後以降)になります。五つの動きとは、

(1)(すでに言及した)同時代的な、吉本隆明による批判

(2)在日コリアン、女性、沖縄、公害被害者、戦争被害者らで、「悔恨共同体」の外部の主体化

(3)山口昌男に代表されるポストモダンの知、「戦後思想」に代わる「現代思想」

(4)ナショナリズム的革新派、あらたな国粋主義の登場

(5)あらたな世代(【六八年世代】)による断絶のもちこみ

として展開されました。いずれも「悔恨共同体」の外部からの発言となります。

この三つの段階―時期、五つの動きは、「戦後七〇年」の裂け目にほかなりません。いくらか注記をしておけば、

Ａ　一九七〇年前後における「悔恨共同体」批判の主流化――「戦後思想」への徹底批判で、(2)の立場からの批判が全面的に展開されていきます。たとえば、森崎和江『異族の原基』(現代思潮社、一九七一年)は、「女性」を根拠とし、その地点から、日本という共同性がもつ排除の構造を問題化し、石牟礼道子『苦海浄土』(講談社、一九六九年)、原田正純『水俣病』(岩波書店、一九七二年)は、あらためて「戦後」の認識とそのもとでの「知」のありようを問いました。原田は、戦後＝近代の知が、「公害」をつくりだし、環境と人体を傷めつけたことを批判し、医学の知は、人びとを救う方向にはなかったことを厳しく問います。

また、在日コリアンたちによる「在日の思想」は、大日本帝国により「日本国民」にさせられ、敗戦後にはそこからはじき出されたことを原点に、「日本」の閉鎖性を批判しました。石原吉郎は、シベリア抑留の経験のなかから、ひとりの「被害者」が、他の「被害者」に何をなしたのか、を問い、戦後が被害者意識によって出発すること(「悔恨共同体」)に、違和を突き付けました。石原は、「加害と被害の同在」をいい(「ペシミストの勇気について」一九七〇年)、この点から「悔恨共同体」を批判するのです。

Ｂ　一九八〇年代は、「戦後思想」と「現代思想」の分水嶺の時期です。社会変革に拠らない社会の変容の時期で、【ポストモダン派知識人】が登場しました。その代表的なひとりとして、山口昌男は「『知識人』という概念は集団としての実在性を前提とする概念ではなく、意識の存在形態としてのイメージ」であるといい、「文化英雄」―聖職者的／呪術者的／道化的（トリックスター）の概念を提出します。

「一般的な概念としての「知識人」がどうあるべきかなのが問題なのではなくて、人はどのような方向において「知識人」であり、それぞれのスタイルにおいて、どの程度の認識のレヴェルにおいて「知識人」なのであるかという事が問題になるはずである」（「文化の中の知識人像」一九六六年）として、従来の知識人像を転換します。このあらたな「知」は、「戦後知識人」の「悔恨共同体」の倫理性を相対化し、戦後思想に切断をもちこみ、「視点の転換」をおこないました。

（「悔恨共同体」が遂行していた）「近代の文法」の脱構築をおこない、「現代思想」の観点から「戦後日本」を問いなおす営みです。ことばを換えれば、「悔恨共同体」の近代性と、日本に押しこめられてきた構造を問い返し、「悔恨共同体」と親和していた「国民国家」に対する批判を、さまざまな角度から展開していきました。

もっとも、「八〇年代の知」は両義性をもち、社会に対し（a）順応派と（b）批判派が存在します。山口昌男自身は、（b）批判派から出発しましたが、しかし、八〇年代には、時代の「知」全体が、山口を覆ってしまいます。山口は、（b）批判派から、（a）順応派に位相が変わりゆきました。

C　一九九〇年前後以降には、「冷戦的思考」が崩壊します。この時期の論者として、柄谷行人(一九四一年生まれ)は、「他者」「外部」を手がかりとし、戦後知識人—「悔恨共同体」批判をおこないました。たとえば、『〈戦前〉の思考』(文藝春秋、一九九四年)は、一九三〇年代の検証から、「ネーション」を問いなおし、資本主義を問います。ネーションを、近代に作られた「想像の共同体」(アンダーソン)として文脈づけ、世界史的な文脈で、戦時の日本を解析し、そこに「帝国」を指摘するとともに、西田幾多郎や「近代の超克」の議論をとらえかえすのです。

柄谷は「近代」の装置としての「文学」をいい、ネーション・ステートを超克する「原理」を探り、近代の知を問い返し、〈戦後知〉を批判し、ナショナリズム批判をおこなっていきました。「近代のネーション」が、過去を再構成していることをあきらかにします。

他方、上野千鶴子(一九四八年生まれ)は、マルクス主義フェミニズムにより、ジェンダーによる社会と歴史の分析をおこない、理論の構築をおこないました。「近代」の社会—認識を対象化し、理論的な検討に付しますが、戦争理解にかかわっていえば、『ナショナリズムとジェンダー』(青土社、一九九八年)を著し、(1)戦後思想(=「悔恨共同体」)が「慰安婦」を論ずる視点をもちえなかったことを批判しました。このことは、(2)「悔恨共同体」に準拠した、「戦後歴史学」への批判となり、さらに、(3)「戦後思想」を論理的に問うこととなります。国民国家—ジェンダー論の観点からのナショナリズム批判であり、「悔恨共同体」批判でした。

このように、柄谷や上野は、冷戦構造によって規定されていた「知」をあきらかにし、二項対立の思考―冷戦的思考を批判しますが、そのことは戦後（=「悔恨共同体」）への批判となりました。

このことは、「ポストコロニアル型」といってよい「知識人」（西川長夫、酒井直樹ら）が登場することと軌を同じくしています。「日本人」であることが自明ではなくなる事態の出現と、その指摘です。西川長夫は、「好きな国、嫌いな国」というアンケートをおこなったとき、ある時期から「日本」をあげる学生が出てきたことをいい、「日本」が回答の対象となることに対し、西川は国民国家の呪縛がゆらいできていると解釈してみせました（『国境の越え方』筑摩書房、一九九二年）。

おわりに

二〇世紀末、とくに冷戦体制崩壊後には、「戦後」「日本」そして「知識人」という概念がゆらいできます。他方、戦後が論じられるとき、カギとなる「平和」「繁栄」「民主主義」などは、歴史の文脈が外され、恣意的な扱いをうけることがしばしばです。必要なことは、「戦後」の歴史化であり、冒頭に述べたように、「戦後」のなかにあった凹凸、裂け目と切れ目を再発見し、遠近の感覚を入れ込むことでしょう。「「戦後」後」という認識から、「戦後」を問い返す議論の必要性ということです。一九五〇年代への着目、一九八〇年代論のはじまり、ポストコロニアルの議論の深まりなど、現在議論されていることは、こうした問題意識に基づいていると思われます。

さきに述べた「悔恨共同体」への批判を軸とした流れは、この文脈からは「戦後七〇年」の裂け目の指摘ということになります。あらためてこの観点からABCの三つの時期を再述すれば、

A　一九七〇年前後：「悔恨共同体」批判の主流化——「戦後思想」への根源的な批判。

B　一九八〇年代：「戦後思想」と「現代思想」の分水嶺。社会変革に拠らない社会の変容の時期であるとともに、中曽根政権下での国家と社会の再編成（「戦後政治の総決算」）——新自由主義による再編成の時期（「旧右派の連合」に対する「新右派による転換」（中野晃一））。

C　一九九〇年前後以降：「冷戦的思考」の崩壊

ということになります。

二〇一五年の〈いま〉は、「戦後」から「「戦後」後」に入り込み、さらに「戦後」を参照系としないような、あらたな段階に入り込んでいます。このことは、「戦後」から「「戦後」後」、そしてその次の第三段階目として、〈いま〉を把握するということでもあ

表

(a)国際関係の次元	A 冷戦体制／B グローバリゼーションI／C グローバリゼーションII
(b)政治の次元	A 五五年体制／B 五五年体制崩壊後の連立政権／C リベラルと保守の解体
(c)経済の次元	A 成長経済／B 新自由主義I(自己責任)／C 新自由主義II(ブラック経済)
(d)社会の次元	A「戦後」／B「ポスト戦後」／C ブラック社会
(e)思想の次元	A「戦後思想」／B「現代思想」／C リアルへの接近

ります。

うんとラフに、その三つの段階を綴ってみると、上の**表**のように記すことができます。

たとえば、ナショナリズムが、いま大きく変容をはじめています。国家による歴史修正主義と排外主義、ヘイトスピーチ、野放図な嫌中・嫌韓などが氾濫しています。このなかで現政権(第二次安倍晋三内閣)は、小泉純一郎内閣期からの自民党の変質を一挙に破裂させ、臨界点を形づくっています。

他方、あらたな民主主義論が展開されています。沖縄で(旧来の政治集団、保守／革新の枠組みを越えた)総ぐるみの運動が実践され、あるいは安全保障法制をめぐって、若者たち、とくにSEALDs(自由と民主主義のための学生緊急行動)を中心とする反対の動きが出てきています。これに、さらに「悔恨」の共同性にもとづく諸運動を加えることができるでしょう。

考えるべきは、「戦後」の経験のあらためての――すなわち、第三段階の自覚のもとでの検討と継承の作法の考察です。「戦後」と「日本人」の枠を越え、「戦後」と「日本人」そして「知識人」、さらには、「思想」の再定義をおこなうこと。そして、その再定義と再検討を伴っての集結。「「戦後」の知」からの軽々の脱却ではなく、その再解釈、そして再解釈をへての再起動……。

「「戦後」の知」のもつ重量と質量が、国境を越える射程のなかで検討される必要があります。「戦後」の経験のもつ意味がいまほど問われ、試されているときはないと強く思います。

I

「戦後文学」の歴史意識
——歴史学からの対峙

第3章　大佛次郎の明治維新像——半世紀後に読む『天皇の世紀』

はじめに

大佛次郎《おさらぎじろう》(一八九七—一九七三)が『朝日新聞』に「天皇の世紀」の連載を始めたのは、一九六七年一月一日のことであった。それから一九七三年四月二五日まで、(中断を挟みながら)足掛け六年にわたって連載が続けられたが、大佛の死によって、未完の作品となった(初版は朝日新聞社より第一巻が一九六九年、最終巻の第一〇巻が一九七四年に刊行された)。

『天皇の世紀』は、さまざまな水準の文献を用いて、大河のような分厚な叙述がなされる。いくつもの層がうねりながら重ね合わされ、あらたな流れを作り出し、幕末—維新の時期の日本の歴史が描かれる。近代日本の出発の時期の本格的な歴史叙述として、『天皇の世紀』は提供された。

その『天皇の世紀』を、執筆時から半世紀後のいま、あらためて読み直してみたい。

大佛の執筆が、おりからの「明治百年」を見据えながらなされたとき、ここでの営みは「明治150年」が取りざたされるなかでの再読ということとなる。詳述は避けるが、前者が推進―反対をめぐる熱い議論を展開したのに対し、後者は盛り上がりを欠いている。明治維新に向き合う温度差であり、それをふくむ歴史に対する関心の度合いの差異が目につくなかでの再読である。

『天皇の世紀』にうかがわれる、大佛の「問題意識」―「歴史認識」「分析方法」「叙述のスタイル」などに着目しながら、この長編を読み解くことが、ここでの第一の目的となる。そしてそのうえで、第二に『天皇の世紀』に描き出された明治維新像の特徴を探ってみたい。数ある明治維新像のなか、『天皇の世紀』はどのような特徴を持っているだろうか、また、一九七〇年前後は、歴史学の領域でも明治維新像の見直しの時期であった。そのようななか、『天皇の世紀』はどのような維新像を提出したかを探ろう。

1　大佛次郎の明治維新

1　明治維新の歴史像

まずは、『天皇の世紀』の明治維新像である。『天皇の世紀』では、幕末維新の時期の人びとの書簡や日記、手記を主軸に、世相を記した風説書や落書きや替え歌、張り紙、

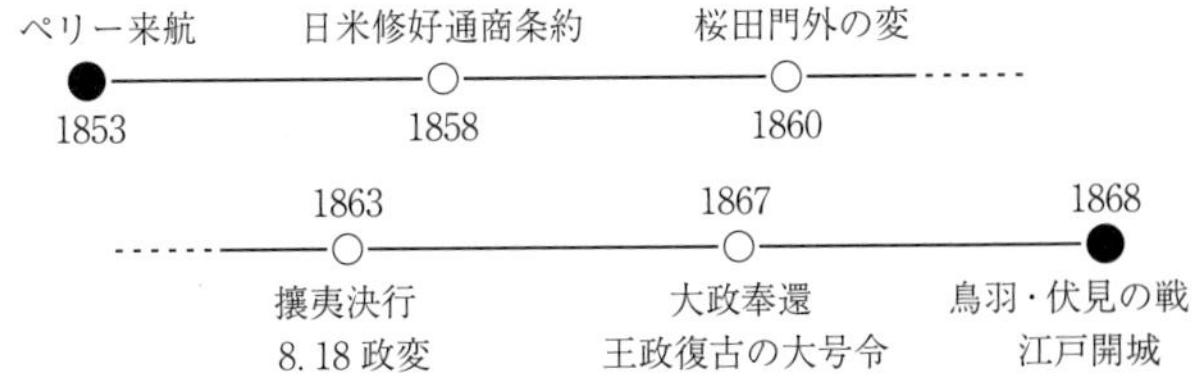

図　『天皇の世紀』の主な出来事

都々逸《どどいつ》、あるいは伝記から研究書に至るまで、さまざまな文献を用いて叙述がなされる。大佛次郎は、これらの多様・多彩で膨大な文献に、たんねんに目を通し、その史料を煩をいとわずに、生のかたちのままで提示し要約しながら叙述をおこなう。そのため、ひとつの出来事に対し、複数の視点と証言が記され、結果的に重ね書きの集積のような叙述となっていく。ことばを換えれば、立場を代え、観点を異にする史料が持ち出され重ねあわされ、出来事の叙述が分厚く記述され、多面的な評価がうかがわれることとなる。

この手法による叙述は、しばしば出来事の叙述が反転され、ひとつの出来事が叙述されたあと、「日本側の記録では」などと、出来事が相対化されることとなる。もっとも、そのために、叙述の時間がしばしば前後し、くりかえされることにもなるのだが。

重ね書きは、『天皇の世紀』という作品内で、さまざまな立場と見解が提示され、ひとつの立場が絶対化されないということでもある。大佛は、長州藩や幕府、あるいは朝廷の立場にみずからを仮託せず、すべてに目を配った叙述をなす。出来事を、それぞれの関係性のなかで描くということへと通じていく。

この点では、司馬遼太郎による、作品ごとの立場の相対化の作法と類似していよう（成田龍一『戦後思想家としての司馬遼太郎』筑摩書房、二〇〇九年）。ただ、司馬遼太郎がおこなった営みを、大佛は『天皇の世紀』という作品内でおこなったことに特徴がある。同時に、司馬には欠けていた、農民による相対化―農民の視点が見られる点も、大佛ならではの見識である。

かくして『天皇の世紀』では、歴史の通時的な流れが、史料とその解釈によって綴られていく。史料を提示し、(1)その史料により叙述を進行させる、(2)史料を読み解き解釈を加える、(3)史料の読みによって、自らの解釈を提示するという手法で、大佛の言い方ではノンフィクションということとなるが、その歴史認識のスタイルと同位性を有している。

『天皇の世紀』は、このように史料に即した具体的な叙述がなされるが、同時に、A原理論的構成をも有している。史料は、自然史的な時間によって並べられるのではなく、大佛の歴史の展開の論理―歴史認識の作法に沿って編成されている。

すなわち、『天皇の世紀』の叙述は、「序の巻」からはじまり、そのあと「外の風」と「先覚」―（具体的な出来事としての「黒船渡来」）―「野火」と「地熱」―「反動」（―「異国」

―)をへて、「有志者」―「急流」「攘夷」「本舞台」(―「逆潮」―)「新しい門」「波濤」へといたる構成をもつ。社会の変化が、どのように起こるか、ということにかかわり大佛の認識の骨格が示される(「　」内は、章のタイトル)。

自己完結していた江戸期の日本社会に黒船来航という「外の風」が吹き、「先覚」者たちが現れる。そこでの動きが「野火」のように広がり「地熱」となって社会を覆う。「熱源から飛び散る火花が各所で燃えくすぶる」、そして「天下が底辺で動揺し始めていた。何とかしなければならぬという空気である」と大佛は記している。その「反動」も経験しながら、「有志者」が流れを作り、その流れが「急流」となり「攘夷」がなされ、「新しい門」から「波濤」となりゆくという社会の変化―歴史の認識である。大佛は、段階を区分しそれぞれの状況を描くが、事態の推移にともなって、様相が移りゆくことをあわせて指摘する。

この骨格に基づき、B明治維新の歴史過程が多層的・多重的に描かれ、歴史像として練り上げられ提供される。明治維新の大きな過程として、新しい人間像の登場を前提とし、(1)開国―攘夷、(2)「公武合体」と「尊王攘夷」(のち「倒幕」)を軸に、ペリー来航から、安政の大獄―討幕―大政奉還―戊辰戦争という推移を描く。

人びとの営みの集合・集積として明治維新の過程を記し、京都↓長州・水戸・薩摩といった水平的な広がりと、政局↓世相の動向、朝廷・幕府↓藩などの垂直的動きが組み合わされる。さらに、日本国内での動きが、⑴中国を軸とする東アジアの国際関係(アヘン戦争など)、⑵オールコックやハリス、ロッシュら、欧米列強の外交官を登場させ、世界史のなかでの明治維新として提供する。一九世紀はじめの東アジア状勢の説明のあと、(琉球を含む)日本を取りまく国際情勢から黒船来航が記され、アメリカ・ロシアに言及する作法である。

一八五〇年代以降の時勢と時局、時局の課題の推移が、「開国」―「攘夷」―「倒幕」―「大政奉還」という歴史過程として叙述される。とともに、このとき、(和宮降嫁に伴う)農民たちの負担の大きさをいうなど、目がさまざまに行き届いている。朝廷・幕府という頂点の集団から、藩、さらに地域の農民たちにいたる幅広い階層に目配りがなされている。

いくつかの箇所に言及しておこう。まずは冒頭の「序の巻」である。この章は、大佛による京都御所へのルポルタージュの体裁をとる。この後にも、時折、調査する大佛自身の姿が書き込まれることはあるが、もっぱら以後の記述は「歴史」となる。『天皇の世紀』は一〇〇年前の歴史的世界に入り込むが、それは「現在」の大佛次郎によって記される、ということを明示した幕開けとなっている。

「幾重にも囲まれた奥に中世の時間をそのまま残しておく」「古事故実だけを守るのを生活としている公卿たちが天皇を囲んでいた」

この一節は、『天皇の世紀』を貫く認識を示している。「御所」の空間に象徴される、他者を欠き、孤立した時空間を有していた一九世紀中葉までの「日本」。ここに「近代の気流」「外の時世の激動」が持ち込まれる――その一部始終と顚末が、この後に記される。「中世の時間」と「近代の気流」、また「内」(日本)と「外」(外国)、さらに「奥」(御所・禁裏)との対抗関係が明治維新と認識されている。

いまひとつ、冒頭の構成は、黒船と新しい民衆の登場で組み立てられている点が見逃せない。歴史が動くきっかけとなるのは、ペリーの来航である。ペリー来航のもつ重要さを、大佛は強調してやまない。

一度に睡りを破られる。その後は年々、一段ずつ急速に疾風怒濤の中に突入する。

そしてこの主題によって、さまざまな歴史群像―「人」が呼び出される。同時に、大佛は「新しい民衆」の登場を強く印象付ける。「ペリー提督の黒船に人の注意が奪われている時期に、東北の一隅で、もしかすると黒船以上に大きな事件が起っていた」との認識のもと、南部一揆に言及する。「百姓共カラカラと打笑い」と史料を引用しつつ、「一揆の新しい性質」を論じていくのである。

武士が(黒船来航により)「志士」という新しい人間を誕生させるとともに、農民たちからも「新しい」動きが登場することをいい、ここから物語が始められる。「野火」の章などは、吉田松陰と百姓一揆の叙述で構成されていく。

大佛次郎を読み抜く研究者として、福島行一はこの点を的確に、「外発的開化」/「内発的開化」と把握している（『大佛次郎』ミネルヴァ書房、二〇一七年）。

同時に、農民たちの心性に入り込む大佛の視線もうかがわれる。これ以降、『天皇の世紀』では、政局の広がりの要所で、農民たちの打ちこわしをはじめ、「おかげまいり」「ええじゃないか」に言及し、ときには彼らのもつ「卑猥」な心性も指摘する。また、その「新しい民衆像」は（「旅」の章におけるキリシタンたち＝）「浦上信徒たち」まで、全編を通じて記されることとなった。

叙述で主軸をなすのは、政局と時代である。リーダーと時勢への着目によって、大佛は幕末―維新期の歴史を再構成していく。ここでも、その叙述は重層的で多様である。まずは、リーダー、サブリーダー、現場での実践者が呼び出され、それぞれの思惑と実践、その結果が記される。政治的主体は、幕府とそれへの対抗を軸とし、朝廷の動きも仔細に追われる。幕府・朝廷・藩という集団（組織）を動かす官僚に焦点をあてる一方、対抗的に行動する活動家たち、そして背後にいる農民たちが描かれるのである。

同時に、大佛が目を配るのは、時代である。幕末維新の時期は、「不思議な情熱とエネルギーの時代」であったと大佛は言う――「民間の志士」は「低い階級」であり「それ以下の庶民の出身の者」も時代の出来事に参画するときであった。

このことは、時勢の変化への着目となる。当初の「有志たちの時代」から、変革が「個人では遂げられず雄藩の勢力」によって「時勢」が動く時代への変化が指摘される。「人々の不安」を見据えながらの叙述で、いわば(階層を貫く)垂直的叙述と、(同時代的な動きに言及する)水平的叙述がなされる。政局に収束させずに歴史の総体を描こうとしており、大佛の叙述は周到である。

2　明治維新の歴史過程

『天皇の世紀』が描き出す明治維新像を、簡単にたどっておこう。先に記したように、まずは「外の風」が吹き「先覚者」が現れるという把握のもと、主題によって「人」が呼び出される。「時代は暗い。窓をあけて外を見てはいけない」という状況のなか、「蛮社の獄」から説き起こす。渡辺崋山、高野長英ら、蘭学によって「外」の世界に目を向けた「先覚者」が弾圧される。ペリーの来航の三年前のことである。

他方、清国について、「自分の重量で安定した動揺のない大きな睡りの中にいて、外に向って目を醒ましてはいなかった」という大国意識をもちつつ、イギリスと接したことが記される(その様相が、貿易監督官エリオットを軸に叙述される)。上陸すら許さない日本の対応が、あわせて対比的に記され、幕府は「閉鎖的」「消極的」とした。

幕末の政局をめぐり、島津斉彬、徳川斉昭、島津久光、徳川慶喜、そして吉田松陰らを呼び出す――「これまでになかった新しい意志を、人々が持ち始めた」とし、「動かずにはいられぬ気運」がたち起こる様子が記される。「点々と自然発生した野火の如きもの」「燃え立って他に発火を誘いながら自分は燃え尽きて灰となって地に鎮まって行く」という認識である。このもとで志士たちが動き始め、

諸国の志士たちが別に為すこともなく時局を見送っていた時期が過ぎて、無名の彼らがいつの間にか時局に介入し、渦紋をひろげる役をするようになっていた。

とする。志士たちは、多くが「一粒の麦」として「草莽崛起」し、「時代は急速度に転換した」という認識である。

このとき、(1)幕府の側では、有能な人びと(岩瀬忠震、永井尚志、川路聖謨、高須鉄太郎ら)が退けられるなか、(2)(あらゆる改革派を断罪した)安政の大獄の反動として「攘夷の狂熱」がおこる。大佛はこの動きを、水戸藩から説き起こし、薩摩藩、長州藩の叙述へと推移させていくが、まずは水戸・徳川斉昭(攘夷の象徴)、薩摩・島津斉彬(開国＝条約賛成)が『天皇の世紀』の叙述をひっぱる。

尊王攘夷派の台頭と、それに対抗する公武合体派の対抗を軸とし、内政と外交の局面があわせて描かれる。幕府は、諸大名らの「輿論」に支持を求めるがかえって「窮地」

にたち、幕府の内部に「力の分裂」が生じた――大勢は「対外強硬論」(＝徳川斉昭、福井・松平慶永〈一八二八―九〇、号・春嶽〉ら)であった。

そうなった時の危機の深さを閣老たちは充分に理解している筈だが、ぐるりが激昂して向見ずなのである。

幕府は、朝廷にも「御沙汰書」を出し、天皇は「異国船調伏の儀」を返す。政局の主体として朝廷が浮上するさまが、「公卿に共通した後ろ向きの性格教養」とあわせ記される。

日米和親条約が結ばれ、新たな段階に入り込む。

性根のないあいまいな態度が、日本を開国させた。その後の日本の歴史を世界史の中に組込むことになる。まだ開国はしていません、と言続けている間に。

(1)朝廷が、幕府に対し「政治上の発言力がある」ことを(幕府が)認め、それに従わざるを得ない立場に身を置いたことになる。他方、強硬論者であった松平慶永は、橋本左内らによって攘夷思想を改める。こうしたなか、(2)ハリスが外交活動をおこない、さらに、(3)将軍世子をめぐる動きが加わり、政局は錯綜する。このなか登場するのが、井伊直弼である……。

そして、そのあとも政局をめぐる錯綜的な動きが展開され、討幕にいたる。

こうした流れを、大佛は、それぞれの人物の立場から政局を解釈する叙述として記す。

思い浮かぶのは、フランス革命史を描いた歴史家G・ルフェーヴルが、「貴族」「ブルジョワ」「民衆」「農民」による「四つの革命の複合」を記すことである（『1789年』高橋幸八郎訳、岩波書店、一九七五年）。変革の時期におけるそれぞれの政治構想をさぐり、行動の意味を追求し、フランス革命を分析する手法である。ルフェーヴルは総体として資本主義への道を明らかにしたが、大佛の関心は近代国家の出発にある。幕府、朝廷、諸藩、そして農民に着目し、武士、公家、農民による改革の複合を、政局の叙述を軸におこなっていく。こうした関心からは、井伊直弼らへの評価の低さはいかんともし難い。

さて、このように書き出される『天皇の世紀』の明治維新像だが、(a)大政奉還と王政復古、および、(b)戊辰戦争を、討幕の過程と同じ厚みで書き綴る点に、大佛『天皇の世紀』の明治維新像の特徴がみられる。開国がもたらした影響を討幕に収斂せず、その後の動きまでを視野に収める。

前者(a)で「派手に宙返り」と大政奉還を評価し、王政復古の大号令が出されるまでの緊迫の叙述がされたあと、(b)戊辰戦争が記される。戊辰戦争を「内乱」とし、(1)「新しい近代的戦法」と「誇りある古い時代そのものの悲痛な格闘」として把握する。「近代的銃砲戦」と、「古風な軍記物のような一騎打ちの白兵戦」とが混在するとも述べた。あわせて、(2)官軍の誕生が記され、(3)当初は幕府軍が有利であったが、しかしそれが逆転してゆく過程が記される。

同時に、大政奉還以後―新政府による外交のさなかにも、神戸事件、堺事件など、外国人を殺傷する排外主義的な動きがつづくことに注目する。とくに堺事件にていねいに言及し、森鷗外の作品を参照しつつ物語調で記すが、ナショナルな解釈にとどめず、新政府であることの弱さや、その後のパークスへの襲撃などへと論点を拡大する出来事として扱った。加えて、封建制のもとでの「死」のヒエラルヒー(士分のもののみ「死を賜う」)にも、大佛は言及する。

新政府による外政と内政のなか、(慶喜の)恭順と(戊辰戦争の)開戦が『天皇の世紀』における明治維新像の最終局面の主題となる。慶喜が恭順＝謹慎すると、旗本の分裂がみられる。他方、江戸侵攻を防ぐための政局の動きが記され、勝海舟がクローズアップされる。さらに江戸の寺(寛永寺)の衆僧の動向と嘆願にも注意を向け、「定まらぬ時局」を描くが、勝と西郷隆盛の駆け引きの叙述など、大佛の筆の冴えがみられる。

他方、後者(b)に関し、「無計画の冒険」「人選の失敗」とあわせ、「真先に略奪を働い」たことなども記される。

河井継之助を主人公とし(「謹厳なる遊蕩児」と「武装保守論」との側面を持つ)、河井および東北の人びとが「西南地方の日本人のように、自由な変り身が効かなかった」とし、戊辰戦争論は奥羽地方論となっていく。「日本国の人理」と「西日本の革命行動」が対比され、東日本 vs. 西日本論として展開し、後に述べる『天皇の世紀』が日本論として展開することと相応する叙述がみられる。

反面、大佛は、東北・会津を「暗黒の土地」として表象してしまっている。「西日本に対する東日本」の対抗と把握し、「世良修蔵」を狂言回しとした叙述ともなっている。

戊辰戦争論では、民衆の戦争への苦難をいい、大佛の戦争認識が示される個所ともなる。「イクサが来たいんし」という農民の一句が印象的に書き留められ、官軍との抗戦のさなかに、農民の一揆が起こることも記される。ただ、信達一揆を、仙台藩による使《し》嗾《そう》とする解釈でもある。彰義隊や、旧幕臣が率いる諸隊にも言及する。また、「終わり」の指摘と「深部の暗流」の出現という認識も示される。

こうして、大佛の明治維新論は大政奉還によって完了せず、戊辰戦争にも比重が置かれた。幕末の政争のあと、政権の移動がなされ、新政府となってからの変化がさらに描かれる。大佛次郎の描く明治維新像は、すこぶる安定感がある。この時期までの研究の成果が存分に組み込まれており、数ある明治維新像のなかでまったく遜色がないばかりか、代表的な明治維新の歴史叙述となっている。

2　大佛次郎の認識と叙述——論点の提示

大佛次郎の明治維新像にみられる、(大佛の)認識と叙述という観点から、あらためて

『天皇の世紀』の特徴をみてみよう。

まずは、「反封建」の意識と「攘夷」に対する強い忌避である。大佛は、ことあるごとに、「封建の世の中の暗さ、非人間的な無知の忌まわしさ」を述べてやまない。同時に、「以前なかったこと」として、「攘夷の狂乱」をいう。そのことを示すように、「攘夷」の章は『天皇の世紀』のなかでも長い章となっている。

大佛は、黒船来航を異文化との衝突と把握するのだが、そこから攘夷という排外主義が生じたことを、武士内部の階層対立から説明し、時勢の把握の(批判的な)動向として基本的な視座とする。

幕府時代の末期に、全国どの藩でも保守的で現状維持を主張する上層の武士たちと、生活苦から活発となり現状打破を志す下層の武士群との対立の割れ目が深まり、内部が分裂する傾向を生じた。

「思想が対立」し、たとえば土佐藩では、

攘夷の熱病が下士階級の間にひろがった。外からの刺激に対応した知恵熱、成長熱で鬱積した現状打破の熱情に添うものであった。

とされる。「時勢は激しく動いて向うところを知らない」、人びとは「何かに押出されるように」、それに向かっているだけである、とつづけられる。

封建社会がもたらす、状況的かつ構造的な現象として、大佛は「攘夷」を把握する。

だが、その攘夷は、大佛にとって決して許容できるものではない。しかも「攘夷の大方針を漠然と下敷」にするなかで、志士たちは「私刑や暗殺に情熱を集めている段階」でもあった。大佛は、攘夷を「一種の小児病」といい、「時代の攘夷色」を「排外的な気分」とし、「攘夷熱は、時代の狂気であった」とまで言い切る。

換言すれば、封建秩序の動揺、あるいは封建制への反感が、「攘夷」をもたらしたという認識である——「尊王も攘夷も現状打破の欲望」であるといい、「浮浪」を有力な藩が「背後から支え」、また、「浮浪の勢力」が藩を動かすことが、何度も指摘される。政治主義への批判といってもよいが、それ以上に、「現状不満」に対し、攘夷論が「目標」を与えたという、封建制批判からの議論である。

「攘夷」といったとき、中心は御所となる——「御所を中心に空気は急に過熱して来た」。

『天皇の世紀』において、攘夷批判は、開明派への肯定的評価と対をなす。咸臨丸の一行の様相を組み込み(「異国」の章)——「攘夷という、やがて日本を狂気のように支配することになった感情とは、およそ遠い空気の中」で、面々は任務を果たしたと記す。咸臨丸の記述が、「極端な排外熱」と対比される。

ヒュースケンをはじめとする外国人への襲撃・殺傷を、大佛は論難し、攘夷批判—「黒い風」—「夜の闇の中で不意に出て人を斬る暗殺」を批判的に叙述する。残忍な描写が散見される箇所でもある。

加えて、攘夷を生み出す背景には、「庶民に対する政治のないところへ夷狄が入って来て『愚民』の心をつかんで了う」との認識も示す。「攘夷の熱気」は「理由なく現状打破が当面の目標である」ことをもたらし、生麦事件から長州の攘夷決行までを引き起こしてしまう。

「攘夷熱が疫病のように武士たちの間にひろがっていた」――「外国人には、この国情も人間の心理も理解し難い」と、大佛は論じている。オールコックは「合理的に理解」する考えを持つが、攘夷は、往来を歩いていて不意に「黒い風」が吹くのに出逢ったようなもので、「原因を求めることは出来ない」と記した。

この議論は日本人論に傾斜し、「日本人は、それを自分の腹に突き立てて切り廻して死ぬことさえ辞せぬものだから、他人を斬ることも別段のこととしない」とされるのだが、この点は後に検討しよう。

攘夷は、やがて「偶然に起る突風」ではなくなり「趣意を持ち目的を定着させたもの」となる――「浪士たちは、渦を作る風のように国々を廻り歩く」。渋沢栄一もそのひとりで、当初こそ「攘夷」を主張するが、周囲に止められ、思いとどまる。すなわち「個人から離れて」「全国的な政治運動」となりゆくのである。

攘夷運動の震源地となる長州藩で活躍したのは、吉田松陰門下であった。他方、（攘夷をめぐり）「幕閣の内部」が表面はともかく、「裏では分裂している」と冷静な記述がなされる。「幕府の内部の考え方が二転三転」し、「抵抗出来ない強い風」が幕府をゆさぶり、「不可能と信じている攘夷を実行することになったのが、不思議なことである。攘夷は時代の狂気となった」と、大佛は口を極める。同時に、大佛は、攘夷派の無邪気さをいう。後に続くものの存在を信じ、彼らが簡単に「自決」してしまうことを記す。

大佛の明治維新論で注意を払っておきたいのは、民衆の政治への関心を低く見積もることである――「潜在的な危機意識は、一般の百姓町人にはない」「彼等は攘夷などと言う考え方をしない……彼らの中の文字のある階級を動かすだけである」。明治維新が武士たちの動きであることを認識しての記述だが、民衆の心性に着目する一方、農民たちの関心が、政治から遊離していることを強調している。農民たちも、あたらしい人間像を生むが、いまだ政治的危機の認識は持ちえていないという評価である。

さて、「攘夷」への批判的な認識は、攘夷の観念から脱した志士たちへの肯定的な評価となって記される。たとえば、伊藤博文と井上馨である。伊藤と井上はイギリス公使館を焼き打ちするとともに、イギリスに行く。外国に対する排外主義（焼き打ち・殺害）と、「外国に出たい熱心な要求」とのあいだに、伊藤・井上は「別に矛盾を感じていない」と好意的である（この点は、松陰に関しても同様である）。

攘夷の為に外国に学びに行こうと企てていたので、若い魂に別にこれを矛盾と感じてない。厚顔に図々しいのは若い者が見せる特徴である。といい、ふたりがロンドンで変化し、「彼等は最早御殿山の公使館を焼打ちした時の彼等ではなかった」と記す。幕臣の側も同様に、オランダへの留学が推進され、軍艦の建造技術(榎本武揚ら)、政治・法学(西周)が学ばれる。

国際関係の戦時、平時を規律する法規があることを知った時、榎本以下は母国を支配している一方的な攘夷の狂熱が世界の目で見て如何な性質のものか、よく理解した筈である。

と、大佛は記し、幕末の留学生たちによる異文化との接触を強調する。開明的な人物への肯定的な評価がなされる。

3　大佛次郎の作法

『天皇の世紀』は、後半部になるほど、大佛次郎の史観が強く出てくる。明治維新の叙述が、なぜ「天皇の世紀」というタイトルとされたかは、検討に値する事項である。大佛次郎自身には、天皇個人に対する敬愛が見られ、天皇と皇族の叙述に敬語を用い、冒頭も御所への訪問からはじまっていた。この問いを念頭に置きつつ、『天皇の世紀』の特徴を論じたいが、五点にわたって指摘したい。

まずはフィクションとノンフィクションという領域区分を補助線としよう。大佛は、鞍馬天狗シリーズや『赤穂浪士』をはじめ、これまでもっぱらフィクションとして歴史叙述を提供してきたが、『天皇の世紀』はノンフィクションとして提供されている。『朝日新聞』の「社告」(一九六六年一二月二二日)は、ノンフィクション―実録ものとし『パリ燃ゆ』などの系譜として連載予告をしていた。

『天皇の世紀』は、膨大な資料を駆使し「事実」を参照系とし、「事実」をめぐる証言と解釈を併記し、その集積によって明治維新に接近する。架空の人物はいっさい登場させず、実在の人物が残した記録による記述がなされるのである。同時に、多種多様な立場と見解を統御するのは大佛自身であることも、あわせ指摘しておきたい。

第二は、大佛次郎の目と射程範囲にかかわる点である。(「男よりも敏感な」)「女性たち」、「庶民の知恵」、そして「外交団」といった政局外の存在を、大佛は判断の規準とする。政治とそれに相応して動く世相とを射程に収める――「政界の上層部で行われた公然の暗闘」が「一般の庶民には、もとより無関係なもの」としつつ、民衆からの視点を手離さない。政治認識とともに、併行して「細民の一揆」を記述し、ええじゃないかに言及し、コレラや地震も叙述するのは、こうした意識に拠っている。政治的な文脈からのみ明治維新を把握するのではなく、人びとの心性に入り込み、転換期の様相を描き出そうとする姿勢といいうる。

また、下層のものへの言及が、たびたびなされる。たとえば長州藩に言及し、「藩の要路」に立つものが何もできないなか、(下層のものが参加する)諸隊が「藩の背骨」になっていたと指摘する。諸隊の指導者は、「因習にとらわれない新しい性格」をもち、「自分で道を開く多少創造的な心情の持主」が多い。「下層から出て来た彼等が、……藩の方針を推進する潜勢力」となっており、「古武士的で忠誠なだけでは解決が出来ないような時代が既に来ていた」との認識を示す。

このとき、諸隊は「自衛的な農兵」「革命的市民兵」ではなく、「国難」を見た「軽士の者」が応募し、藩のための戦争に参加し「未知の道に進む強い精力を潜在させた新しい部隊」と評価する。

こうした大佛の目線は、農民たちに向かうが、

しかし、耕す土地から宿命的に離れられない百姓と、主人持で他国へ動くことのない士分の者が、日本全体のことに目を開けるまでには、まだ長い時間を要した。

この差異に、大佛は自覚的である。

さて、農兵へ着目する大佛であるが、その視線も単線ではない。たとえば、沢宣嘉・平野国臣の「義軍」に参加した農民たちをめぐり、多様性を描き出す。まずは「孤立して攘夷を企て」「現状打破に力を尽くそうとする志望」を有した農民たちである。そのひとり、北垣晋太郎は農村の生活だけで満足せず、「公共の為に」という「能動的な意

志」をもち、農民に向かってもそれを説く。陽明学徒となり、義軍に参加した農民(豪農)として描かれる。

(義軍に参加せずとも)北垣らのように「攘夷を目的に行動を起そうとする勢力」は、あちこちに「潜在」し、「地殻を割って噴出する機会」が狙われていたと、「時代の動因契機」と把握する。そして、義軍は「向う見ずな計画」だが「幕府の威厳」を著しく低下させたとした。

しかしその反面で、統率を欠いた農兵たちが、各所で暴動を起こすといい、「近隣諸村の庄屋、土豪、酒造家、商家等を襲って打毀しが行われた」と農兵—農民たちのいまひとつの顔—他の側面—多面性も、大佛はみのがさない。

さらに沢宣嘉・平野国臣の義軍に対し、当初、新しいことが始まると期待した農民たちが諭告を聞き、「意識下で求めていたもの」とは異なっていたこともあわせて書き留める。「おとなしかった農民」たちが「敵に廻る」のである。

士族のみならず、農民の心性も動き出しているさまが、多様に描き出されているということになる。

動き出した民心は、若者に著しい。「古い空気が淀んで停滞していた。若い者の望むとおりには、時局は容易に動かない」と、若者たちの苛立ちを、大佛は書き留める。

さきに見た井上馨や伊藤博文は、外国に出て「攘夷の悪熱」が落ちた若者たちであり、

(藩の)「重役たちの動かぬ排外的な気分」と対決する。青年群像は、「その一念の為に積極的な行動を続け、まだ若い年齢で揃って死に就いた」「私慾など入る余地のない熱情」をもつと評価する。

大佛は続けて、それは(1)吉田松陰が示した姿勢であり、(2)「単純な行動派の退場する時が来ていた」ことをあわせいう。そして、(3)(伊藤・井上らを念頭に置きながら)「別の性格の人々に、時局が登場を促す」、しかし、(4)「それらの人々を支えて背後から押上げている地中から湧く潮のような別の勢力は、まだ姿を現していない」と描くのである。

動き出した若者たちであるが、いまだ「国家とは、もとより藩のこと」であった――「日本という考え方は観念としてしかなく、藩のこととなると、充実した形で現実感が出て来る。これが当時の先進者でも、何百年の藩政が滲み込んだ人々の精神構造であった」。

第三は、『天皇の世紀』で異色となる、「旅」の章をめぐってである。大佛は自ら病気であることを知り、連載をいったん休載するが、*再開時に真っ先に記した章である。大佛の強いメッセージが託された箇所ということができよう。「旅」の章では、「一種の宗教戦争の形相」として、キリスト教の議論を集中して論じ、日本で、キリスト教徒たちが受けた弾圧と迫害を描き、プティジャン神父(司教)と「潜伏キリシタン」の末裔たちを記す。この章は、小説的文体で、物語的な叙述となっている。

＊「天皇の世紀」の連載は、一九六八年五月一五日から七月二日、一九七一年一〇月一二日から七二年一月四日、一九七二年七月一二日から七三年一月二一日の三回休載している。「旅」の章は二回目の休載後、一九七二年の一月から四月にかけて連載された。

「進歩的な維新史家」も取り上げないが、「浦上の農民がひとり『人間』の権威を自覚し、迫害に対しても決して妥協も譲歩も示さない、日本人としては全く珍しく抵抗を貫いた点」を評価しての執筆であった。こうして、「旅」の章は、天皇制国家に根源的に対抗する人びとが描かれることとなる。『天皇の世紀』のなかで「旅」の章がもつ位相は、政治史の相対化であるとともに、社会の次元での人びとの心性がもつ歴史的な意味の解明である。

『人間』の権威」―「人道」を基準とする叙述であり、明治政府の政策への批判でもある。継続するキリスト教徒たちへの抑圧は、外交団の抗議を招き、岩倉使節団への影響もみられたことが記される。加えて、抑留された収容所における信徒の対応を紹介し、その典型として「仙右衛門」を新しい人間像として描く。このとき、百姓一揆の農民との相違にも言及しており、大佛の想念する新しい人間像の登場はさらに複雑に記される。

そして、第四には、天皇論をあげうる。『天皇の世紀』の全体を通じ、朝議から、勅許、勅使、勅諚など、天皇の周囲の議論と意見が政局の焦点として把握されている。兵庫開港の勅許も、大きなテーマとして記された。そのなか、「タイクーン」と「ミカド」

が「頭の二つある複雑な政情」として記され、大佛の天皇論の柱となっている。大佛の江戸時代の支配構造は、以下の様に理解される――

島国の日本の政体は靄の中に在るように朦朧としていた。精神的君主のミカドの外に、政権は将軍が握っている。しかも、中央の威令が国内に行きわたっているのではなく、三百余の大、小名が領地を支配していた。

そのなかで「正体不明なのは精神界の君主のミカド」で、パークスは(将軍の背後にある)「神秘な存在」としている。大佛は、主としてアーネスト・サトウの観察(『英国策論』一八六六年)に拠りながら、天皇―幕府の関係を江戸期の日本の仕組みとして描く。

ここに、幕末維新期の歴史叙述を「天皇の世紀」として捉える要因が存する。

戦後の歴史学では、戦前の皇国史観への反発が強く、ながらく江戸期における天皇についての関心はうすかった。幕府と朝廷との関係、幕末における天皇の位置と役割が言及され始めるのは、一九七〇年代末葉になってからのことであり、当該時期の天皇を構造的に分析した、藤田覚『幕末の天皇』(講談社)の刊行は一九九四年であった。大佛『天皇の世紀』の議論は、歴史学界の関心に先行していたのである。

大佛は、徳川慶喜の上洛に対し、「精神界だけの主権者に、現実の世界のタイクン(大君)だったものが、事実に於て隷属の形をとる」こととし、幕末における朝廷―幕府の関係の変化をみてとった。支配が二つの身体に分裂していたなか、幕末に、政治的権力

（将軍）が精神的権威（天皇）に従属するようになり、将軍は、外様と並ぶことになる。これは、「形だけのものでなく非常な変化」であると大佛は論じた。

　このことは、（第五に）、明治維新の過程を、日本論―日本人論として論じることに通じていく。正確に言い直せば、大佛は、明治維新の過程から日本的なるものを抽出し、意味づけをしている。多くを引用することは避けるが、たとえば、幕末の外交関係を論じるとき、

　日本の民間の有識者はシナ人〔ママ〕のように悠々と大陸的で無関心でいられる大人ではない。島国に育って、いつも性急過敏な気質なのだ。

と述べる。外交関係の特徴を日本人の作法として、飛躍させ一般化し、日本人の思考と作法、行動様式が明治維新という転換期に一挙に露呈したことを論じていく。具体的な徴候として「攘夷」が席巻したことや、対外交渉のなりゆきまかせなどを、大佛は日本論として意味づけしながら、繰り返し描くのであった。

　攘夷に際しての死の観念も同様である。水戸の志士たちが、いかにも簡単に死にゆき「自決」が相次ぐ。安政の大獄のなかでの死も同様で、「純粋の士分の者の、事もなげな自決」「無償の純真な性質」「無益と信じられるくらいにあっけなく一命を投出す」。その様相を「若者たちが死に対して恬淡としていたのは、時代の特徴であった」と時代的な特徴としつつ、「死以上に強力な証明はなかった」と、日本人のありようとして論ず

る。「どの国でもこの外力の前に民族の純潔を護ろうとした」が、日本人は「隷属の習性」とともに「名誉ある死」を挙げると、その特徴を日本人論として描き出すのである。

あらためて、『天皇の世紀』は、(a)人心の変化の地上への噴出という原理によって政局の推移を描くが、「民衆」への目をもち、戊辰戦争以降をふくむ明治維新の歴史像となっている。このとき、(b)これまで大佛が、(大衆作家として)それなりの役割を与えてきた新撰組などは影が薄い。代わって強調されるのは、吉田松陰、伊藤博文、井上馨、勝海舟、福沢諭吉、河井継之助らである。温度差があるものの、文明に目を開いた開明派であり、その観点から節操を貫いた人物に多くのページ数を割いている。

坂本龍馬もまた、(1)尊皇攘夷とは縁がなく、(2)「日本の未来」について考える青年であり、(3)「無償の行為」に奔走し、(4)藩の枠を超え、大政奉還、船中八策をなしとげた点が記される。
(c)反封建の意識のもと、鎖国が批判的に言及され、(1)「外国人を同じ人間と認める機能を鈍らせていた」、(2)「小心に自分たちのことしか考えない」、(3)「硬化して想像力のないのが幕府の官僚」、したがって、(4)(西洋に抑圧される)「アフリカ海岸の黒人とも共通するものを自分たちに考えない」と、鎖国のもつ否定的影響をいう。
『天皇の世紀』は、明治維新の過程を、多層的・多重的に描き、その叙述にさらに自ら上書きをしていく作品であった。大きな過程として、開国―攘夷と「公武合体」の枠組みを提供し、討幕―大政奉還―戊辰戦争という推移を、人びとの営みの集積として記し、「封建制のピラミッド」が崩れゆくさまを描き出した。叙述の作法としては、政局を軸に、国際関係の展開と民衆の動向を視野に入れた「正史」であった。「事実」を時系列で描き、事態に寄り添いながらその意味を記すが、政体の推移―転換が全体を貫く柱となっており、「正史」としての骨格を有する叙述であった。また、そこに天皇が深く関与しており、のちの日本社会への多大な影響を有したこともあわせ指摘されている。

これらが、日本的な動き―状況への日本的対応として包括され、意味づけられた。この作品は、巨大な変革期に遭遇し、そのなかで主体的に対応していこうとした人びとによる運動と心性の探求として読むことができよう。

おわりに

一九七〇年前後は、明治維新の見直しの時期であった。代表的な歴史家であった遠山茂樹は、『明治維新と現代』(岩波書店、一九六九年)を刊行し、一九七二年にはかつての著作『明治維新』(岩波書店)を改訂していく。明治維新の検証が、いまだ現在にとって欠かすことのできない出来事であり、歴史家たちも明治維新の考察に関心を集中させていた。このとき、大佛次郎もまた、「天皇の世紀」の連載を開始し、あらたにペンをとった。

だが、ここでもそれは単純ではない。

大佛次郎の代表作といえば、鞍馬天狗が想起されるが、この作品では幕末から維新の時空間に架空の人物を登場させ、大活躍をさせていた（一九二四年「鬼面の老女」から、一九六五年「地獄太平記」まで、四七作）。フィクションによって人びとの心をつかもうとしていた大佛だが、一九六五年まで書き継がれてきた鞍馬天狗のシリーズを打ち切り、『天皇の世紀』へと赴いた。言ってみれば、「稗史」から「正史」への移行・転回である。いや、鞍馬天狗の退場にとどまらず、新撰組も『天皇の世紀』では、その影は薄い（評価は高いものの、もっぱら戊辰戦争で登場する）。

なるほど、江戸・薩摩藩邸焼き打ちの記述など、鞍馬天狗の世界と重なる都市社会の暗闇への着目もみられるが、この個所もまた政局に収斂しない歴史像となっている。その世界をも含みこむ総体としての歴史の叙述が、『天皇の世紀』で叙述される。大佛次郎にとって、叙述の作法の大きな転回である。

あらためて、その転回の理由を考えてみるとき、いくつもの要因が考えられるなか、大佛に強くあったのは「明治百年」をもろ手を挙げて寿ぐことへの危機意識ではなかったか、と思う。諸外国が、鎖国・日本にやってくるという時代—日本を取り巻く危機の時代を訴えるとき、「正史」を選択したのではなかろうか。多様な営みを、多様な主体に即しながらの叙述は、「正史」としてこそリアリティを有する、と考えるに及んだと思われる。

鞍馬天狗のような架空の人物は、現状への批判的対応には効力を持つが、「明治百年」を政府が寿ごうとするなか、それと対抗し、民衆を視野に収めた歴史的な検討には真正面からの対決―歴史の作法に沿う「正史」の提供が有効であるとし、「正史」という器を採用したと推測しうる。鞍馬天狗こそ登場させないが、その精神をみなぎらせた「正史」としての『天皇の世紀』である。この点に関しては、別稿「鞍馬天狗のいない明治維新像」を準備しており、あらためて展開したい。

第4章　司馬遼太郎と松本清張

司馬遼太郎・全六八巻、松本清張・全六六巻。ともに膨大な巻数の全集(文藝春秋)をもつ作家である。松本清張(一九〇九―九二)と司馬遼太郎(一九二三―九六)は、それぞれ推理小説家・歴史小説家の枠内にとどまらない、多様なジャンルの小説を書き、エッセイを記し、対談や座談を残した。テレビや映画の原作となった作品も多く、没後には、ゆかりの地に記念館も建てられている。いまなお、「戦後」における最大の国民作家として、双璧をなしていると言えよう。

歴史のなかに〈いま〉を発見し、〈いま〉を歴史に投影し、「近代」の総体にかかわる眼をもっていた司馬と松本。司馬が「戦後社会は、倫理も含めて土地問題によって崩壊するだろう」と危機感を募らせ、土地公有化論を説いたことはよく知られている(『土地と日本人』中央公論社、一九七六年)。他方、松本は、『松本清張社会評論集』(新日本出版社、一九七六年)を刊行するように時代状況への発言意欲は旺盛で、「汚職は文字通り、全く汚い国民への裏切り行為である」といった官僚批判を繰り返している。温度差が見られ

るにせよ、二人ともに、ありうべき健全な「戦後社会」を求め、現状への批判的発言をおこなっていた作家だった。〔補註〕

ともに熱心なファンは多く、司馬論・松本論はひきもきらないが、互いの読者層はズレており、司馬と松本は対照的な作家と見なされていた。たしかに、社会のなかで怨念を抱え込む松本の小説の主人公と、理想を掲げながら社会の変革を志す司馬のヒーローたちとは、大いに異なっているように見える。また、政治を描いても、背後の闇に着目し「不透明さ」を見出し、告発を旨とする松本に対し、司馬はまっすぐに政治の理想と理念を語り、降りかかる「国難」の克服を記しているように見える。

二人は、一九九〇年代に相次いで没したが、司馬遼太郎は、その後もエッセイ集や短編集があらたに編まれ、二〇〇五年には、週刊で『街道をゆく』のビジュアル誌(朝日新聞社)が出されている。『梟の城』が映画化され(篠田正浩監督、一九九九年)、テレビでも『菜の花の沖』が放映され(二〇〇〇年)、『坂の上の雲』の映像化も予定されている。

松本清張はと言えば、一時、人気が衰えたかに見えたが、二一世紀に入り復活し、テレビドラマ『黒革の手帖』(二〇〇四年)につぎ、『砂の器』(二〇〇四年)が評判となり、松本清張ブーム(『週刊朝日』二〇〇四年一二月一〇日号)が再び言われるようになった。二〇〇六年も、すでに『けものみち』が再度テレビドラマ化されている。かつては、対照的に論じられることの多かった二人の作家が、二一世紀初頭の〈いま〉、ともに着目されている。この現象の意味するものは、何であろうか。司馬遼太郎と松本清張の来歴を、二一世紀の〈いま〉に焦点をあわせながら振り返ってみよう。

1 「近代」の明るさと謀略と

松本清張と司馬遼太郎のデビューは、ともに一九五〇年代である。松本清張は、一九五〇年の「西郷札」がデビューだが、芥川賞を受賞した「或る「小倉日記」伝」(一九五二年)、考古学者・森本六爾をモデルとした「断碑」(一九五四年)など、世に認められない不遇の人びとを主人公とした短編を数多く発表している。司馬もまた、のちのことを考えると意外の念もあるが、一九五〇年代の作品では鬱屈する心情を描いている。直木賞受賞作の『梟の城』(一九五八―五九年)では、(主人公・葛籠重蔵の敵である)織田信長を徹底した「合理主義者」で「不可解なものをもっとも憎んだ」と述べるのに対し、重蔵には信長への「怨念」を抱かせている。二人が描くこうした鬱屈は、さまざまに解釈が可能だが、注目すべきは、それが一九六〇年前後に、それぞれの方向で転換され、昇華あるいは再結晶化されていくことである。

松本清張は、一九五〇年代末に『点と線』(一九五七―五八年)、『眼の壁』(一九五八年)、『虚線』(のち『ゼロの焦点』一九五八―六〇年)などをたてつづけに発表し、いわゆる社会派推理小説ブームをつくり上げる立役者となった。松本は、社会的な閉塞観を犯罪の動機へと凝縮し、犯罪のなかに社会悪の存在を見出す。そして、人間の鬱屈した感情が犯罪という行為になって現れたとし、戦後社会のあり方を問う。さらに松本は、一九五九年に執筆した『小説帝銀事件』以降、戦後史そのものを取材した作品を書くようになる。すなわち、代表作となった『日本の黒い霧』(一九六〇年)にいたって、個人的な動機への関心に加え、組織の確執や陰謀などの社会的な要因に目を向け、あらたな地歩へと踏み出す(「推理小説の発想」一九五九年)。

『日本の黒い霧』は、『文藝春秋』に連載され、国鉄総裁であった下山定則が轢死体で発見された事件(一九四九年)を扱った「下山国鉄総裁謀殺論」から書き起こし、帝銀事件や松川事件など、戦後に起こった諸事件をとりあげ推理する。松本は、これらの事件を占領軍の「謀略」とし、さまざまな事件が「一つの焦点に向かって集中」し、連鎖があることを論じた――「謀略はどの辺で行なわれ、いかなるかたちで行なわれているか、今後もわれわれの眼からは見ることは出来ない。それが分かるときは何かの事件が起ったのちである」(「征服者とダイヤモンド」『日本の黒い霧』)。そして、巨大な意図と陰謀を「実証的」な手法で描き出した。松本は、(従来の推理小説がもっぱら扱った)凶悪犯を扱う捜査一課の世界に対し、知能犯を扱う捜査二課の領域に着目した(前掲「推理小説の発想」)。

これに対し、司馬遼太郎は、一九六〇年代に入ると、『新選組血風録』(一九六二―六三年)、『燃えよ剣』(一九六二―六四年)など、幕末・維新から明治期にかけての歴史小説に赴く。主人公が抱えていた怨念や鬱屈が、社会変革という目的に転換していくことを端的に示すのは、一九六二年から連載が開始された『竜馬がゆく』である。「日本史が所有している「青春」」(「あとがき」)、すなわち近代日本の出発を描くこの作品には、多くの非命の死者が登場し、必ずしも明るい作品ではないが、司馬は、主人公の坂本竜馬を前向きにひたむきな人間として描き出す。あれこれ煩悶しながら、「日本」の建設に向かっていく竜馬像が示されたのである。

このとき司馬は、「近代」に可能性を見ており、「近代」の実現を目的とした。「近代」が打倒しようとした封建社会(江戸時代)を、歴史上で「もっとも(あるいは唯一の)諜報、密告誘導、相互監視といった暗い能力に長けた政府」(『竜馬がゆく』)と言い、司馬は、維新の変革に「民主主義」を見てとる。大政奉還のような、戦争によらない「回天の業」を「日本人による独自の革命」とし、「船中八策」を新しい民主主義、すなわち「天皇をいただいた民主政体《デモクラシー》」に向けた宣言と見る(同)。

幕末維新期をイデオロギー闘争として描けば陰惨になると司馬は考えたのであろう、描き出されるのは、実利を目指す竜馬像である。司馬の竜馬像は、戦後社会と呼応して、経済を政治に優越させ、利を追求する合理性を基準とする。「観念や思想」ではなく、

「利害問題」から入り、「地球を動かしているのは思想ではなく経済だ」と竜馬に言わせている(同)。

司馬が一九六八年の「明治百年」を睨んでいたのに対し、『日本の黒い霧』を描く松本清張は、執筆時からわずか一〇年ほど前に起こった、まだ生々しく、いくつかは現在進行形であるような事件をとりあげ、戦後の同時代史―現代史を記述した。司馬は「近代」社会の明るさに賭け、松本は「近代」社会に存在する陰謀や謀略にこだわった。おりから日米新安保条約をめぐり、大きな議論と批判的な行動が展開された時期である。そして、その政治の季節のあとには、経済の季節がやってきてもいた。

一九六〇年代以降の二人の作品は、いっそう対照的に見える。歴史に題材をとった長編でいえば、司馬は、幕末維新期(『竜馬がゆく』など)から、一八九〇年代から一九〇〇年代にかけての「明治後期」を扱い(『坂の上の雲』)、さらに一八七〇年代の「明治前期」の国家建設を描く(『翔ぶが如く』)。「近代国家」の形成と展開をモチーフとした司馬は、困難と葛藤のなかでの秩序形成を描き出す。

これに対し、松本は、「戦後日本」(『日本の黒い霧』)を扱ったあと、『昭和史発掘』の大著で一九二〇年代末から一九三〇年代の「昭和戦前」を論じた。あたかも、司馬の扱わなかった時期を論ずるがごとくである。松本は、このあと中江兆民を手がけ(『火の虚舟』一九六六―六七年)、一九七〇年代には、「北一輝における「君主制」」(一九七三年)の連載をおこない、『北一輝論』(一九七六年)として刊行するなど、観念や思想に依拠して体制批判をおこなった人物に言及している。

2　歴史に対面するか対峙するか

別の観点から、二人の差異を見てみよう。松本が描き出す「明治前期」の歴史像は、『象徴の設計』(一九六二―六三年)に特徴的である。一八七八年の竹橋事件から説き起こされ、山県有朋の軍人勅諭の作成を軸に展開するこの著作では、「山県が一ばん惧れていたのは、軍隊の中にこの自由民権運動が浸透してくることだった」とあるように、自由民権運動の影響を大きく見ており、松本は福島事件や秩父事件にも言及する。

『象徴の設計』に対応する時期を扱った司馬の作品は、『翔ぶが如く』であるが、ここでは、松本がほとんど関心を寄せなかった西南戦争と西郷隆盛が叙述の柱となっている。自由民権運動の記述はあっさりしたもので、司馬は神風連の乱や秋月の乱など、士族反乱に紙幅を割く。

また『象徴の設計』は、冒頭に元巡査で今は「諜者」となった人物・津丸藤兵衛を登場させるなど、政府が「密偵」を放つことを繰り返し述べ、陰謀を含め、国家の中枢における行為を「政治」として描く。「〔『象徴の設計』は―註〕『日本の黒い霧』と同様の手法で明治期を描いた」とは、小説家で文芸評論家の林房雄の言である(もっとも、林は、批判的にこの指摘をおこなっており、松本とのあいだに論争となっている)。これに対し、『翔ぶが如く』は、国家形成を図る中心人物として大久保利通と西郷隆盛に着目し、「国民の成立が理想であった」西郷は「征韓論」を「明治維新」の「輸出」としていたと解釈してみせる。また、司馬は「政策でもって政治の府がふたつに割れて争われた」いわゆる「明治十四年の政変」に言及し、「政治」は理念をぶつけ合う政争として顕現するという認識を示す。このように、松本と司馬の歴史像は、ちょうど、互いに入れ子のようになって補完しあっている。

歴史を描く作法の点においても、二人は対照的である。松本が、『小説帝銀事件』と『日本の黒い霧』のなかの「帝銀事件の謎」、あるいは、『現代官僚論』(一九六三―六五年)と『深層海流』(一九六一年)のように、ノンフィクションとフィクションとを併用して出来事を記すのに対し、司馬は、作品のなかに批評を挿入することを得意としている。司馬の「余話として」という言い回しが、特徴的である。

また、松本が追求したのは歴史を「書く」という行為であるのに対し、司馬は歴史を生きることの考察に、より強い関心を見せている。松本の「梟示抄」(一九五三年)は、失意の江藤新平と江藤を追い込む大久保利通とを対比的に描くが、江藤が死刑に処せられた日の日記に、大久保は「今日都合よく相すみ、大安心」と記す。松本の意図は、権力者の日記（＝史料）に「大安心」と書かれた背後にある、無数の人びとの無念や怨念の叙述にある。これに対し、司馬の関心は、「無駄に命をすてた連中への、云いようのない怒り」（『竜馬がゆく』）を記すことによって、死者を悼む観点から歴史を再解釈することにある。松本が、歴史に記されるもののルサンチマンを見据えるのに対し、司馬は、歴史の非情さそのものに赴くとも言えよう。

このように、二人のあいだには、認識、作法、あるいはイデオロギーや現実政治に対する態度も含めて、少なからぬ差異が見られる。司馬が、〈いま〉の（葛藤や対立をはらんだ）秩序に立ち向かう人間の諸相を描くのに対し、松本は、（秩序を前提とした）〈いま〉への苛立ちと違和の表明を描き出す。また、秩序を維持するための謀略や背後の権力の解明に固執する。こうして、（歴史を描くときの）対象として「幕末維新」（司馬）を選ぶか、「昭和史（戦前・戦後）」（松本）を選ぶか、という差異も生まれる。近代の形成期である幕末・維新期には、近代の理想的で肯定的な局面が強く現れるのに対し、爛熟期である昭和戦前期には、近代のほころびや矛盾がより濃厚となる。後述するように、二人がともに批判の対象とするのは「昭和・戦前期」であるが、その時代への直接の対面（松本）と、迂回しての対峙（司馬）と言うこともできる。

さらに、「共感」的人物を主人公とする司馬と、「批判」的人物を登場させる松本という目線の相違もある。「英雄」（司馬）と「庶民」（松本）という時代を代表する者の違いは、対象の描き方の違いとなって現れる。戦中派の司馬と戦前派の松本のそれぞれの「戦後」への向き合い方のずれ、組織のなかでの対処(司馬)と組織への不満・組織からの脱落(松本)という対比も可能だろう。司馬がよき「国民」を想定し、松本が反逆する「市民」という人物像をもち出す——。これらは、しばしば指摘されてきたが、充分にうなずけることであろう。

3 戦後社会の理念に賭ける

だが、松本と司馬の共通する立脚点を指摘することも必要である。二人は、ともにひたむきな人間像を理想とする。勤勉で、正直に暮らし、倹約を旨とする生活を人間本来の姿としたうえで、かかる社会の実現(司馬)と、その意志を挫く社会の様相(松本)を二人は描く。これは、一九六〇年代の人びとにとっての「通俗道徳」(安丸良夫)でもある。真面目に暮らす人びとが、小さな幸せを感じ、そのことを理想とする社会——「通俗道徳」の実践を是とする世界観を二人はともにもち、そうした理想的社会の実現が司馬によって語られ、真面目でひたむきな人間が挫折し、日の目を見ない社会が松本によって告発された。

戦後社会の理念を信じ、そこに賭ける思いが二人の作品には色濃く投影されている。

二人は、ありうべき近代社会と近代家族を自明の前提としている点で共通している。「或る「小倉日記」伝」の主人公・田上耕作は障害をもち、母親・ふじのひとかたならぬ保護のもとで暮らす。「断碑」では不遇の夫を経済的に支える妻シズエと、そのことにより「卑屈感」を感じ、妻に当たり暴力をふるう夫・卓治の姿が記される。松本清張の主人公たちは、初期短編においては世に認められず受け入れられない不遇の人物であるが、一九六〇年代以降の作品には、成り上がった(すなわち、成功した)が故の没落が記されるようになる。このときも、中編「書道教室」(一九六九―七〇年)に典型的なように、登場人物たちの家庭崩壊がついてまわる。

司馬遼太郎はと言えば、千葉道場の長男・重太郎が「志士」を気取ることに批判的で、「なまじっかの志士気どりはやめて人の好い市井人として送れ」(『竜馬がゆく』)というように、市井の生活を、公的な偉業と等置に置き、一般庶民の家族生活を一つの理想型としている。

二人は、「戦後」の実在(とその信頼)を、近代国家建設の側から肯定的に(司馬)、近代社会の抱える矛盾を指摘して批判的に(松本)論じることで、一九六〇年代の二つの局面を示した。司馬は「国家」、松本は「社会」に関心を寄せているが、ともに、「戦後」アイデンティティの確認に取り組んでいると言えよう。また、「家族」の共同性に安らぎの根拠を求め安住しており、表現の差異こそあれ、二人が家父長的な相貌の片鱗を垣間見せているとも言える。司馬と松本によって描かれた「戦後」の秩序感覚に加えて、二人を対の存在として考える発想が、「戦後」意識を助長した。かくして、おりからの高度成長が浮き彫りにされ、戦後の価値としての「民主主義」、主体としての「日本人」、欲望としての「経済」(実利)が記されたのである。

次に、二人の位相を、「戦後」を裏づけた「国民」の観点から論じてみよう。「戦後」は、日本社会のアイデンティティとして「歴史」が大きな役割を果たした時期でもあった。松本清張と司馬遼太郎の二人が、「歴史」(松本の場合、「文学史」をも含んでいる)の書き換えを図ったのは、そういうタイミングであり、二人の描く「歴史」が「戦後的」アイデンティティを提示し、その根拠としての歴史と文学が重なる地点で、重要な役割を果たした。

特記すべきは、司馬や松本が、何よりも〈いま〉を語るという感覚に敏感であったことだろう。一九六〇年代以降の社会の大衆化は「国民化」でもあった。司馬の「君のために作る」(『放送朝日』第八四号、一九六一年五月)は、短いエッセイながら、登場し始めたテレビを論じての卓抜な大衆社会論となっている。すなわち、司馬は、テレビによって人びとという概念の腑分けがなくなり、一律に均一化した人びと(「国民」)が相手とされるようになったことを指摘する。

それとともに二人は、歴史認識の点から言えば、「昭和・戦前期」を焦点とし、「戦時」を常に参照した。司馬は、ことあるごとに、昭和・戦前批判をおこない、以下のように書きとめていた――「常識で考えても敗北とわかっているこの戦さを、なぜ陸軍軍閥はおこしたか」「昭和の政治史は、幕末史よりもはるかに愚劣で蒙昧であったといえる」(『竜馬がゆく』)。

その認識を推し進めたのが『坂の上の雲』である。『坂の上の雲』は「明治後半」における対外戦争という国難の克服を描くことで、その後に暴走した「昭和」を批判する。『坂の上の雲』「あとがき二」(一九六九年)に、日露戦争後の日本は、「勝利を絶対化」し、「民族的に痴呆化」し、「日露戦争を境として日本人の国民的理性が大きく後退して狂躁の昭和期に入る。やがて国家と国民が狂いだして太平洋戦争をやってのけて敗北する」と述べる司馬は、この「昭和・戦前」批判を、万国公法―国際法にもとづく世界秩序への参入という視座から描き出す。この国際法の世界体制への参入にふさわしい「日本」の形成が、『竜馬がゆく』から『坂の上の雲』の主要なモチーフとなっている。換言すれば、西洋世界から認知され、承認されることを目指した日本が、その達成の瞬間に暴走を開始したという認識であり、「戦後」はその轍を踏まぬようにいさめるのである。

松本清張の場合は、『象徴の設計』で明治期の軍隊を扱ったあと、代表作となる『昭和史発掘』に取り掛かる。『昭和史発掘』は、『週刊文春』に一九六四年から一九七一年まで連載され、全一三巻の単行本として刊行された。陸軍機密費問題や小林多喜二の拷問死をはじめとして、昭和初年の事件や社会運動、あるいは文学史の風景が扱われるが、中心をなすのは一九三六年の二・二六事件である。この青年将校たちのクーデター事件の経過から裁判の過程まで、松本は多くの史料を駆使して描く。政治を主題とし、政治を動かす暴力や、権力の発動などが幅広く論じられるが、終始一貫しているのは「戦時」と「軍部」への批判である。

このように『昭和史発掘』と『坂の上の雲』は、ともに「昭和・戦前」批判の著作であり、戦時とは異なる(あるいは、異なるべき)戦後の歴史的な位相が明らかにされ、戦後に立脚した歴史意識にもとづく歴史像が提供された。いや、正確に言えば、司馬と松本は「明治後期」や「昭和・戦前」の歴史像を提示することにより、戦時の逸脱を批判し、戦時とは異なる「戦後社会」の意識を表明したのである。近代の形成というポジの局面から司馬が描き、近代の爛熟というネガの視点から松本が描いたのは、戦後こそは近代を達成しなければならないという意識である。このとき、三つの論点が形成される。

第一は、司馬と松本が、戦後における歴史の語り方を実践していることである。すなわち、(1)出来事が完了したあとの「結果」を知った立場から、あらためて出来事を描く、(2)出来事を論じるにあたって「証拠」を重視することである。後者は、「実証」的な手法の重視と言ってよい。歴史学の側からは、しばしば司馬遼太郎に対する批判と、松本清張に対する賛辞が与えられるが、両者をそのように歴史学と対立させるのは、もっぱら司馬や松本のイデオロギーに注目した評価であり、作法としては、司馬も松本も同じ手続きを踏んでいることは自明である。

松本清張が『日本の黒い霧』を「単なる報告や評論でもない」「特殊のスタイル」で書いたのは、小説としたときには、「多少のフィクション」を入れなければならないからであると述べている。小説の形式では、「客観的な事実」とフィクションとが「混同」され、「真実」が弱められる。松本は、「信用にたる資料」を博捜し、資料と資料のあいだの「大きな空白の穴」を推理するが、この「客観的な事実」に「真実」への道を見る手法は、歴史学の基礎的作業と一致している――「私のこのシリーズにおけるやり方は、この史家の方法を踏襲したつもりだし、また、その意図で書いてきた」(「なぜ『日本の黒い霧』を書いたか」『朝日ジャーナル』一九六〇年一二月四日号)。さらに重要なことは、松本が、「資料をもって時代の姿を復元」することを歴史家の営みとし、『日本の黒い霧』の仕事をこれに含めたことである(同右)。この姿勢は、『昭和史発掘』ではさらに徹底される。一方、司馬が歴史学と同じ手法を用いていることは、拙著『司馬遼太郎の幕末・明治』(朝日新聞社、二〇〇三年)で論じておいた。

第二の論点は、二人が、国民作家として扱われたということである。ややさかのぼれば、かつて「国民作家」の代表は吉川英治であった。吉川も、現在では全八〇巻(補巻五)という膨大な数の全集をもつが(講談社版「歴史時代文庫」)、吉川が作品を発表した時代は、「前期・国民(戦前)」であったと言える。これに対し、司馬と松本が活動したのは、「後期・国民(戦後)」となる。つまり、明治維新を経て一八八〇年代に誕生した「国民」が、戦中・戦後、すなわち一九三〇年代から一九六〇年代にかけて再編成され、その「後期」は、司馬と松本に代表される。

吉川、および松本、司馬以外に〈いま〉まで記憶される国民作家が不在であることを考えれば、一九六〇年前後から一九八〇年前後までが国民の最盛期であったと言えよう。河出書房をはじめ数社から『国民文学全集』と「国民」を冠した全集が刊行されたことがあるが、いずれもこの時期に集中している。

第三の論点に移ろう。「赤い籤」(一九五五年。「赤いくじ」と改題)という松本清張の短編は、植民地から解放された朝鮮半島に残された日本軍人と植民地の体験と事件を扱う。文学研究者の新城郁夫は、「帝国」の解体に遭遇してもなお、かつての帝国・日本の人びとは「帝国主義的欲望」を有していることを松本が記した、と読み解く(「転移する「勝者の欲望」」『現代思想』二〇〇五年三月号)。敗戦後の朝鮮半島を舞台とした、詩人・林《リム》和《ファ》の行動を描く『北の詩人』(一九六二―六三年)から、大連のアヘン密造に言及する晩年の『神々の乱心』(一九九〇―九二年、未完)まで、松本には、日本の植民地主義を批判的に取り扱う作品もある。昭和史発掘ものとともに、いまひとつの「昭和・戦前」を批判する松本作品の流れである。

二一世紀の〈いま〉、帝国―植民地主義をふまえての「昭和・戦前」期の総括が課題のひとつとなっている。東アジアに広がる「反日」運動も、「昭和・戦前」に対する歴史認識を焦点としており、司馬や松本のあらたな読みの機運が熟している。

一九八〇年代の中頃からグローバリゼーションが強調され、一九九〇年前後には冷戦体制が崩壊し、司馬遼太郎と松本清張が描いていた光景が一挙に変わった。国境を越えての移動が活発化し、「国民」は自明的存在ではなくなり、そのことが私たちの歴史観にも、いやおうなく投影された。「国民」はあらかじめ存在しているのではなく、「戦前」の帝国主義・植民地主義や、「戦後」の国際関係のなかで、「国民」の範囲が線引きされ、歴史的に決定されてきたとされたのである。また、アメリカとソ連の対立を軸とする世界の解釈も、その根拠を失ってしまう。「戦後」と「冷戦」の終焉のなかで、国民国家と国民概念の崩壊も進んだかのように見える。

4　二一世紀の「手持ちの資源」として

司馬と松本へのあらたな関心は、こうした「戦後」後と「冷戦」後、そして「国民」後という三者の「後《ポスト》」をめぐる状況によって喚起されているように見える。逆説的ながら、「戦後」と「冷戦」のなかで「国民」を論じてきた司馬と松本への関心が生まれたのである。ここでも三つの論点をあげてみよう。

第一は、国民国家と国際法(司馬)、官僚制の陰謀と社会のなかの階層化(松本)といった主題が、二一世紀にもあらたな形で進行していることである。グローバリゼーションのなかで国家の役割が変わり、公共性の観念も変わるものの、社会に胚胎する緊張感と不安感は大きく、かえって人びとの欲望と階層の流動化が見られる(五十嵐太郎)。このグローバリゼーションのもとでの光景は、高度成長期の一九六〇年代と重なる部分がある。一九六〇年代にも欲望と階層の流動化が見られ、上昇組とそれがかなわない組(現在ならば、「勝ち組」「負け組」となろう)に分かれ、そのことが組織への忠誠(あるいは不信感)を生じさせた。〈いま〉は、(評論家・斎藤美奈子の卓抜な表現を借用すれば)縦軸の階級差に、横軸の断層(あちら側/こちら側)が加わり複雑化しているが(「桐野夏生の跳躍と飛躍」『The COOL!』二〇〇五年)、少なくとも一九六〇年代とは縦軸の存在感が共通している。

第二点は、〈いま〉、国際感覚の変容、歴史と「国益」の意識が強烈に意識されるなか、「日本」は、近隣諸国からの絶え間ない批判にさらされていることに起因する。「冷戦」は終焉したが、国家間の対立は残存している。冷戦後の国際関係の再編とともに生まれてきたあらたな対抗関係のなかで、司馬の描く組織悪と松本がこだわった陰謀論的視点は、国際関係にも適用されつつある。国家には得体の知れない闇があり(松本)、かかるが故に、健全な国際法による体制をつくらなければならない(司馬)という課題意識は、現在も根強い。

ここにおいて、アメリカ認識、日米関係をどうとらえるか、という第三の論点が提起される。松本は反米を基調とし、司馬は国際関係という名のパワーポリティクスに目を配りながら、「戦後」と「冷戦」を描いた。アメリカを中心とするグローバリゼーションが極限にまできている〈いま〉、単なる反米でも、(グローバリゼーションへの)「同化」でもないありようが求められている。小林よしのりに代表されるファナティックに「日本」を強調する反米ナショナリズムには賛同しがたいが、そうかといってグローバリゼーションの荒波に漕ぎ出すにはセーフティネットが必要である——こうした意識をもつ人びとが、手持ちの資源として何があるのかを探るとき、司馬と松本の(二人をあわせた)関心へと向かっているのではないだろうか。

たしかに「戦前」と「冷戦」の思考は、終焉したように見える。だが、それは、戦後と冷戦がつくり出した矛盾が解決したことを意味するのではない。戦後と冷戦の矛盾は、あらたに戦後・後、冷戦・後の矛盾によって覆われ複雑化している。「国民」概念の崩壊は、そのこと故に「国民」への「幻想」を掻きたてる。一九六〇年代の管理社会が、〈いま〉は監視社会としてより強化されてきている状況もある。

「戦後」と「冷戦」の時代の作家である司馬遼太郎と松本清張が、〈いま〉同時に読まれるということは、いまだ過ぎやらぬ「戦後」と「冷戦」がもたらす緊張感や不安感、息苦しさの故であろう。「近代の文法」として「国民」を主人公とした二人の思索に、同時に焦点があわされるのは、多国籍化と急速な階層化の進行によって「国民」意識が分裂することへの反転のように見える。あらたな読み方が始まっているようである。司馬と松本は、今後も、ともに戦後日本が生んだ国民作家として読みつがれ、考察されていくであろう。

〔補註〕 以下、司馬と松本の作品に関しては基本的に出版年を記すにとどめた。

第5章　松本清張の「大日本帝国」——文学者の想像力と歴史家の構想力

はじめに

「歴史と文学」——「歴史学」と「文学研究」との関係を論ずるときに、なにを「歴史」とし「文学」とするかは、歴史性と関係性によって規定されている。その時点時点で、互いに論じやすい対象範囲を「歴史」「文学」として認定し、議論をしてきた傾向が強い。他方、内容に立ち入ったときには、「歴史小説」と「時代小説」との区別、あるいは歴史と歴史離れ、歴史意識のあらわれ方などをめぐり、多様な論点が提示されてきた。

関係する文献はすこぶる多い。『岩波講座　文学』九(岩波書店、二〇〇二年)は「フィクションか歴史か」という主題を立て、一一名の論者が古今東西の事例を取り上げ、より一般的に問題を開いてみせたが、「歴史と文学」という問題系に入り込むためには、さまざまな次元に及ぶ歴史的、理論的な考察が求められている。

ひとつの焦点である「歴史文学」をめぐっても、近代日本のなかだけで、古くは森鷗外の作品から、戦時期に書かれた岩上順一『歴史小説論』(中央公論社、一九四二年)、一九五〇年代における石母田正や西郷信綱、木下順二ら歴史家と文学者による歴史文学の考察と実作など、多くの議論がなされてきており、その検討の歩み自体がひとつの歴史を有している。なかでも、歴史学とかかわっては、一九七〇年代にロシア史家の菊地昌典がさかんに論じたこともある(『歴史小説とは何か』筑摩書房、一九七九年。尾崎秀樹・菊地昌典『歴史文学読本』平凡社、一九八〇年、など)。

また、私自身は、文学の歴史意識を考察するには、文学史の考察が不可欠であることを提起した(以上の点に関しては、とりあえず拙著『歴史学のポジショナリティ』校倉書房、二〇〇六年、を参照されたい。また、『日本思想史研究会会報』二五号、二〇〇七年、所載の花森重行による同書書評も見られたい)。

こうしたことを念頭に置きながら、本章では一九六〇年代の歴史文学を取り上げ、議論の一端を開示してみたい。したがって対象とするのは実作者(作家)と歴史家ということとなる。

行論に必要な限りで、前提となるいくつかを出しておけば、まず「歴史と文学」といったときに検討されるのは、歴史叙述の作法であることである。その際、三つの時間——出来事の生起の時間、執筆された時間、そして、〈いま〉にかかわる時間をどのように組み合わせながらひとつの歴史像として提供するかに、歴史叙述のうえでの工夫がある。この点では、作家も歴史家も差異はなかろう。

だが、視点の位置・語りの主体をめぐっては、それを固定するかどうかから始まり、登場人物の発話と地の文との関係など、両者には多くの差異がみられる。さらに、「事実」を描く際に、歴史に実在する対象に限定するか否か、出来事の生起の順序を崩すか否かということに関しては、さらなる差異が生じる。年表を参照しながら、そこからの逸脱を厳しくいさめるのが歴史家の作法であるが、作家はそこには拘泥していない。

加えて、こうした議論を展開するには、現在では、作家とともに歴史家の文体論にまで立ち入る必要があり、また、歴史家と作家の相互の位置関係―対話にも踏み込む必要があろう。両者のあいだには、単なる史料提供にとどまらぬ関係が始まっており、浅田次郎とアジア史研究者の渋谷由里との対話では、歴史家の側が大きな影響を受けたと述べている(浅田次郎『歴史・小説・人生』河出書房新社、二〇〇五年)。本章では、理論的な考察は他に譲り、具体的に作家を追跡しながら問題の一端を開示してみたい。

1　一九六〇年代・松本清張へ向かう視線

入口を、歴史文学としてみよう。現在の歴史文学をめぐっては、二つの特徴点を挙げることができる。第一は、歴史の舞台が「日本」にとどまらず東アジアに及び、「帝国」が記されるエンターテインメントが目立つこと。浅田次郎の中国もの(『蒼穹の昴』全四冊、二〇〇四年。『珍妃の井戸』二〇〇五年。『中原の虹』全四冊、二〇〇六―〇七年。いずれも講談社)、船戸与一の「満州もの」(『満州国演義』シリーズ、六巻まで刊行、新潮社、二〇一一年)などは、その代表である。一般的に、歴史文学は近代を対象としたばあい、幕末維新期に集中し近代国家の出発をめぐる叙述が多かったが、近年では東アジアの範囲で日本帝国の様相が描かれるようになってきている。

第二は、歴史文学の考察と言ったとき、対象となる作家はもっぱら司馬遼太郎に独占され、他の作家も司馬との距離で論じられてきたことである(私自身も、司馬に関しての著作があるうえに、さらに一冊を刊行した。[補註]他人ごとではなく、恥じ入る次第である)。本章では、帝国を補助線に引きながら、松本清張の近代史にかかわる作品を論じてみよう。(1)

「西郷札」(一九五一年)や「或る「小倉日記」伝」(一九五二年)でデビューし、『眼の壁』(一九五七年)で社会派推理小説の領域を開拓した松本清張は、一九六〇年代にあらたな展開を見せる。そのひとつが、歴史への接近である。

一般に、松本清張の歴史ものといえば、現代史と古代史に集中する感がある。現代史では、「戦後史」と「昭和史」が対象とされ、長編では『小説帝銀事件』(一九五九年)、『日本の黒い霧』(一九六〇年)、『昭和史発掘』(一九六四―七一年)、『砂の審廷』(一九七〇年)、

『日本改造法案』(一九七二年)などを挙げうる。占領軍(GHQ/SCAP)や日本軍部が暗躍し、さまざまな事件を惹き起こすというもので、ここでの歴史認識は「陰謀史観」に傾いている。「小説」と区別しながら、もっぱらノンフィクションの形式が採用され、現代史が叙述された。

しかし、松本清張は近代史の作品も少なからず描いている。一九世紀後半から二〇世紀初頭までを対象とする清張の近代史は小説の形式をとり、『象徴の設計』(一九六二―六三年)、『火の虚舟』(一九六六―六七年)、『小説東京帝国大学』(一九六五―六六年)などの長編がある。さらに、美術史、文学史の叙述を含めれば、近代史の作品もそれなりの分量を有している。『文豪』(一九七二―七四年)は、坪内逍遥、尾崎紅葉、斎藤緑雨、森鷗外らを扱い、美術史関係の作品では青木繁(『私論 青木繁と坂本繁二郎』新潮社、一九八二年)、岸田劉生(『岸田劉生晩景』新潮社、一九八三年)らを論じている。

松本清張は、歴史的な過程を描く作家であり、「近代とは何か」などという原理的な問いを直接に書きつけることはしない。だが、のちに触れるように、一九六〇年代には大日本帝国の骨格と構造を記すことを問題意識とし、単なる現代史の前史ではなく、近代史を軍隊と官僚に照準を合わせ叙述していく。

清張は一九六〇年代に歴史に大きく踏み込んだが、同時に自伝ものす。『半生の記』(一九六六年)で、貧窮の時代や人間関係の葛藤、屈辱の体験などとともに、自らの軍隊と軍務地であった朝鮮での体験を記した。

『半生の記』には、清張がのちに執筆した作品との相応関係が見られる箇所が多いが、「兵隊生活」にかかわる少なからぬ作品を、一九六〇年代の清張は書くこととなる。小説家としてその地位を得た清張は、自らの来歴を語り、「兵隊生活」を綴る短編を提供した。また、敗戦前後の朝鮮半島での出来事を描く「赤いくじ」(一九五五年)をはじめ、韓国併合を推進した伊藤博文を主人公とする「統監」(一九六五年)、あるいはダイヤの所有者の推移により歴史を記す『絢爛たる流離』(一九六三年)の一部にも戦時の朝鮮半島の記述がある(2)。

これらの短編は、大日本帝国への視線をもち、自伝的様相—軍隊経験と組み合わせながら物語が展開されている。植民地期の朝鮮半島が描かれたことはその結果となるが、このことにより清張ははからずも「帝国」の様相を描くことになった。また、官僚組織としての軍隊という把握から、官僚制と軍隊(軍部)への視線が見られる。こうして一九六〇年代の清張は、「私」の要素を織り込み歴史に接近し、軍隊と官僚から大日本帝国を把握し、さらに植民地にも目を向けることとなった。

ちなみに、この問題意識は、長編『遠い接近』(一九七一—七二年)で集大成される。「赤紙」を発送する際の作為と軍隊内の理不尽とを核とし、戦時と戦後にまたがる経験を描くこの小説には、大日本帝国への清張の怨念がぶつけられている(3)。

かくして、清張の一九六〇年代には、現代史のノンフィクションの叙述とともに近代史像の提供があり、さらに自らの体験を書く営みが重なるようにして実践された。現代史は同時代史として提供され、近代史には自らの体験が小説的な素材としてもち込まれていることを考えれば、清張は「私」の領域と歴史とを重ね合わせる試みを行ったと言えるであろう。

さらに、清張は「帝国」そのものに接近する可能性をも見せていた。だが、大日本帝国に関して言えば、その関心の消滅が見られたのも一九六〇年代のことであった。これらのことを、近代史を扱った作品によって見てみよう。

2　『象徴の設計』と『火の虚舟』

まずは松本清張の近代史認識を長編作品によって探ろう。対象とするのは、山県有朋と軍人勅諭の成立を描いた『象徴の設計』、アカデミズムに対する権力・官僚の攻撃と社会主義者の動向が記される『小説東京帝国大学』(初出のタイトルは「小説東京大学」)、および中江兆民の生涯を描いた『火の虚舟』である(4)。

長編の三作は、いずれも明治政府の統治と人民の抵抗という図柄であり、政界の動きとそれに対抗する社会運動、政治家と官僚の癒着とそれへの社会運動家の対抗が記される。これらの作品の執筆時期は、清張がさかんに官僚論を展開する時期でもあった(「現代官僚論」一九六三―六五年)。清張は社会を把握する軸として、官僚に着目していた。

実際の執筆は、『象徴の設計』→『小説東京帝国大学』→『火の虚舟』の順序であり、清張の認識には、陰謀史観から抵抗史観へ向かうという水路づけができよう。なお、単行本化は、『火の虚舟』(文藝春秋、一九六八年)→『小説東京帝国大学』(新潮社、一九六九年)→『象徴の設計』(文藝春秋、一九七六年)の順となる。ここでは、抵抗から議論が出発しているように見えることとなる。

大日本帝国の骨格

『象徴の設計』と『火の虚舟』を開いてみよう(『小説東京帝国大学』については、二〇〇八年のちくま文庫化の際に「解説」を付した―「松本清張の志と方法」。拙著『歴史学のナラティヴ』二〇一二年、に所収)。α文学者の眼―史料とその解釈、β文学者の想像力―文脈とその叙述を考察の視点とし、それぞれを論じてみよう。

清張の歴史ものに共通することであるが、清張は歴史過程をきちんと踏まえ、歴史像を描き出す。『象徴の設計』では一八七〇年代末葉から大日本帝国憲法が発布されるまでの十数年間が扱われるが、近衛兵の反乱である竹橋事件(一八七八年)を導入として、地租改正条例、明治十四年政変、松方正義の大蔵卿就任とデフレーション政策などが記される。

なかでも自由民権運動は、政府内部の動向の記述と交互に記され、民撰議院設立建白書の提出から、立志社や国会期成同盟の設立とその活動、自由党の動向や激化事件の諸相、あるいは板垣退助の洋行とその「変節」までも詳細が付される。保安条例にも言及しており、清張の歴史叙述は、統合と抵抗という観点からのものということになろう。

『象徴の設計』では、軍隊はできたが、「精神面において彼らを倚らしめるもの」を作成しようとする山県有朋を中心に叙述される。近代国家形成期の論点―軍隊を軸とする国民国家形成の過程を描く小説である。権力内部の山県に焦点を合わせ、言ってみれば黒幕史観となっている。『象徴の設計』は、歴史認識から見たとき、占領軍の陰謀を描く現代史認識（『日本の黒い霧』）の延長に出発していることがうかがわれる。

以上の点を、歴史叙述の点から論じなおしてみよう。(a)コト、ヒト、モノにかかわる情報を、誰にどのように語らせ、読者に伝えるか――歴史叙述の焦点のひとつは「語り」にある。

この点にかかわって、冒頭、『東京日日新聞』（一八七八年四月一三日）の記事が掲げられ、元警視庁巡査で「諜者」を務める津丸藤兵衛が登場する。西南戦争後の「不穏」な状況と、恩賞が遅れていることによる近衛兵の砲兵大隊の不満が記されるが、清張はあわせて『朝野新聞』の記事ももち出す。

『象徴の設計』冒頭では、津丸の見聞と調査、内務省吏員の西村織兵衛らを登場させ、新聞記事を用いてのいわば「下からの物語」が叙述される。もっとも、竹橋事件のあとも津丸により「下からの視点」―市井の動向と描写が維持されるものの、津丸はいつのまにか物語中から姿を消してしまう。末尾に市井の光景が描かれるが、『象徴の設計』では「下からの物語」は、その分量は多くない。

他方、政界内部の動向を描く「上からの物語」が進行し、物語の本筋を作り出す。伊藤博文内務卿から山県有朋陸軍卿に書簡が渡り、大山巌陸軍中将、野津道貫近衛参謀長心得が呼び出され、この方向からも竹橋事件へと物語が展開される。この事件は「給料の不平で叛乱を起こした」というのが清張の解釈であり、近衛隊の軍人、兵士たちの固有名が出され、事件の際の戦闘の様相が記される。

『象徴の設計』の叙述は、当面、権力内部の話に収斂していく。このことにより、山県にとどまらず、伊藤博文、品川弥二郎、大隈重信ら政府の高官たちが登場し、必然的に実在の人物が扱われることとなる。

ちなみに竹橋事件は、大日本帝国がかたちを整えるに至るまでの蹉跌のひとつであった。研究が少ないにもかかわらず、清張が着目したことはその歴史認識の鋭さを示している。

また、(b)どのようにリアリティをもたせるかも、あわせて叙述の論点となる。『象徴の設計』では、政府の要人たちの情報のやりとりを再現してみせ、史料が多用されている。

山県の各府県への通達が引用され、「軍人訓誡」の草稿がもち出されるなど、史料が引用されるが、その分量はすこぶる多い。ここでの清張の史料を扱う手続きは、（しばしば全文に及ぶ）相当量の引用→要約→話者の主観に沿った解釈となっている。「軍人訓誡」のばあい、西周が草した稿が引用され、山県が朱を入れる推敲の過程が記され、その箇所に清張の解釈を盛り込んでいく。のちにも触れるが、清張は、それらの史料を「要約」し、「解釈」し「評価」を与えており、この叙述の作法は歴史家の営みと重なっている。

清張がもち出す史料は、たとえば、竹橋事件にかかわっては、岩倉具視や山県が閣議に提出した意見書や各部隊へ出された諭告文、判決文のような公文書である。西周「社会党ノ論」「兵賦論」や、『東京日日新聞』の福地源一郎の文章も掲げられる。徴兵令、陸軍刑法をはじめ、法律の類も煩瑣を厭わず引用される。

自由民権運動に関しても同様で、三島通庸福島県令から、三条実美太政大臣に宛てた報告書、三島にもたらされた報告書や、運動の機関紙としての新聞（『東京横浜毎日新聞』）からの引用がなされる。徳大寺実則侍従長の日記ももち出される。

政治家同士で書簡のやりとりがなされ、書簡が史料として残されたことが物語の「上から」の展開を支えているが、書簡は、明治期の政治史を描くにあたって歴史家が使用する史料でもある。史料はそれぞれ独自の文体をもち、執筆者の人間関係と状勢判断のなかで書き留められたものであるが、清張はその史料を自らの歴史認識で統御し、自己の解釈と評価を行い歴史像を作り上げる。作法として、歴史家と同じ作業を行っていることがわかる。

そして史料引用直後に提示される清張の解釈は、読みに自らの想像力を加えてなされている。換言すれば、政治家同士の対話の部分や独白の箇所は、清張が、引用した史料をいかに解釈したかを示す箇所である。作家の想像力による、作家の表現が展開され、ここには清張の人物解釈も盛り込まれている。

たとえば、山県にかかわっては、「軍隊は世間の思想・政治から独立させ、真に君国に忠義を尽くすの心を養わねばならぬ」「忠実、勇敢、服従の三大元行をもって軍人精神の維持に当りたい」とその構想を解釈し、山県の独白として叙述してみせる。

もっとも、解釈といっても研究の次元での解釈は、『象徴の設計』では背後に隠されている。史料の解釈には、歴史学の研究に基づく解釈がおおむね先行していようが、歴史学研究への言及は『象徴の設計』ではなされていない。この点は『火の虚舟』の箇所で問題としよう。

いまひとつの「語り」の工夫は、(c)微視の視点の採用である。主人公の位置を占める山県有朋の履歴や私生活、さらには癖までも描き、山県の日常の習慣が記される――妻の出産を見舞う山県が記され、機嫌の良いときには「反歯」をむき出しにして笑い、「落ち窪んだ眼窩の奥の小さな眼が糸のように細まる」。人物像に細部を描きこむことで、叙述にリアリティをもたせている。

他方、歴史認識にかかわっては、清張は権力の物語を自己完結させない。『象徴の設計』でもち出されるのは、明治政府に対抗する自由民権運動である。山県は「自由民権の思想が軍隊内に侵入するのを怖れた」とし、清張は、自由民権運動それ自体も叙述の対象とした。

こうした歴史認識と歴史叙述により、『象徴の設計』の中核をなす軍隊を核とする山県の国家構想と、自由民権運動との抗争が姿を現してくる。

品川弥二郎内務大書記官から情報を得たあと、山県にかかわり「フランス革命の背景が現下の情勢と似ているところに山県の不安があった。もとより自由民権運動家たちはフランス革命を教程としているのだ」と清張は記す。山県の議論の解釈であるとともに、ここを軸にしながら一八八〇年代の日本の歴史像を描き出すのである。

山県の構想は、清張の解釈によれば、軍隊と警察の提携、「民権思想防遏の精神」、参謀本部の設置(桂太郎の立案に基づくとする)、「樺太」「満州」への侵略と「仮想敵国」としての清国(「国内的な暴動は終わったと山県が考えた瞬間、その兵備配置も外向的にならざるをえない」)、軍制改革などであり、このことが一八八〇年代の日本の焦点となったとする。

なかでも『象徴の設計』中盤までの核となるのは、「軍人勅諭」である。清張は、「国家」や「神」の概念の曖昧さと、それに代わる「強力なもの」の発見に苦労していると、山県を描き出す。「天皇」の発見――「天皇を兵卒の忠義信仰の対象」とし、直接的に両者を結びつけ、兵卒に「天皇」に対する「恩」の観念を生じさせようとする山県を描く。天皇を「軍隊の最極限」に置き、「宗教的な性格」(「神」)とすることを図るに至るとし、再び、西を呼び出し大綱の修正――「軍人勅諭」草稿の作成過程を追っていくのである。

「軍人勅諭」草稿は、漢語の多い表現にもかかわらず、長々と全文が提示される。西の稿本を、清張は「秩序」「胆勇」「質直勤倹」「信義」を説くと要約し、そのうえで一五一〇字を一〇四五字にしたという山県と福地源一郎による推敲過程をあわせ詳細に記す。「天皇の眼で書かれていない」「天皇と軍人とをばらばらにしている」とし、「忠義」を第一にし、西による稿本の「理性的」「哲学的」な表現を「通俗的」かつ「絶対的」とした変化が逐一追われた。「天皇という絶対性のための権威の陣地構築」というのが、清張の評価となる。

山県に「わしは、一介の武弁じゃからのう」と言わせ、清張は、「政治よりも軍隊づくりが彼の執念であった」との解釈を示す。伊藤と対比し、「政党を弾圧し消滅させなければ「帝国の独立」は出来ない」と考える山県が記される。

清張の歴史認識は、明治政府と自由民権運動との対抗を軸とし、それぞれの陣営内部に矛盾と軋轢があることも記す。また、人物が前面に押し出され、山県の自由民権運動への対抗が強調される。

このとき、清張が認識する民権運動は「士族民権」の流れであり、自由党の動向、さらに議会を舞台とする動きである。したがって、「農民民権」の概念は清張には見られず、(歴史家たちが「農民民権」と把握した)農民たちの運動は、民権運動と切り離され、農民暴動とあわせて記される。一八八〇年代の歴史認識として、清張は山県をつうじて、もはや「没落士族」は問題とせず、「手強いのは農民」とする。そして、自由党の資金を絶つために、「農村の金の収奪」としての松方デフレという解釈を提示する。「自由党の兵糧を枯らす策略」として論じている。

かかる点から、清張は高田事件と福島事件、および加波山事件、秩父事件に着目し、その展開過程を記す。自由党が「指導機能」を失い、農民たちが「直接手段による政府転覆という暴動化」を図ったと把握し、これまた山県に即しながら記される。とくに秩父事件は「貧窮に迫られての一揆」とされ、「民権思想などといった生優しい主義上の問題」ではないと断じられる。

秩父事件は特記されたが、自由党の解党がこうした叙述のあとに記される。その理由を、清張は「各地の暴動がいずれも地方自由党員によって起されたので、世間もようやく自由党の過激であることに嫌悪を示すようになった」として、運動衰退の背景のひとつに挙げる。自由党解党が秩父事件の前か後かは、研究史上では争点となっていたが、清張の関心はそこにはない。また、激化事件の位置づけも、歴史家たちとは差異がある。『象徴の設計』は、終局に至ると筆を急いだ感があり、論点が必ずしも展開しきれていない。大阪事件が書き込まれれば、国権意識の解明がなされたであろうが、ここにも関心は向いていない。清張は、条約改正問題として大同団結運動を把握するが、それも指摘に止まり、歴史的な評価―意味づけははっきりなされていない。さらに、壬午事変が記され、自由民権運動に参加した者たちの朝鮮認識が示されるものの、『象徴の設計』は結局のところ、「帝国」論とはなりゆかない。

清張の歴史叙述の作法は、出来事の記述→解釈→認識の提示であり、『象徴の設計』の終盤では、天皇制の創出が語られる。岩倉具視を呼び出し、「天皇を神の座に据えることによって明治政体の基礎を下から固めよう」とする試みが記され、「祭政一致の宣伝」がなされたとする。「天皇を現人神に仕上げる」目論見であり、天皇の巡幸、皇室財産づくりが着手されたことを記し、清張は、山県は、その岩倉の「設計」を「悉く踏襲し、その上に天皇の権威を構築しつつある」とした。

山県による、地方自治制度も同様に、「地方議会を大地主的な層で固め、民権運動にいささかも惑わされない地方支配階級を構成し、天皇制絶対主義の基礎にした」と説明される。ここでの清張の評価は、伊藤の準備する憲法に対する山県の「危惧と不安との現われ」であり、伊藤の議会主義への防禦――「国会に対する防禦的意味」とされる。岩倉―山県をもち出しての清張の天皇制解釈は、天皇を象徴とする解釈と絶対主義論とのあいだで揺れている。タイトルは「象徴」の「設計」と権威に比重を置くものとなっているが、そのこととの関連は説明がなされないままに物語は閉じられる。

大日本帝国への対抗

『火の虚舟』は、中江兆民の伝記であるが、講演体で記されている。松本清張のなかで小説とノンフィクションとは区別され、清張は表現形式、歴史と文学の関係について敏感であったが、『火の虚舟』は、小説とノンフィクションの中間の形態としての講演体が選択されている。歴史のリアリティを描き出すときに、再現ではなく解釈に軸足を置く姿勢が講演体の採用となっている。清張の実験であったろう。

作家の眼αと作家の想像力βとの点から『火の虚舟』を考察するとき、前者αにかかわっては、史料としての兆民の文章が掲げられる。まだ『中江兆民全集』(全一七巻+別巻、岩波書店、一九八三―八六年)が刊行されておらず、主として(本文中に書名が出てくる)嘉治隆一編『兆民選集』(岩波書店、一九三六年)によっていると思われる。むろん、必要に応じて兆民の著作の初版本も参照している。兆民が主筆を務めた新聞『北門新報』も史料的な接近が難しいとしたうえで、嘉治隆一が筆写したものがあることを紹介しており、このあたりの清張の振る舞いは歴史家と同じである。

兆民は無署名の文章が多く、「全集」編纂の際にもそのことが論点となっているが、そうした方向には清張の関心は向かわない。清張が参照するのは、幸徳秋水「兆民先生」(一九〇二年)および「兆民先生行状記」(一八九三年執筆)で、幸徳の記述をもとに論を展開しながら、幸徳の解釈に注のようにして私見を挟み込んでいる。

注目すべきは、幸徳が「兆民先生」を書いた問題意識からその批判に及び、「師匠を追慕するあまり主観的にすぎて客観性に乏しいところがある」などと、いわば史料批判を行うことである。「兆民の酔語、幸徳の主観、叙述の転換などを十分に考慮して客観的な事実との弁別を行わなければ、いわゆるひいきの引倒し」になると述べた。

清張は、このようにあらゆる史資料から距離をとっており、『自由党史』も例外ではない。『自由党史』は「天皇制絶対主義が強化」された時期―一九一〇年の刊行であり、「これを割引いて」読まなければならないとした。「国権意識と皇室尊崇思想とが強く前面に出ている」という歴史家・遠山茂樹の説を援用しながらの記述だが、『自由党史』が板垣派による立場からの執筆となっていることにも自覚的である。

さらに、清張は、小島祐馬『中江兆民』(弘文堂、一九四九年)、土方和雄『中江兆民』

(東京大学出版会、一九五八年)、桑原武夫編『中江兆民の研究』(岩波書店、一九六六年)などの兆民研究を挙げ、言及している。兆民と自らの解釈のあいだに先行の研究を配置し、この三者によって叙述を展開している。「史料」「解釈」とともに、他者の解釈を入れ込み検討し、研究の次元を、史料と区別しながらもち出す点に『火の虚舟』における特徴が見られる。

後者βにかかわっては、二つのことが指摘できる。ひとつは、女性論への着目である。歴史家の関心がまだ薄かった自由民権運動家の女性論に、一九六〇年代の清張は逸早く着目している。導入は、兆民と並ぶ民権家の植木枝盛で、清張は、植木の言を引用したあと「自由民権の闘士も、こうした女色がそのエネルギーの要素」であるという(5)。そのうえで、清張は、(a)田岡嶺雲、木下尚江らと同様に植木も「言行甚だ一致しない」ことを言い、(b)兆民は「存娼論者」であったが、妻帯してからは「素行」は修まったとする。

村上信彦『明治女性史』(全四冊、理論社、一九六九―七二年)とこそ、人物の歴史的評価の基準として重なるところがあるが、多くの歴史家が関心を寄せず「私的」領域とした問題を清張は重視している。兆民は女性問題には「興味」を示さず、ことを「「人民」全体の中に融けこませたかのよう」であると清張は言う。兆民の対象は「すべて男子の人民」にあり「男子本位」であるとしたが、清張のこの兆民解釈と評価は卓見である。

いまひとつは、すでに繰り返してきたことだが、史料と研究(史料解釈の蓄積)を踏まえ、自らの解釈を述べる清張の作法は、歴史家と同じ作法となっていることである。叙述の作法も、歴史学の作法と近似している。

西園寺公望が社長、兆民が主筆を務めた『東洋自由新聞』の叙述は、まずは発刊の経緯を記し、新聞の「体裁」を紹介する。次いで「社説」を分析し、同紙における「小説」や「広告」にも眼を配る。兆民が書いた「君民共治之説」の論旨を追い、日本も「イギリス流の立憲君主政体」とすると主張をまとめ、(a)兆民が「ブルジョア民主主義者」であり「社会主義まで行けなかったという議論」がここから提供されるとした。

同時に、清張は(b)兆民がかかる「正統的」な考えを述べ、一八八一・八二年頃の「過激な」民権運動の議論を「控制」した点もなくはないと主張する。『東雲新聞』第一号に掲げられた兆民「放言」の分析も同様である。内容をていねいに紹介したうえで、「貧民」に政治思想があるように見るのは「今からみると観念的に過ぎる」と兆民を批判し、はたせるかな、民衆は「急進的」にならなかったと述べる。「兆民の考えと現実との間に大きな落差」があり、その「落差」におちこみ、ここから兆民の「半ば虚無的な挫折感がはじまる」と清張は言う。

史料の提示→先行の解釈の参照→自らの解釈の対置という叙述は、くり返し強調するように歴史家の作法そのものである。(清張の歴史家への痛烈な批判にもかかわらず)清張の作品が、歴史家に好評なのは基本的にこのことによっていよう。

また、歴史家も清張も、ともに兆民の顕彰ではなく、批判的な視線をもちながら対象としての兆民を論ずる姿勢をもつ。被差別部落を対象とする議論に関し、清張は兆民の議論の内容を要約し、その考え方を提示したうえで、「単純な理屈」しか述べられておらず、「階級的に捉えていない」と批判する。「史的分析による成立と、権力政治による被圧迫の実体」を「科学的」に明らかにしないと、ただの「同情論」になると述べ、兆民の歴史的な限界を指摘した。

「存娼」を言う兆民についても、「売春禁止が世界の世論となっている今日の状況だけからだけ批判してはなるまい」と言い、兆民を評価しながら、限界をもあわせいう。この時期の歴史学の評価の作法と重なっており、この点からも清張と歴史家たちの相似性を言うことができる。

さらに、清張と歴史学との相似性は、歴史認識においても見られる。清張は、歴史の方向性として「幸徳秋水の時代」という言い方をする。思想の大きな流れは、ブルジョア民主主義から社会主義の方向へ向かうと清張は認識し、「哲人」兆民と「実践運動型」の幸徳との比較も行う。兆民↓幸徳とのラインを、清張は想定していた。

清張は、作家としては稀なことであるが、自由民権運動に深く関心を寄せている。「士族民権」「豪農民権」という歴史学の用語を用い、「士族民権」の様相とあわせその

「弱さ」を述べる。自由党の解散により、各地の自由党員が「非合法活動」(「テロ化」と

も表現している)に赴かざるをえなくなることも論ずる。

また、板垣退助の「裏切り」への批判がなされ、この時期における兆民の著作活動の「旺盛さ」と、地方自由党のテロとが「心理的に無関係ではない」とも述べる。むろん、自由民権運動を描くことは、明治政府に言及することでもあり、伊藤博文と大隈重信、明治十四年の政変(「クーデター」と記している)の解説がされ、第一議会から第二議会が叙述され、松方正義内閣の「選挙大干渉」にも言及した。

他方、『火の虚舟』では、政治史と社会運動史の接続とともに、兆民の個人的な局面に入り込んでいる。「土佐派の裏切り」で再興された自由党が分裂したとき、兆民が議員を辞職することを、「あまりにヒステリックにすぎる」と批判する。清張は、兆民の妻をはじめ、兆民を取り巻く人間関係、あるいは兆民の個性にも言及した。また、被差別部落民は往々にして「上からの同情」となる「「外部」の同情」を拒否するが、そのことを知る兆民が「「告白」体」を取ったともいう。

むろん、清張は兆民の研究史に則っているわけではなく、歴史学の立場から見たときには回避されている論点は少なくない。代わりに、清張がこだわる論点が提供される。西園寺が『東洋自由新聞』を去ったことを、兆民が幸徳に語っていないことを論点とし、清張は、(c)兆民が西園寺に「或る種の感情」をもっていたであろうと推測する。作

家・清張の想像力は、かかる点に及んでいる。

加えて、兆民の活躍以上に、その挫折に関心を寄せるのが清張である。達成点よりは限界に直面した兆民をその内面から説明しようという姿勢は、歴史家と比較したときに相違を見せることとなろう。

興味深いのは、保安条例により民権家の首都からの追放がなされるが、その該当者を「官憲から反政府運動家として評価されたようなもの」と言い、それに洩れたものがかえって「彼らなりに劣等感」をもち、同志に対し「肩身のせまい、卑屈な思い」をしたのではないかとすることである。この「心理」を小説に書いてみたいと思ったことがあるとも、清張は記している。

兆民の『三酔人経綸問答』(一八八七年)にも言及するが、この著作に関心を集中させる歴史家たちとは関心を異にし、『三酔人経綸問答』の比重はさほど重くない。加えて、三国干渉に憤慨する兆民が紹介され、国民党を結成しての活動が記される。「大陸伸張的なアジア・ナショナリズムの姿勢」で豪傑君に連なるものへの言及である。他方、「外国流の民主主義」を説く洋学紳士君は、兆民の理想団の応援に連なり、ふたつが相容れないものであることを言い、(堀田善衛を援用しながら)日本知識人の問題として敷衍化する。小山久之助と幸徳秋水を同時に愛した兆民と重ね、「妥協をしながら進む」姿を見出す。

さて、清張の関心は、兆民の行動の軌跡にある。とくに、研究者が言及することの少ない「実業」への取り組み―「利権ブローカー」としての兆民に関心を寄せる。(6) 清張は、思想の詳細な分析よりは、行動の考察に比重を置くのだが、兆民がすでに多くの人びとに認知されていることを前提に議論をし、兆民の行動に、幕末との連続性を見出している。清張は、一八七〇年代後半はいまだ「兵力による革新が可能だと見られていた」と繰り返す。

また、兆民が北海道に渡ることを、清張は批判的に記す。薩摩閥で固められた北海道の様相(「薩閥の吸血魔の浸蝕状態」)を見聞しようとしたと仮説を立てつつ、兆民は(a)資本を得て、政界や言論界と接触し、(b)北海道の「利権の取得者」となり、群馬県の妓楼の設置運動に「加担」したと批判する。紙問屋から、小さな私営鉄道やパノラマ会社、あるいは清掃業にまでかかわっては失敗する兆民だが、娼妓の存続運動にかかわったのもこのときである。兆民の「金儲けの執念」と貧窮が記され、清張は、兆民像の力点のひとつをここに置く。

歴史学で兆民の「公娼存続問題」への加担に触れることが少なく、実業問題も同様であるという清張の認識があったろう。清張は、「公娼存続」や「利権」にかかわることを、誰が見ても兆民の「一大汚点」であり、兆民は「きたない利権屋」になり下がっているとする。そのうえで、「本人の欠点も追求すること」が「人間像の造型」であるとし、「人間兆民の矛盾」をそこに見出していく。

したがって、(c)兆民の商売の失敗も「役人に反感と憎しみ」をもつゆえとし、「士族の商法」に帰する「単純な」解釈を批判する。そして、(d)この失敗が、兆民の生活を困窮させるとともに、金を儲けるには「権力の側につかねばならない」としたとも解釈する。清張は、北海道以前とは「まったく別人の感」があり、兆民はこの時点で死んでしまい、生きているのは「痴愚の中江篤介」で「自暴自棄」であったとまで言い、厳しい評価を下す。「虚無海上一虚舟」という兆民の『一年有半』(一九〇一年)からとったタイトルによる問題意識があらためて説明される。

一九六〇年代における歴史学と松本清張の近代史像の相似と差異を、問題意識と叙述の作法、史料の扱い方において見出すことができる。

3　歴史家の文体をめぐって――むすびにかえて

『象徴の設計』は、『朝日新聞』「文芸時評」(一九六三年五月二八日)で、批評家・林房雄が「歴史の偽造」と酷評したため、二人のあいだで論争が見られた。林は、清張は「現代の「民衆の立場」」に立ち「藩閥政治家」の「苦闘」を認めず、「論評と解釈は強引なこじつけ」になったという。とくに、清張の松方財政の解釈を取り上げ批判した。

これに対し、清張は「史観」が問われたと受け止め、(a)「官」と「民」との立場の相違を強調し、その「内部矛盾」を含みながら「近代国家への脱皮」に進む「過程」が重要であると述べた。さらに、(b)松方財政は民権運動への攻撃であるといい、根拠となる「資料」と自らの「解釈」を示した。「解釈の相違」を掲げての反論だが(一九六三年六月七日)、清張の議論は『象徴の設計』での認識と方法に他ならない。

このあと、さらに林と清張のやりとりがなされるが、ここでは「史観」と表現されている「イデオロギー」と、具体的な事象(松方財政)の「解釈」と「評価」さらにその判断のための「史(資)料」とが連結している。歴史叙述の作法のことごとくの対立であり、ふたりの間に妥協の余地は見られない。文学者(作家)として簡単に括れないことは、この一件だけでも明らかである。

こうした一九六〇年代に、歴史家たちの認識は、いかなるものであったろうか。最後に、簡単に見ておこう。

松本清張が歴史に分け入った一九六〇年代は、歴史学にとりひとつの画期をなした、中央公論社版『日本の歴史』(全二六巻+別巻五冊、一九六五―六七年)が刊行された時期と重なっている。清張の近代史叙述と重なる時期を扱うのは、井上清『明治維新』、色川大吉『近代国家の出発』、隅谷三喜男『大日本帝国の試煉』(いずれも、一九六六年)の三巻である。国家像、政治的対抗関係の描き方、「民衆」の登場のさせ方、植民地への目、さらに自己の体験と歴史叙述などを視点に、清張の文体と歴史家の文体とを比較してみよう。色川はのちに自著に言及しており、『近代国家の出発』はしばしば論じられることとなるが、ことは色川個人にとどまらず歴史家全体にかかわるものであることを示すために、ここでは隅谷の著作を軸としてみよう。

『大日本帝国の試煉』の帯に付された文章は、

富国強兵策により急激な近代化と工業化を推進した日本は、国運を賭した日清日露の戦役に勝って列強の仲間入りした。だがそこに成立した大日本帝国は、しだいに民衆との亀裂を深め深刻な危機に直面する。この危機にたいする体制の再編過程で明治は幕を閉じる。

とされている。「大日本帝国」と「民衆」を歴史の主体とし、その双方を絡ませた歴史像の追求が目されている。

『大日本帝国の試煉』の導入は、「日清戦争」である。日本が帝国へとなりゆくなかで、そのことにともなう「明暗」が視線となり、「日本帝国の明暗」の章をもつ。「社会問題」を軸にしながら、「産業革命」を描き、経済的な変化が政治に及ぼす動向を軸とし、その認識が叙述の枠組みをつくっている。統計表で「全体」を把握し、資本主義と統治機構の二本立てで歴史像を描き出す。

「勝利の悲哀」「「普請中」の日本」という章が並び、「民衆」の経験を織り込みながら近代史像を提供しようという意図が明瞭に出されている。労働者、ホワイトカラー、農民と「民衆」を分節し、横山源之助を登場させ、「民衆」の顔を明らかにしようと試みてもいる。「問題」を指摘するとともに、「運動」を対置し、「労働運動の初幕」「社会主義への歩み」、あるいは「反戦の闘い」「大逆事件」の章を設けている。また、「日韓併合」の章が一九〇九年の伊藤博文の暗殺から書き出されるように、植民地主義への批判的な姿勢がうかがわれる。

この点では、隅谷と清張とは、同じ姿勢を有している。近代フランス一九世紀における歴史学と文学の競合関係を論じた、小倉孝誠『歴史と表象』(新曜社、一九九七年)は、「小説と歴史叙述」は二元論的な対立ではなく、「人間社会が共有する時間と体験をひとつの物語形式をとおして表現＝再現前するという特徴をもつ」として、双方の叙述の共通性をいう。ことは、一九六〇年代―二〇世紀日本でも同様であった。

だが、『大日本帝国の試煉』では、支配者は固有名詞をもち顔をはっきりさせるが、「民衆」はマスとして登場している。横山源之助『内地雑居後之日本』が多用されるが、横山自身の姿となるとうかがいにくい。

この点を松本清張との比較でいえば、差異は歴史叙述の枠組みではなく、歴史を叙述する目的にかかわっていよう。『大日本帝国の試煉』では、一八九〇年代から一九一〇年代にかけての歴史過程が描き出され、日清戦争から日露戦争の時期の歴史像が記される。戦争と政治、経済、社会と文化と多方面に目を配り、その「全体」を描き出そうとしている。本文中では、「民衆」の経験が豊富に語られるが、「国家」「大日本帝国」の側からの総括がタイトルとなっている。国家の形成―展開が軸となる歴史観がここに通底している。

すなわち、清張と隅谷の文体の差異は、ミクロを描いていくか、マクロに概観するかという点に見られた。清張は、人(しばしば、個人に収斂する)の生活がどう変わったかに関心を寄せるが、隅谷は統治や国家形態の変化の把握を試みている。そもそも、タイトルが示すように、『大日本帝国の試煉』では「大日本帝国」が叙述のリードとなり、終章は「明治の終焉」とされ、明治天皇の死と「大葬」が記された(この点は、色川が「近代国家の出発」としていることと同じである)。

これは、「日本歴史」というシリーズが「通史」の軸を「国家」に設定するということである。これは読者対象にもかかわり、「文学」を期待する読者に向かう語り方と、「歴史」を望む読者への向き合い方の相違でもあった。

また、個人の内面の叙述にかかわっても差異が見られる。色川『近代国家の出発』に「内務卿山県有朋」という章がある。ここでは「軍人勅諭」の比重は軽く、「内務卿」として「政府の先頭に立って民権弾圧を指揮していた」山県が描き出される。色川の問題意識によっているが、しかし色川の記述は、山県の個性にまでは入り込まない。公的な

部分に叙述を抑制しており、歴史学と文学のあいだで内面の扱いに差異が見られる。(7)

さらに、歴史家のばあいに、自らの体験は開示されず、この時期の歴史記述を行うことになった内的な理由は語られていない。一九六〇年代における歴史叙述において、歴史学と文学はかかる相異点を有していた。

もっとも、一九六〇年代に見られたかかる差異は、現在でははるかに縮められてきている。色川は『歴史の方法』(大和書房、一九七七年)で、自信たっぷりに『近代国家の出発』を自己解釈し「私」の次元を語り、歴史叙述をめぐってフランス文学者の西川長夫と「論争」も行った。

しかし、松本清張の歴史叙述の検討から浮上した論点は、二〇〇〇年を経ても隔たりがあり続けているように見える。個人の内面は、どこまで歴史叙述に求められるのか、また民衆史研究で「通史」は描けるのか——これらは、現時の歴史学が、依然、抱え込む論点となっている。一九六〇年代の清張に見られたように、文学者(作家)の叙述が力点を置いた局面であったが、同時代の歴史家においては、この部分は後景に退いていた。現時における文学者と歴史家の想像力—文体の差異もまた、このあたりに見られるようである。現代の歴史家は、ここからどのような方向に踏み出すことになるのであろうか。

(1)　松本清張論に関しては、『松本清張研究』を表題とする二種類の研究雑誌のほかに、多くの研究著作が出されている。その様相は、とりあえず岩見幸恵『松本清張書誌研究文献目録』(勉誠出版、二〇〇四年)にうかがえる。

(2)　もっとも、清張自身は、「「統監」は、いま読み返してみても突っ込みが足りなかった」。資料は「公式のものばかり」で「将来、秘匿資料が出ることが望ましい」(『松本清張全集三八』「あとがき」文藝春秋、一九七四年)と述べている。なお、このほかにも、「月」(一九六七年)、「皿倉学説」(一九六三年)、「証言の森」(一九六七年)などで、軍隊や植民地期の朝鮮半島を描いている。

(3)　この点に着目した清張論として、森史朗『松本清張への召集令状』(文藝春秋、二〇〇八年)が提出された。

(4)　このほか短編では、一八七八年の藤田組事件を描く「相模国愛甲郡中津村」(一九六三年)などがある。

(5)　植木枝盛についても、植木の文章とともに、家永三郎『植木枝盛研究』(岩波書店、一九六〇年)を参照しながら、植木像を作り上げている。

(6)　フランス留学中の兆民の行動に関心を寄せることも、同様である。

(7)　同時期に、『日本の百年』(全一〇巻、筑摩書房、一九六一―六四年)が出されていたことは、この点で興味深い。『日本の百年』は、記録や目撃談などの活用により、政治史や支配者の歴史とは異なった歴史像を描き出そうと努めている。

〔補註〕『司馬遼太郎の幕末・明治』(朝日新聞社、二〇〇三年)、『戦後思想家としての司馬遼太郎』(筑摩書房、二〇〇九年)。

第6章　「歴史と文学」の来歴

はじめに

「歴史と文学」をめぐる議論は、いく度も繰り返されてきた問いである。歴史学と文学研究、あるいは文学創作にかかわるテーマとして、ときには論争をも伴いながら、これまでに多くの言辞が費やされてきた。歴史家にとっては、歴史学とはどのような〈学〉のスタイルをもつかという命題の文学を鏡としての検証であり、しばしば現時の歴史学への批判意識を内包していた。議論への参画者の多数を占める文学関係者にとっては、「歴史と文学」は作家を含む自らの歴史認識と歴史叙述の方法への問いかけであった。

いくらか長い射程で見たときには、一八世紀まで歴史叙述は文学の一部であり、歴史小説と歴史学とが分離するのは一九世紀のこととなるが(西川長夫、小倉孝誠)、いったん歴史学／文学のジャンルが成立するとその境界区分をめぐっての議論がなされることとなる。近年の日本においては、「歴史文学」の盛んであった一九四〇年代から敗戦を挟んで、一九五〇年代、一九六〇年代そして一九七〇年代までほぼ一〇年ごとに「歴史と文学」の議論をめぐっての目立った動きが見られるが、ここには敗戦や講和、安保闘争など大きな社会的出来事の後に歴史認識を問い直し、歴史叙述を再考するひとつの提起として「歴史と文学」が論じられたという局面がある。「大きな物語」が問われたあとの歴史意識を探る試みとして、「歴史と文学」が議論されてきたといえよう。とはいえ、一九八〇年代以降も、冷戦体制が崩壊し歴史意識が大きく問いかけられ、「新しい歴史教科書」をめぐる顛末をはじめ歴史の「語り」が取り沙汰されているにもかかわらず、〈いま〉は「歴史と文学」という課題設定では議論がなされていない。

「歴史文学」の隆盛が、かつてほどではないということが一因であろう。あるいは、「歴史と文学」をめぐる議論が、大づかみに言えば、森鷗外の「歴史其儘と歴史離れ」にふれ、井上靖「蒼き狼」をめぐる大岡昇平と井上との論争や、その大岡の歴史小説を検討するという枠組みができあがり、その確認と精緻化に関心が集中しているように見えることもその要因のひとつにあげられよう。

しかし、「歴史と文学」はその問題設定自体が歴史的経緯をもち、その時点における歴史認識をめぐる論点が展開されているのであり、「歴史」(正確には、歴史学による歴史叙述)と「文学」としてそれぞれ名指されているものも、時期によってその範囲と内容を異にする。さらにいえば、歴史家と文学者による「歴史と文学」議論は、互いに親近性をもつ――歴史観と文学観を共有するものによって議論の場所が設定されてきている。

ことばを換えれば、一九八〇年代以降とくに九〇年代には、歴史学において「戦後歴史学」が検討されるなど従来の「歴史(学)」や「文学」の概念が大きく揺らぎ、それぞれに再定義の動きが進み、かつての「歴史」「文学」、そして「歴史と文学」とは異なる事態が進展している。したがって焦点となるのも「歴史文学」に限定されず、あらたなアリーナが登場してきており、こうした動向が〈いま〉進行している「歴史と文学」の議論を見えにくくしているのであろう。「歴史と文学」は世紀転換期の現在、これまでとは異なった「歴史学」と「文学」のあいだで、「歴史文学」とは別のアリーナを設定しつつ展開されている――その助走を開始しているというのが私の観察である。

ここではこうした認識にもとづいて「歴史と文学」についての議論を整理するために、まず第一に一九七〇年代中葉の「歴史と文学」をめぐっての議論をとりあげてみよう。一九七〇年代中葉は「歴史と文学」をめぐる議論が活況を呈した時期の一つであるにとどまらず、現在において想念されている「歴史と文学」の議論の骨格ができあがり、「歴史文学」に照準があわされることが固定されたためである。そして、第二に一九九〇年代以降の「歴史と文学」をめぐる議論のアリーナとして登場してきている「文学史」の場所についても言及してみたい。

付記　本稿脱稿後、『岩波講座　文学』(全一三巻+別巻一、岩波書店)が二〇〇三年より刊行を開始し、その第一回配本が「フィクションか歴史か」の巻であった。この巻を検討すれば、本稿のねらいはもっとはっきりしたように思うが、このことは他日に期したい。

1 「歴史と文学」の一九七〇年代

一九七〇年代中葉は、歴史学も文学もともに「歴史文学」に言及し、「歴史と文学」を論じていた。歴史学も文学もそれぞれの領域で「歴史文学」に対し発言をするが、歴史学の関心はもっぱら「民衆」の「歴史意識」への手がかりとしての「歴史文学」という姿勢である。「歴史文学ブーム」を強く意識しその正面からの批判として『歴史評論』(第三一七号、一九七六年)は特集「歴史文学をどう読むか」を組み、山岡荘八(『徳川家康』)、司馬遼太郎(『竜馬がゆく』)、新田次郎(『八甲田山死の彷徨』)や森鷗外、大岡昇平に言及した。「現実の歴史」に基準を置き、「歴史からの飛躍は許されないであろう」と言い、「虚像・実像」が取り沙汰される(引用は、池田敬正、糸屋寿雄)。民衆の歴史意識を曇らせるものとして「歴史小説」をとらえ、それを歴史の「事実」から反駁する。「歴史」と「文学」が固定化されたうえ、「事実」とは何か、歴史記述とは何か、という問いかけにはなっていない。

一方、『歴史学研究』第四五七号(一九七八年)の特集「歴史研究と文学」は、巻頭に編集委員会の名前で「特集にあたって」を説明するなかで、「本誌が歴史研究とのかかわりで、「文学」の問題をとりあげたのは、何分にも初めてのこと」と言いつつ、そのねらいを述べ、二つの論点を提出する。ひとつは、「戦後日本の歴史意識と文学」という観点で、歴史意識としての「戦争体験」（「戦後体験」でもある）に対し文学的な営為がいかなる意味をもつかというもので、「十五年戦争と文学」（家永三郎）のほか、「原爆」（長岡弘芳「原爆文学と戦後史」）、「沖縄」（大城将保「沖縄―歴史と文学」）、「朝鮮」（梶井陟「朝鮮戦争と文学」）の論考が寄せられている。「民衆の歴史意識」を探求する領域として文学が想定され、歴史学が明らかにしてきた論点と枠組みへの文学のかかわりを探るものとなっている。戦後意識を探るための「歴史と文学」論となっていることは興味深いが、枠組みが歴史学によって設定されているなかでの検討となっている。「原爆文学」「沖縄文学」という主題をもった文学を設定し、そのなかでの考察で、いかにも一九七〇年代の「歴史と文学」の議論である。

いまひとつは「歴史研究の方法と文学の方法」で、「歴史叙述と文学叙述との関係」をめぐる考察として、「歴史研究の方法と文学」（西川長夫）、「現代史と美意識の問題」（荒井信一）、「服部之総の歴史文学論」（松尾章一）が掲げられる。とくに西川の議論は「歴史叙述」に論点を定めており、のちにふれることにする。

こうした動きに対し、歴史学と文学との共同の場の形成の試みもなされる。『季刊　歴史文学』(一—四号、一九七四—七五年)や、『季刊 歴史と文学』(一—三三号、一九七二—八一年)といった雑誌が創刊され、『季刊 歴史文学』は、「歴史文学編集委員会」の編集に係り、委員は大久保正太郎(児童文学者)、鹿地亘、杉本苑子、中村新太郎、西口克己、真鍋元之(以上、作家)、津上忠(劇作家)、松尾章一、松島栄一(以上、歴史家)。「編集後記」で、中村は、「私たちは「歴史は人民大衆がつくる」という共通理解の上に立って、歴史と文学とを結びつけ、進歩的歴史科学の成果とすぐれた内外の歴史文学の伝統をうけつぎ、読者の要求にこたえたいと考えています」と言う。また、大久保も、「民衆の歴史創造にいくらかでもかかわることができたら」と言い、歴史家も文学者も「人民」を主体とする歴史認識—唯物史観を共有している。

これに対し『季刊 歴史と文学』は「『季刊 歴史と文学』の会」が編集し、委員は、会田雄次、奈良本辰也、原田伴彦(以上、歴史家)、尾崎秀樹(評論家)、邦光史郎、陳舜臣、辻邦生(以上、作家)といった京都在住の面々。編集委員の連名で出された「発刊の御挨拶」には、「人間性にもとづく歴史の再発見と、歴史の中にひそむ人間のドラマの復元をめざして、歴史と文学が相交わる場を求めたい。それが小誌の使命であり目的でありります」とされている。ここには、歴史学が「実証に力点を置きすぎるため、ややもすると人間不在の譏りを免れ」ず、他方、歴史文学も「記録尊重か、もしくは自らの虚構性に歴史的背景を嵌め込もうとする嫌い」があったという認識が示されている。「歴史とは人間のドラマの堆積」という歴史認識であり、その故にどの時代を切り取っても「そこに生々しい人間の喜びと悲しみの相が埋もれているはず」ともいう。先の『季刊　歴史文学』の編集委員たちの唯物史観とは異なり、対立する歴史認識が表明されている。

『季刊　歴史と文学』の創刊号の編集委員による「座談会　歴史と文学」は、全編これ歴史学に対する批判である。批判の照準は、「戦後歴史学」に向けられ、座談会の冒頭で揶揄されるのは京都で活躍していたマルクス主義の歴史家・井上清である。批判の要点は、歴史家の主体性に対してで、「なんらかの価値に関係しなきゃ、歴史にならない」「歴史というのは、全部を書くんじゃなくて、ある一部分を書くだけ」と奈良本は言い、その価値を明らかにすることを唯物史観(――実証主義と化している唯物史観)が損なったとする。尾崎秀樹は歴史家の言う「純粋客観」を批判するが、それは会田雄次に言わせれば、「歴史が学であるということは、書いたその人間が最終的に責任をとること」ということになる。

二つの雑誌の創刊は、まず何よりも「歴史と文学」が一九七〇年代の「歴史学」と「文学」にとっての大きな焦点であったことを示すが、大部の『歴史文学全集』(人物往来社、一九六八年)が刊行され「歴史文学」ブームが言われる時期に、歴史家と文学者・評論家との共同の場所が、「歴史文学」を接点として設定されるという特徴が見られる。

ここには「歴史文学」へのそれぞれの思惑があり、(歴史家・文学者の双方からの)歴史学批判という形態をとる。だが、『季刊 歴史文学』と『季刊 歴史と文学』の相違に見られるように、双方の歴史認識の差異は歴然としている。歴史をつくる「人民大衆」と、歴史が「人間ドラマ」であるという把握のあいだには、かなりの開きがあり、両者の誌面はずいぶん異なっている。

これは、互いに歴史認識と文学観とを同じくする文学者と歴史家がそれぞれ集まって、共通の場所を設定したということにほかならない。「座談会 歴史と文学のあいだ」(『季刊 歴史文学』)で、中村新太郎は「われわれの先祖たちのたたかいの足あとが、歴史小説家の視野に入っていない」(すぐに、「これからだという気がしますね」と和らげている)と言うが、歴史学の歴史記述を参照とする姿勢を見せ、さらに、「われわれが歴史文学を創造するばあいには、強烈なモチーフと歴史の真実の追求、過去と現在との交流が必要」とも言っている。また大久保正太郎は、「やっぱり歴史文学というのは、歴史学の成果をふまえなくちゃいけない」と言い、それを受けて津上忠は、「だからぼくは、科学的な歴史というものからこれからの歴史文学が成立していかなくちゃいけないのじゃないかと思いますね」と言う。ここでは、「科学的な歴史(学)」が優位に置かれ、「歴史の真実」が想定されているが、同時に、共通の歴史認識(唯物史観)を有するもの同士が場所を共有しているようすが浮かび上がってくる。

しかし、歴史家と文学者の対話のなかでは「歴史」(歴史学による歴史記述)と「文学」

(文学による歴史記述)の問題構成や作法の相違が論点となるのも必然である。歴史学／文学の相違点は端緒的に出され展開されていないが、三つの点が指摘されている。

第一は、「事実」(「史実」)をめぐってで、歴史学が扱う「事実」への問いが出され、従来の「歴史と文学」において議論されてきた「真実と虚構」という問題系について言及する。「座談会　歴史と文学」では、史料に書いてあることそのままが「事実」ではなく、「虚構の部分を含みこんだもの」(尾崎)とされ、「量」ではなく「質」を見ることが求められ、「偶然性」が考慮されるように言い、歴史家が「完全にあとから判断して」いることが批判される。「事後」から判断し認識することが批判的に取り沙汰される。

第二は「記述」に関してである。歴史家は出典を明らかにし、基本史料に記述されていることへの「解釈」も問われるが、「小説家だと、史料に書いてあったことでも、己の首尾一貫を満足させるために切ってしまえ、ということはできますね」とされ、また、解釈が確定できない「不可知論」に行き当たった途端に「小説家が驀進してくる」と、歴史学と文学を単純に対立させる発言も見られる(「座談会　歴史と文学」『季刊　歴史と文学』。引用は、会田の発言)。

また第三に、「歴史学」と「文学」の相違は、その作品を歴史家が書いたか、文学者が書いたかの相違によるという署名にかかわる論点も出された。歴史(学)と文学の記述の「中間ぐらいのところ」に「伝記の分野」があることに注目したうえで、やりとりがおこなわれた(「座談会 歴史と文学のあいだ」『季刊 歴史文学』)。

糸屋 文学的形象で語られる伝記ものと、歴史家的な伝記とがあるんじゃないですか。

津上 書いた人によるということになっちゃうのかなァ。水上(勉―注)さんがやると伝記小説、歴史小説ね。松島(栄一―注)さんがやるとそうでないものになる。(笑)

『季刊 歴史文学』『季刊 歴史と文学』に掲載された二つの座談会のあいだには、しかし共通点が見られる。(1)「歴史」と「文学」の差異を言い、(2)「民衆」に着目するということによって双方を架橋しようとする点で、ここにこの時期の特徴が見てとれる。したがって、(3)一九七〇年代の「歴史と文学」のなかでとりあげられる作品・文学者は、大衆文学に傾斜する傾向が見られる。歴史家・菊地昌典と尾崎秀樹の対談『歴史文学読本』(平凡社、一九八〇年)がとりあげたのは、森鷗外・菊池寛・芥川龍之介・島崎藤村・井上靖に江馬修といったおなじみの面々のほか、長谷川伸・吉川英治・真山青果・海音寺潮五郎・山本周五郎・大佛次郎・松本清張・司馬遼太郎らである。民衆の歴史意識ということが関心としてあったためだが、「歴史と文学」の焦点としての「歴史文学」の概念をいっきょに拡大してみせた。

一九七〇年代の「歴史と文学」は、こうして「民衆」の歴史意識と歴史の記述を論点としもっぱら「歴史文学」を対象として論じられたが、互いに「歴史」や「文学」の概念を共有し歴史認識を同じくするものが、歴史／文学という他者との差異を際立たせて議論をおこなう傾向があった。しかし「歴史と文学」の考察は一九七〇年代中葉の焦眉の論点と考えられており、そのことを実践していったのが歴史学の側からの菊地昌典であり、文学評論の側からの尾崎秀樹である。菊地昌典『歴史小説とは何か』(筑摩書房、一九七九年)、尾崎秀樹『歴史文学論』(勁草書房、一九七六年)、そして、菊地と尾崎の対談による先の『歴史文学読本』は、一九七〇年代の「歴史と文学」の議論の特徴をよく示したものとなっている。また、民衆史家・色川大吉も『歴史の方法』(大和書房、一九七七年)を上梓し、互いに参照しあっている。

歴史叙述に「人間を中軸にすえるということ」を回復するために「歴史小説」に学ぼうという菊地は、「歴史小説」を「作家の歴史観の告白」と把握し「人間を民衆次元にまで降下してとらえる必要」を力説し「史観」に着目する——「どんなに史的事実をつみ重ねていっても、それが歴史になるものではない」として「史実と史実とを関連させるイマジネーション」(「歴史叙述のあり方」とも言い換えるため、議論の齟齬が生ずる原因となってしまう。柴口順一『大岡昇平と歴史』翰林書房、二〇〇二年、は菊地の用語使用の混乱を指摘している)を問題とする。菊地のこの論は、「視座」が問題とされ、「歴史小説は、まずこの視座によってリアリティを左右される」——「重要なことは、どの階級のどのような人間、具体的な人間に焦点をあて、視座を設定するか、にある」。そして菊地は「歴史の最下部によどむ人々こそ、もっともその時代相を刻印された人々ではないか」と言い、民衆史研究との回路がここに出来上がっていく。

菊地にとっての「歴史と文学」は、「民衆の歴史を描こうとするならば、こういう無告の民の姿をいかに当時の時代相の中で復元するか、復元できるのか、という困難な課題にたえず戦いをいどむ以外に、歴史小説はリアリティを回復することはないであろうし、また歴史家は作家と協力して相互批判の中にイマジネーションの分野に分け入って作業を推し進めるということをする必要がある」という点にある。

さらに菊地は、「史実の枠」をはめられた「イマジネーション」という点に歴史家と文学者との差異があるのではなく、両者の差異は、「断片としての」史料と史料とをつなぐ「知的営為」(「史観」「歴史観」と言い換えるため、ここにも混乱がもち込まれる)にこそあり、そのために「歴史小説家」の「史観」に「歴史家はまずメスをくわえるべきだ」と言う。

このとき、同じく「民衆」の歴史意識に関心を払う色川大吉は、『歴史の方法』で小説家(文学者)と歴史家の差異を目的の違いとして論じていく――文学は読者に「精神的な楽しみ」を与えるが、歴史家は「娯楽」を提供しないという歴史家至上の発言であり、歴史叙述と歴史文学とを峻別し、「歴史の真実」を描くのが歴史家であるとする。色川は、表現の次元にも言及し、「フィクション使用」に関し歴史家は、(1)「史実」に無縁なものを使用しない、⑵全体性との関連を失ってはならない、⑶言語(色川が言っているのは、実は概念であるが)のルールを無視しないこと、⑷時代の枠を超えないことが課せられるが、これに対し、文学者にはこうした制約はないとする。また、文学者は「人間の内部」の「個性の偶然性が支配する分野により強い関心」を向けるが、歴史家は関心を「人間の個性に内在する歴史的なもの」に向け、個性を「その時代の矛盾の凝縮された一局面」と把握すると述べ、文学者と歴史家とを、ことごとに対比してとらえた。

菊地と色川は、「史実」、「史実」と「史実」との関係をめぐる歴史家と小説家との作法を問うているが、歴史の記述者(歴史家と文学者)に着目し、その主体の営為に注意を促す。歴史叙述の主体への着目こそが一九七〇年代の共通の磁場であり、差異が生ずる場所でもあった。

そのため、色川『歴史の方法』は「価値意識」「歴史像」「原風景」を論じ、一九七〇年代のいまひとつの論点として「歴史叙述」をめぐる議論を展開していく。ここに批判的に論及したのが、フランス文学研究者の西川長夫であった。西川は先の『歴史学研究』特集に寄稿した「歴史研究の方法と文学」につづけ、さらに「歴史叙述と文学叙述」(『歴史学研究』第四六三号、一九七八年)を書き、『近代国家の出発』を素材として、色川の歴史叙述の実践を理論的・具体的に検討する――「《歴史》にたいして本質的な批判としての《文学》の観点を設定する試み」である(「歴史研究の方法と文学」)。「歴史の価値体系」では「くずやごみ」として扱われる人びとが、「文学の価値大系」では「くずやごみにも重要な位置をしめる可能性がある」ということが、西川の基本的な主張である(同)。

西川は、歴史学と文学を批判的関係に置き「背後にある価値体系のちがい」によって、「「歴史」の体系性」と「歴史研究者の制度内存在としての性質」が歴史叙述に「一種の権威主義的な傾向」をもち込んでいることを言い、あわせて歴史学における「叙述の理論の欠如」を批判した(「歴史叙述と文学叙述」)。一九七〇年代の「歴史と文学」論に「叙述」の論点をもち込む議論であった。*

＊　これに対し、色川は「〝歴史叙述の理論〟をめぐって」(『歴史学研究』第四七二号、一九七九年)で西川からの問題提起に反撥し、せっかくの議論は深められることはなかった。しかも一四年後に書かれた「西川長夫氏の批判にこたえる」との副題をもつ「同時代ライブラリー版へのあとがき」では、批判を全面的に受け入れる。論争と呼ぶには、あまりに貧困で、西川の問題提起が光っていた。

さて、菊地昌典は「事実と事実の巨大な空間」を埋め、イマジネーションを規定するものが「歴史観」であるとするが、歴史と文学の「共通領域」として、伝記の領域を指摘する。文学者は「個人の歴史に歴史の全体像をくみこみ」、歴史家は「歴史の全体像に肉付けをするため」に、ともに「歴史を構成する個人の歴史により注意をはらう」と言う。そして「伝記の領域こそが、作家と歴史家の競合し、歴史と文学の融合する共通の土台であるということになろう」と提起して、この書を閉じている。菊地が、一九七〇年代に歴史と文学の格闘し共有する場所として考えた「伝記」にあたるのは、三〇年後の〈いま〉は、「文学史」ではなかろうか。文学史は、文学者の歴史認識にもとづく文学の歴史記述であり、「歴史と文学」のアリーナでもあると考えられる。このばあい、文学者とは実作者から離れ、文学研究者(評論家を含む)となっていこう。「歴史と文学」論への参加は、実作者とともに文学研究者も担っていた。

2　「文学史」というアリーナ

「歴史と文学」という問題設定が問いかけていたのは、歴史を叙述することをめぐってであり、歴史の「史」への問いかけであった。文学における「史」の認識は実作のなかで展開されるとして、「歴史文学」が俎上に載せられたのであった。しかし、文学の歴史叙述にかかわっては「文学史」というジャンルがある。文学史も、文学と歴史に対する異なった次元からの参画である。文学史の記述が、三上参次という歴史家によっておこなわれていたことは、このことを示している(三上による「文学史」の記述をめぐる論点については、拙稿「時間の近代」『岩波講座　近代日本の文化史3』岩波書店、二〇〇二年、でふれておいた)。

ここでは、文学史の歴史それ自体を問うことが目的ではないが、それでも一九六三年に、『明治文学史』(中村光夫)、『大正文学史』(臼井吉見)、『昭和文学史』(平野謙)が刊行されたことが、近代日本文学史の一つの型をつくったことは確認しておきたい(いずれも、筑摩書房刊)。中村光夫『日本の近代小説』(一九五四年)、『日本の現代小説』(一九六八年)と並んで文学史の一つの典型をなし、『座談会 明治文学史』(一九六一年)、『座談会 大正文学史』(一九六五年)などとあわせて、「国民的教養」としての近代日本文学史が提供された(いずれも、岩波書店刊)。ここでの「文学史」は流派の歴史であり、正典の歴史である。その点では、「文壇」における人間関係史である伊藤整・瀬沼茂樹『日本文壇史』(全二四巻、講談社、一九五三―七七年)とセットになる。

加藤周一『日本文学史序説』(正続、筑摩書房、一九七五・八〇年)は、おそらくは文学史の「貧困」に苛立ったのであろう、「文学」の概念とともに「史」の概念を問いかけ、「日本文学史」の通史を独力で書き上げる。この大著は、「文学の擁護」(『岩波講座 文学』四、岩波書店、一九七六年、所収)とセットで考察するとき、文学史のあらたな相貌が浮かび上がってくる。すなわち、「文学」は、「定義する側の立場によってちがう《〔ママ〕》」と言い、「文学の領域を日常的現実に限定して美的に定義された文学の概念は、第三地域に対しては、文化的侵略の道具以上のものではありえないだろう」と宣言している。加藤の文学史には、かくして一九七〇年代の問題意識を受け「民衆」の観点が入り込み、近世／近代の部分では百姓一揆の檄文や、中里介山、大佛次郎ら大衆文学にも周到に目配りがなされている。

ここでとくに強調しておきたいことは、一九九〇年代に入ると、文学史への問いが本格化し、その問いを引き受けた「文学史」が提供されたことである。たとえば前田愛は、『日本文学新史―近代』(別冊『解釈と鑑賞』一九八六年)や、『近世の文学』(上下、共編著、「日本文学史」シリーズ、有斐閣、一九七六・七七年)をはじめ、いくつかの文学史を編集し、「近代文学史」のシリーズの『明治の文学』に「明治初期の文学」を執筆している(有斐閣、一九七二年)。時系列的で、作家・作品主体の正統的な文学史に参画している。しかし、前田が著した『都市空間のなかの文学』(筑摩書房、一九八二年)は、空間を主題とした文学の連なりを、空間それ自体の変換と呼応させ綴った文学史として読むことが可能な著作となっている。作品論からテクスト論へと移行していく前田は、文学史という連続性の虚構にも敏感であった。

前田が試みようとする文学史の再検討は、一九九〇年代に入ると可視的な動きとなった。たとえば、雑誌『季刊　文学』(第五巻第一号、一九九四年)が特集「文学史と文学論」を組み、同じく特集「日本文学史の現在」が『季刊　文学』(第九巻第四号、一九九八年)に組まれたことはその指標の一つとなろう。

こうした文学史の「ゆらぎ」を主題とした記述の実践も始まり、小森陽一『〈ゆらぎ〉の日本文学』(日本放送出版協会、一九九八年)は、「日本」―「日本人」―「日本語」―「日本文化」が、「あたかも自明な統一体のように錯覚され」ていることを問いかけ、「日本近代文学」が自己規定されず、その概念を規定することの不可能性を導入として、「日本文学」の推移を論ずる。二葉亭四迷から夏目漱石、永井荷風や谷崎潤一郎らの作家の選択とそれを時系列的に論じていくことは従来の文学史に準拠しているように見えるが、その論じ方は「日本」の連鎖を揺るがせ、あわせて「史」の検討も促す。とくに第Ⅲ部は「〈物語〉としての歴史、〈歴史〉としての物語」と題され、歴史と文学の関係が主題とされている。西川祐子『借家と持ち家の日本文学史』(三省堂、一九九八年)もまた「文学史」と名乗りつつ、文学史を解体する作品であり、ジェンダーの観点を掲げることによって、表現することの意味と位相を問いかけ、文学史の地平を書き換えている。

こうした動向を見据えながら、文学概念の歴史にかかわる議論を展開して見せたのが亀井秀雄であり、『明治文学史』(岩波書店、二〇〇〇年)、『「小説」論』(岩波書店、一九九九年)という二冊の著作で、それぞれ通時的/共時的に「日本文学」の創出の過程を論じた。『明治文学史』は、たとえば『怪談牡丹灯籠』をとりあげ、テクストがいかなる形で生成するかという論点から一八八〇年頃の様相を見るとともに、あわせて「テクスト・生産システムとしての文学史」という文学史の試みを提起する。あるいは『武蔵野』を東京の郊外の発展という景観の変化のなかで読み解くなか、「口語文体による自然描写の方法」を文学史の手法へと連続させる。『たけくらべ』の読解では、「語り手」の位置、視点、語り口に着目し、『田舎教師』ではその物語時間のなかに書き込まれた「文学史」と「歴史的な出来事」との双方をそれぞれ年表にして対比し、これまた文学史記述の方法とする。「テクストの生産」、「自然」の描写の作法、「作者」や「物語構造」といった観点―「トピックス」が歴史的な状況のなかから形成され、同時にそれは、文学史記述の観点―方法であることを、亀井は論じるのである。

いまひとつ、かかるなかで『岩波講座　日本文学史』(全一七巻+別巻一、岩波書店、一九九五―九七年)が刊行される。同講座は「あらためて日本とは何かが問い直される」なかで「文学の伝統を見直し」「新たに文学史を構築する」という(内容見本における、岩波書店「刊行のことば」)。近代の部分は、「二十世紀の文学」として三巻が当てられ、「変革期の文学」一巻がそれに先立って付されている。文学史の脱構築ではなく、「構築」がうたわれているように、この講座では、口承文学や沖縄文学、アイヌ文学から、大衆文学は無論のことノンフィクションや演劇、マスメディアとの関係やアジアへの射程を含みつつも、記述をめぐっては従来の観点によっている。また、世紀ごとに時系列的に論が展開されている。

こうした複数の文学史の存在は、「文学史」が、文学者(文学研究者)にとって歴史認識と歴史叙述の抗争の場所となっているということを示している。「歴史と文学」をいかに記述するかが、文学史の叙述としてためされている。

このような文学史というアリーナにおける動向に対し、歴史学の側は、当面傍観しているように見える。『歴史評論』(第五三〇号、一九九四年)は「歴史とマスメディア」の特集を組み、文学から、テレビ放送、マンガと目配りした議論をするが、「史実とフィクションのあいだ」という副題に示されるように、「史実」の実体性を手離してはいない。歴史学にとって、焦点は依然として史実をめぐる「事実」と「虚構」の関係にあり、歴史を描く「史」の領域は疑われていない。文学史のゆらぎは、この時点では歴史学の叙述・記述のゆらぎには波及していない。

だが、ここまで検討してきたことで、「歴史文学」「文学史」についで、「歴史と文学」を考察する三つ目のアリーナとして「史学史」が設定できるであろう。史学史といえば、これまで考証学派の誕生や民間史学の活動、マルクス主義歴史学の動向や「戦後歴史学」の過程が論じられ狭義の「歴史学」を対象としたものであった(この一端は、拙著『歴史学のスタイル』校倉書房、二〇〇一年、でふれておいた)。しかし歴史家にとどまらず文学者も含めて、史学史が再検討されることによって、歴史学の歴史叙述が根底から革新されるに違いない。

II

「戦後知識人」から「現代知識人」へ

第7章　「戦後知識人」としての加藤周一

1　加藤周一（その一）

加藤周一（一九一九―二〇〇八）に初めて会ったのは、今世紀のはじめのことであった。耳がいくらか遠く、足も弱っていた。ただ、話すと八〇歳の年齢を感じさせない思考の回転力と言葉の力強さ、そしてこちらを見据える眼光の鋭さが印象的であった。ともに、加藤の話にはユーモアがまざり、人を惹きつけてやまない魅力を有していた。

加藤は、「戦後知識人」と呼ぶのにまことにふさわしい人物であり、そのひとりとして生涯をまっとうしたということができよう。当初は医学を学び、医者として戦時をくぐりぬけたが、「戦後」の一九四六年に論壇に登場して以来、六〇年以上も発言をし続けてきた。「戦争」への反対を思考の原点とし、その考察を「戦後」の課題としていた。「西洋」と「東洋」の古典から現代に至るまでの幅広い教養をもち、文学・思想から美術にまで精通する感性とをあわせ、旺盛な言論活動を行った。三二歳のときにフランスに留学し、「外」から日本を見るとともに、後年、ドイツやアメリカ、カナダなどの大学で教鞭もとる。理系から出発し文系の領域で発言し、日本の「外」と「内」を行き来し、作品の具体性と概念的な考察、理性的な分析と感性的な受容とを組み合わせ、たえず往還を繰り返しながら語りかけていくのが「戦後知識人」加藤周一のスタイルであった。

「日本」を問い続けることを課題としたことも、加藤の「戦後知識人」としての性格を示している。一九五〇年代半ばに「雑種文化論」として日本の特徴を抉り出したことはよく知られている。しかしこの議論は、戦時に「純粋」な文化を作り出そうとしたことへの反省であるとともに、戦後に民主主義の思想を根づかせるための思索の結果に見出した特徴であった。自伝『羊の歌』(岩波書店、一九六八年)もそうした雑種文化の一例として自己の精神史を省察した著作として読める。日本の状況への考察とあわせ、実践の営みも加藤の姿勢を形作っていた。

「戦後」は冷戦という戦争の過程でもある。そのなか、「戦後」の終焉が幾度も言われ、また加藤が根拠としていた「知」や「知識人」の概念も問いかけられてきた。それらに対し、加藤は柔軟に対応し、状況を逆に捉え返す営みを継続してきた。こうした息の長い活動に驚嘆するとともに、深い敬意を覚える。加藤は幅広い知識と感性とにより、健全な時期の「近代」の精神を発揮し、長い二〇世紀の思想と状況を見渡しながら活動してきた。二〇〇四年に「九条の会」の呼びかけ人となり「戦後精神」の精髄を守り抜こうとしていたことはこの総決算のように見える。

『蟹工船』がブームになったことが示すように、変貌を遂げた近代——「戦後」は再びその歩みを反覆するかのようである。加藤周一が見据えていたもの、そしてその論じ方にあらためて想いがつのる。

2　加藤周一（その二）

二〇〇九年夏の「政権交代」は、二〇年前の冷戦体制の崩壊に起因するとともに、四〇年に及ぼうという自民党の保守政治がいったい何であったかということを突きつけている。自民党が戦後、どのように地域利害を創り出したのか、官僚たちがいかにそれにかかわったかのしくみが目の前で明らかにされていっている。だが、このとき加藤周一は不在であった……。

加藤周一がその生涯をかけて取り組んできた対象は「戦後」と「冷戦体制」であった。アジア・太平洋戦争と冷戦という二つの戦争を批判し、戦後の思想を紡ぎ出し、戦後の内部から戦後の指針を示そうとしていた。

加藤は「高みの見物について」（一九五四年）という文章で、社会から離れ議論する「高みの見物」は「正確な判断」を与えるがそれは「役にたたぬ」とし、社会のなかで「実際の活動」に結びつく「見透し」と「判断」の必要を訴えた。自らの戦時における反省を込めた言であったが、ここに戦後の加藤の立つ位置があり、加藤は実践のなかでの思考を繰り出すこととなる。そして、さらにこの議論は「知識人」の問題として論じられていった。

すなわち、加藤には、戦時の知識人は戦争の旗を振ったにもかかわらずそのことへの言及がない、逆に、戦時・戦後を通じ一貫して社会に背を向けているものが多いという知識人のありように苛立ちがあった。その点から加藤は知識人としての自分を見据えつつ、知識人批判を展開したのである。加藤は、知識人を内在的に批判する知識人であったといえよう。

ここで注意をしておきたいのは、戦時の体制に協力した「知識人」(!)たちも行動の様式としては「高みの見物」をせず、社会に寄り添っていたことである。しかし、決定的な欠陥は、彼らには「正確な判断」と「見透し」が欠け、批判精神もなかったことである。したがって、加藤の批判は社会を回避する「星菫派」の知識人と、判断・見透しを欠く(知識人ならぬ)知識人の双方に向けられる。別の言い方をすれば、加藤が共感を示すのは、現状と緊張関係をもち、「正確な判断」を有しながら、社会的な実践を行う知識人たちである。

加藤自身を含めたこのような知識人たちは、その原点を戦争批判にもち、あらたな価値をもつ戦後を作り出すべく実践をしたという意味において「戦後知識人」ということができよう。その射程はむろん冷戦体制への批判にも及び、加藤は世界と日本の現象を取り上げるとともに、「冷戦的思考」を強く批判している。

だが、戦後と冷戦体制の終焉のなかでは、かかる戦後知識人もまた問いかけの対象となる。戦後知識人への問いかけと言ったとき、いまが最初ではない。一九六八年前後、学生運動や社会運動が活性化し「近代」批判が噴出するなかで、戦後体制や知識人の概念が厳しく、しかしいささか性急に問い詰められた経緯がある。「近代」と、「戦後」そして「知識人」が等値され批判の対象となった。

しかし、いまや、「戦後」後・冷戦体制後という「現代」の観点から、戦後知識人に向かい合うことになる。いま・ここを創り出す前提としての戦後と冷戦体制をいかなるものとして総括し、把握するかが要請されるが、加藤にひきつけて言えば、加藤が前提とし、戦後と冷戦体制を構成していた国民国家体制の枠をはずして、加藤の論を読むということになる。このようなあらたな視点で考察されるべきものとして、加藤の言はいまだ、政権交代に象徴される社会実践の面からも重要性をもつ。加藤が格闘した軌跡そのものが、いまこそ戦後の歴史化のなかで再考察されるべきものとなっている。

加藤周一に接した人は、だれもがその眼光の鋭さを言う。私自身もまた、そのことを強く感じたひとりである。その眼光に接することはもはやかなわないが、加藤が促すのはこうした戦後と知識人をめぐる営みにほかならないであろう。

3　戦後を生きた知識人

二〇〇八年一二月五日、加藤周一は八九歳の生涯を閉じた。あらためて加藤の思想的な軌跡を見るとき、加藤は「文化的空間」としての日本に関心を寄せるとともに、時間的にも空間的にも広い視野を有していた。

サルトルの哲学を講ずる一方、他方で道元や本居宣長を論じ、モリエールの演劇から世阿弥の能までを鑑賞し、杜甫や中原中也の詩作を取り上げるなど、加藤が論ずる対象はフランス体験を軸としたヨーロッパから、アメリカやアジアに及ぶ空間的な拡がりをもつ。時間的にも、ギリシア・ローマの古典的な著作から近代、さらに現代の作家にまで関心を有し、文学作品を中心に絵画、造形美術をも射程に入れていた。

また、日本文化の特徴を「根本が雑種」と特徴づけ(『雑種文化』講談社、一九五六年)、『日本文学史序説』(正続、筑摩書房、一九七五・八〇年)では、『源氏物語』とともに同時代の『今昔物語集』の双方を視野に入れ叙述するなどの知見を示した。このとき「雑種文化」の指摘が、戦前の「日本文化の純粋化運動」への批判であり、民主主義を根づかせる意図に基づいているように、加藤の発言は状況を睨んでのものであった。加藤にとっては、型の抽出が自己目的ではなく、状況との緊張で型が選択されている。広い意味での政治を視野に入れた文化の考察であり、文化を社会や政治から隔絶させることを拒否している。

他方、このことと相補的に、歴史的把握と併せて状況的発言を実践する作法を有した。加藤は一九八四年から死去する年まで、『朝日新聞』に月一回のペースで連載された「夕陽妄語」(単行本は八集まで刊行されている。一九八七―二〇〇七年)で、しばしば現時の国際関係や国内政治の話題を取り上げる。直接に政治や国際問題、社会問題を論じるが、ここでは政治を文化的な視点を入れ考察する姿勢を見せた。

加藤はあらゆるものに関心をもち考察の対象とする一方、対象を固定し隔離することを避ける。また、論を叙するに当たり表現の形式に配慮し、状況的と原理的、歴史的把握と類型的把握を組み合わせて論ずる。周到で明晰な文体をもつなか、議論は分析的であるとともに具体的であり、レトリックも駆使される。

(校友会雑誌などを除けば)一九四六年三月に『文学時標』に寄稿して以来、加藤周一は死去するまでの六二年間にわたって公に向かって書き、発言を続けてきた。また、世代、国籍、性別を超えた対談や講演も数多い。少人数の若い世代との研究会も行われ、その記録も刊行されている。「批判的な知性」を提示する加藤だが、主要な文章は二期にわたる『加藤周一著作集』(二五巻+九巻、平凡社、一九七八―八〇年。一九九六―二〇一〇年)に収められ、それをもとに五冊の『加藤周一セレクション』(平凡社ライブラリー、一九九九―二〇〇〇年)も編まれている。

さらに、このあとにも『日本文化における時間と空間』(岩波書店、二〇〇七年)、『高原好日』(信濃毎日新聞社、二〇〇四年)のような著作や『夕陽妄語』の続刊が刊行され、講演集、対談集がシリーズやブックレットなどの形で出版されている。

加藤が生き、発言したのは「戦後」という時代である。戦争を体験しそのことを梃子にして紡ぎ出した思想を展開し、戦後の思想を主導した。また、自らを「知識人」として規定もする。近年では、知識人という言葉には賛否を含めさまざまな意味が込められ手垢も付いているが、加藤はてらいなく自らを知識人と規定して発言し行動していった。こうした加藤を「戦後知識人」とし、「戦後知識人」の代表的なひとりとすることができよう。

1

加藤の議論は、分節と総合、状況と原理の往還をなすが、原点になっているのは、先に触れたように戦争―アジア・太平洋戦争の経験である。「戦後知識人」にはさまざまなタイプがあるなか、加藤は敗戦の解放感を原点とし、そこを核としてもつ。二五歳のときに敗戦を迎えた加藤は、戦争終結による「解放感」を隠さず、ただちに戦争責任を考察していく。そのときの言葉は激烈でさえあった。

戦争の経験が加藤にとって核になり持続しているさまは、主著『日本文学史序説』の問題意識を「要するに死んだ私の友だちの眼で、彼らの観点から見たら日本文学史はどう見えるのか」「つまり文学に現われた日本人の精神というものは、どういう根本的な原則によって動いていたのかという問題」と説明していることにもうかがえる。

著書『私にとっての二〇世紀』(岩波書店、二〇〇〇年)では、知識人論が骨格をなしている。知識人論は加藤の議論の底流に常にあり、折々に加藤は知識人を「責任」という観点から論じてきた。はやくはさきのこととかかわって、戦争責任の追及である。

戦後すぐに提出された「星菫派」と名付けた知識人への批判は厳しい。戦時の動向に背を向け、リルケや万葉集など星菫を論じ「旗幟を鮮明にしなかった」知識人たちを「無力」で「無学」と糾弾した(「新しき星菫派に就いて」一九四六年)。ここには、戦時のみならず、戦後における民主化へも冷ややかである彼ら星菫派への批判があるとともに、評論家の荒正人や本多秋五らとの論争を呼び起こした。

厳しい態度は、知識人としての自己にも及んでいる。「高みの見物について」という論で、加藤は戦時の自らの態度を自己批判する。すなわち、加藤は戦時には医局に勤めており、社会的な発言をする立場にいなかった。そのゆえに戦局の判断は、「正確」だったが、役に立つものではなかったとする――「高みの見物は正確な判断をあたえるが、その判断は役にたたぬ」と言い、「無益で正確な判断」ではなく、人びとに届く議論とことばの必要性を論じた。そして、そのことを生涯かけて追究していくことを述べた。

同時に、加藤の戦争責任の問い方は、単純な告発ではない。第一に、「戦後」の態度を睨みながら、「戦時」の行為を検証する。第二に、「戦争を肯定した人々の考え方」の「内側」からの検討を行う(『現代ヨーロッパの精神』岩波書店、一九五九年)。第三に対象となっているのは「知識人」である。「戦争と知識人」(一九五九年)の一編はそうした思考の集成であった。ここでは中野好夫や高見順、「わだつみ世代」の議論を追い、戦争を積極的に支持した日本浪曼派や京都学派の知識人たちを批判し、「実生活とはなれた思想」こそが「戦争協力」の「内側の構造」であるとした。戦争責任論としては、「人間観」と「社会観」の双方に目配りをしながら全体化を図っていく姿勢となっている。

『私にとっての二〇世紀』では、イラクへの自衛隊派遣を行い、再び戦時に陥った二一世紀の状況のなかで知識人に苦言を呈している。「知識」があること、そして(しかし)「現実」を知らない知識人への苛立ちがあり、加藤は知識人の「倫理的な直観」を要請している。

同時に、加藤は戦前の経験を参照しながら、戦争という「状況」を作り出さないことをもあわせて提言する。近代日本論ともなっているが、二・二六事件(一九三六年)を大きな切れ目とし、「合法性」と「なし崩し性」とを双方あわせもちながら戦争へと突入してきた事態を指摘しつつ、かかる状況を作り出さないことが、知識人―加藤にとっての切実な目的となる。

加藤周一をそのひとりとする「戦後知識人」は、戦後の過程においてさまざまに問いかけられてきた。社会との向き合い方、学知の変化への対応などがその論点だが、一九四五年を出発の年とすると、一九六〇年、一九六八年、一九八九年といった年がその顕著なときとして挙げられるだろう。なかでも一九六〇年と一九六八年には、「戦後」と「知識人」の両局面からの厳しい問いかけがなされた。六〇年の安保闘争のなかで「民主主義の擁護」が課題となり、この運動に深くかかわった加藤は、「道義性」のゆえに日本を去る(加藤は、このときのことをいまだ「審議未了」と述べている)。

六八年もまた、「戦後知識人」のひとりとして、加藤は告発される側に位置していた。だが、丸山眞男をはじめ多くの「戦後知識人」が傷を受けるなか、加藤はそれを正面からは受けていないように見える。日本では大学に所属しておらず、当事者にならなかったことが挙げられるほか、学生運動を、ヴェトナム反戦運動とともに、ヒッピーや社会主義国の動き(文化大革命や「プラハの春」)を視野に収めながら論じたことと関連しよう。

加藤は「六八年」の出来事を、「中産階級の価値体系」に対する批判―親の世代への反乱と把握してみせる。一九六八年の世界的な状況を、加藤は世代叛乱と位置付け、一方で、ヴェトナム戦争を批判するとともに、他方で、ソ連のチェコスロバキアへの侵攻を告発するのである。冷戦体制のさなかであるが、イデオロギーにとらわれず、自由を基準にアメリカとソ連の行為をともに批判する。なかでもソ連の侵攻に関しては、言葉と戦車を対抗関係と補完関係で把握し考察してみせた。

一九六八年の夏、小雨に濡れたプラハの街頭に相対していたのは、圧倒的で無力な戦車と、無力で圧倒的な言葉であった。(『言葉と戦車』筑摩書房、一九六九年)

言葉の力を力強く示した美しい文章となっている。多くの「戦後知識人」が直面した批判―危機を加藤は乗り越えていったが、かかる加藤の議論は状況に周到に目配りしてなされていることを見過ごしてはならないであろう。

2

岩波現代文庫版『私にとっての二〇世紀』(二〇〇九年)は、二〇〇〇年に岩波書店から刊行された同じタイトルの単行本に、ふたつの新稿―「老人と学生の未来」「加藤周一・一九六八年を語る」という講演とインタヴューを付している。

軸をなす単行本における加藤のメッセージは「主観的世界を超える力」――客観主義の提唱であった。これが二〇世紀末における加藤の認識であり、原理を定めること、目の前の他者に注ぐ情熱の必要性を語っている。

とともに、単行本では冒頭に〈いま〉の認識を掲げたあと、加藤の歩みを縦軸にしながら、これまでの思考を「審議」するという作法を取っている。加藤の思索が紹介されるとともに、それを手がかりに〈いま〉が読み解かれる。また〈いま〉を鏡にかつての自らの思索を再解釈する。

状況に即しながら「再説」「再解釈」を続けており、知的な誠実さを示すとともに、自説の「審議」という再文脈化が、加藤にとっては状況を考察し変革していく有効な手立てとなった。ここに、加藤が六〇年を超える長きにわたって発言をしえたことの理由が見られる。また、戦後という時代がどのような意味においても終焉したとき、加藤の思想と行動をいかに考えるかのひとつの要点ともなろう。

したがってと言ってよかろうが、岩波現代文庫版『私にとっての二〇世紀』には加藤の思想のエッセンスが提示されている。加藤が追求した主題が、骨子となった「単行本」では四つの章(「いま、ここにある危機」「戦前・戦後」「社会主義」「言葉・ナショナリズム」)として、それぞれ主題が取り上げられている。扱われるのは「戦後後」と「冷戦後」の国際関係であり、「戦後」の光景、「六八年」の状況、社会主義――ソ連の崩壊、さらにことばとナショナリズムとの関係であった。著作としては、『雑種文化』『言葉と戦車』『日本文学史序説』などが背後に置かれている。それぞれの著作の文脈がたどられるとともに、あわせて現時の状況のなかで再読され、同書での加藤の作法が「再審」

であることが明示される（あらたに付されたインタヴューの副題は「『言葉と戦車』ふたたび」である）。

ここでも知識人の検証がなされる。一つひとつの主題が知識人論となっているが、たとえば社会主義――ソ連型の社会主義が主題とされることにもそのことが顕著である。「戦後」を「冷戦体制」と把握し、その一方の核であるソ連を「再審」するとともに、その検証を通じて、加藤はソ連の存在をたちどころに忘却してしまった（かのように見える）知識人たちの問題の立て方への批判を行っている。

加藤が刊行した著作群は、三つの主題をさらに付け加えることができよう。ひとつは小品―友人や身辺雑記を記したもの。第二は建築や浮世絵などを含む造形美術と文化を考察したもの。そして、第三は時評のたぐいである。著作でいえば、後年に書かれた『高原好日』『日本　その心とかたち』（平凡社、一九八七―八八年）『夕陽妄語』（朝日新聞社）などである。

そして、このあと起きた二〇〇一年九月一一日の出来事をはじめ、重要な出来事―状況に向き合い、きちんと自己の見解を示す知識人として加藤はふるまい続ける。さらに加藤は、「九条の会」（二〇〇四年に結成）で日本国憲法の第九条の精神を守るように言う。状況の診断と合わせ行動を起こし、「戦後」の思想と精神、さらに制度の定着を図る試みを実践している。

その一端は、各地で開かれた「九条の会」講演会で披瀝している。二〇〇五年七月に東京で開かれた講演会で「再説九条」を語った加藤は、

私たちが経験する歴史は、小さな偶然や、あるいは小さな――小さければ小さいほど自由な、決断の積み重ねである他はないのです。個人にとっては、個別の場合に応じる個別の自由を、平和に向けて行使するか、戦争に向けて行使するかの問題になるでしょう。

と述べた（加藤ほか『憲法九条、未来をひらく』岩波書店、二〇〇五年）。ここでも知識人として問題を人びとに提起している。

二一世紀初頭のいま、「知識人」と「戦後」の光景が急速に変わりつつあり、「戦後」における学知の蓄積の仕方と継承の作法も激変している。現時の知識人たちが大衆文化に入り込み、私的状況にこだわるとき、加藤の姿勢は古典的にも見える。このなかで、加藤は、著書『私にとっての二〇世紀』を含めて三冊、二〇世紀を表題として掲げた著作を刊行している。『二〇世紀の自画像』（筑摩書房、二〇〇五年）、および、鶴見俊輔との対話『二〇世紀から』（潮出版、二〇〇一年）である。

二一世紀に入り、自らの経験と知見を二〇世紀の射程で「審議」―点検をし始めていることがうかがえ、「戦後後」と「冷戦後」を含めた時期を加藤は総括するスケールを二〇世紀とした。いささか機械的であったこの区切り目は、しかし二〇〇一年九月一一

日の「同時多発テロ」により俄然、リアリティをもつことになった。

晩年の著作として、「私」という通奏低音が『私にとっての二〇世紀』を貫く。だが、すでに述べたようにここでの「私」は「再審」された「私」である。学ぶべきことは、「再審」の態度とともに、状況との緊張から思考を紡ぎ出す加藤の営為である。この意味において、加藤の議論を同時代の文脈で読み解くことが求められる。かかる点を手がかりに加藤の著作そのものに接するときに、加藤の思索が状況（その都度の〈いま〉）との格闘のなかで抽出されてきたことがうかがい知れ、加藤の思索の射程の深さを知ることができよう。

第8章　大江健三郎・方法としての「記憶」——一九六五年前後

こうした環境では、想像力と記憶は本質的に交換可能なものだ。

——Patrick H. Hutton, *History as an Art of Memory*

1　記憶の場所／場所の記憶

大江健三郎（一九三五—）は、「想像力」を鍵概念《キーコンセプト》とする作家といわれる。一九五九年に提出した卒業論文でサルトルの「イメージ」を扱って以来、大江は頻繁に「想像力」の語＝概念を用い、一九七〇年に刊行した講演集は『核時代の想像力』（新潮社）と題された。「想像力を自分の認識の仕方の根幹とすることを考えてきた」のである（「未来へ向けて回想する——自己解釈㈢」『大江健三郎同時代論集』3、岩波書店、一九八一年）。

だが、「全体的な想像力」の必要性を強調した講演で、大江は想像力／未来と記憶／過去とを対応させ、想像力と記憶をならべてとりあげ、想像力と記憶がともに「その人間の今日の現実における生き方」に決定されていることを指摘する(「記憶と想像力」『展望』一九六六年一〇月)。大江はここで、記憶という行為のもつ「選択」性と、記憶の「再生」という論点をもあわせて展開しており、記憶にも深い洞察を示す。いや、想像力とともに記憶も大江にとっての鍵概念であることがここでは示唆されており、一九六五年前後の大江にとっては記憶も「状況への関係の仕方」＝方法として認識されている。大江の方法概念としての記憶を手がかりに記憶について考察したい。場所は(小森陽一にならっていえば)*「トチ」を首位におくが、「トキ」「ヒト」「トシ」をつつみこむ空間＝時間である。

このとき、場所《トポス》を手がかりに、この時期の大江に接近してみよう。敗戦から二〇年、三〇歳をむかえた一九六五年前後は、大江にとってひとつの転期であり、しばしば一九六四年刊行の『個人的な体験』(新潮社)が画期をなす作品とされ、一九六三年には長男光が頭脳の異常をかかえて誕生していた。

＊　小森は、大江『懐かしい年への手紙』(講談社、一九八七年)を「解読」して、タイトルが「トチ」「トキ」「ヒト」でなく「トシ」であること、しかし、「トシ」はそのすべてを孕んでいることに注意を促している(「メタヒストリーとしての小説」赤坂憲雄編『物語という回路』新曜社、一九九二年。のち、小森『小説と批評』世織書房、一九九九年、に所収)。

一九六五年前後の時期の大江に固有の意味をもつ場所は三つある。ひとつは広島で、一九六三年に出かけ、以後しばしば訪れる場所となるが、原爆という「出来事」に意味づけられた場所である。「多様性」への目をひらかせられたという沖縄にも一九六五年に訪れ、沖縄も大江にとり意味を構成する場所となる。広島と沖縄がそれぞれ、『ヒロシマ・ノート』(岩波書店、一九六五年)、『沖縄ノート』(岩波書店、一九七〇年)として刊行されるにとどまらず、『大江健三郎同時代論集』に同地をめぐるエッセイを付して、『ヒロシマの光』(一九八〇年)、『沖縄経験』(一九八一年)として加えられ、大江はこの地に「特権的な」位置を与えている。

一方、大江にとってもっとも重要な場所である「谷間の村」も、一九六七年に刊行された『万延元年のフットボール』(講談社)において、歴史的な現象をもちこみあらたな造形＝表象を試みる。「「森の谷間の村」物語系列」(渡辺広士)として、以後、『同時代ゲーム』(新潮社、一九七九年)、『M／Tと森のフシギの物語』(岩波書店、一九八六年)、『燃えあがる緑の木』(新潮社、一九九三―九五年)へと書きつがれる作品群の開始である。

「谷間の村」、広島、沖縄。本章では、「現在」を解釈＝認識するために記憶が方法化され、記憶により場所が構成され表象される様相を、この三つの場所を描く作品に探ることとする。まず、「谷間の村」を描いた『万延元年のフットボール』を記憶を軸に読み解き、この作品が記憶をめぐる原論を展開していることを論じてみよう。そのうえで、記憶の表象をめぐって、歴史学の手法＝「史観」を参照系として「谷間の村」の一揆の描き方を検討し、ついで、ホロコーストの表象という問題系を念頭におきつつ、大江による広島の表象を『ヒロシマ・ノート』に探ってみる。

2　記憶をめぐるテクストとしての『万延元年のフットボール』

冒頭、犬をかかえ「穴ぼこ」にうずくまるなか、異様な風態で縊死した友人の祖母が発する「サルダヒコ」という語が、主人公＝根所蜜三郎の「記憶の層の深みに錘りのように沈んでいった」と記される。以後、『万延元年のフットボール』には「記憶」という語が頻出し、「記憶のメカニズム」をはじめ記憶をめぐる問題群が多様に提出され、この作品はさまざまに記憶が議論されるテクストとなっている。⑴記憶の内実をめぐる抗争、⑵記憶のメカニズム、⑶証言の領域を視点として、『万延元年のフットボール』を考察してみよう。

三つの出来事をめぐる記憶がここでは扱われている。第一は「万延元年」に「谷間の村」でおこった一揆で、蜜三郎の「曽祖父」と「曽祖父の弟」が関与する。第二は蜜三郎の兄のS次(S兄さん)が敗戦の年の一九四五年秋に撲殺された出来事であり、第三は一九六〇年の安保闘争。蜜三郎は一九六〇年の運動には傍観者であったが、弟の鷹四は政治行動に参加、のち転向劇をおこなう演劇団の一員として渡米した体験をもつ。安保闘争と一〇〇年をへだてて「万延元年」＝一八六〇年の一揆があり、一九四五年の出来事がそのあいだにはさまれている。

記憶の内実をめぐる抗争とは、記憶の解釈をめぐる抗争である。「万延元年」の一揆は、曽祖父の弟が指導者となっておこされ、曽祖父が弟を殺し一揆がおさめられたという伝承＝解釈がなされている。蜜三郎にとっては「わが一族のほぼ百年前の醜聞」であるが、実のところ「正確なこと」は蜜三郎・鷹四とも知らず、曽祖父は「騒動」のあと弟が森をぬけて高知へ逃げるのを援助し、弟は東京で名前を変えて出世したという「別の噂」もあった。

一揆への曽祖父の弟の関与をめぐって、蜜三郎と鷹四のあいだで記憶の抗争が開始される。鷹四は、曽祖父の弟を指導者として捉え、「抵抗派」であり「時代の前方をみていた」と評価する。蜜三郎が、曽祖父こそが「時代の前方」をみ、高知から新知識をとりいれたことを指摘すると、鷹四は高知へ行ったのは弟であるという。これに対し蜜三郎は、「最初に高知へ行ってきたのは曽祖父さん」で、弟は一揆のあと高知へ逃れて帰ってこなかったという説があるだけだと論駁する。蜜三郎によれば、鷹四は「意識的に誤謬を選びとって」おり、蜜三郎は「意地悪く鷹四の誤った記憶をうちくだ」こうとする。

根所家の倉屋敷には、「John Mang」と署名がしてある扇面があり、それは記憶の徴候＝証拠を示すが、蜜三郎はこの漂流民＝ジョン・万次郎を参照系としてもち出し、ジョン・万次郎が高知にいたのは「嘉永五年から六年」にかけての一年のみで、そのときは曽祖父の弟は一〇歳そこそこ、かれが森をぬけることは「不可能」と論じた。鷹四は、農民の訓練をおこなったのは曽祖父の弟であり、それは高知で得た新知識によっていると反論をする――「一揆を鎮圧する側」の曽祖父が、弟に「民兵訓練法」を教えることはないであろう。

蜜三郎と鷹四の記憶をめぐる抗争は、S兄さんやS兄さんが撲り殺された日の光景をめぐっても展開される。鷹四は、S兄さんを「予科練の冬の制服」を着、「勇ましい声」で敬礼する人間として記憶＝再現し、撲り殺された死体も「記憶」が「夢の滋養でぐんぐん育ちつづけ」させ、克明に語る。これに対しても、蜜三郎は、S兄さんを「外向型の花やかさとは無縁の人間」とし、加えて、鷹四はS兄さんの死体を「絶対に」みたはずがない、それは鷹四の「夢からの記憶」であるという。S兄さんの死体をみたのは、死体を引き取りにいった蜜三郎と朝鮮人に限られていること、倉屋敷には人目を避けるために石垣の下を廻る道から入ったこと、死体が帰りついたとき鷹四は「土間の暗がりでアメを食ってい」たことなどを、蜜三郎は鷹四の記憶への「反証」として提出する。

状況証拠としてあげられたアメをめぐっては、鷹四はアメをS兄さんにもらったものだとし蜜三郎に反証するが、蜜三郎は一部を「事実」として認めつつ、アメは自分が鷹四にやったことをくりかえす。* 蜜三郎は、さらに鷹四がひき出したあらたな「記憶の歪み」を攻撃し、背景に鷹四の「ひとつの熱い願望」がこめられていることを暴露する。

＊　アメをめぐっては、後日、鷹四は自らの「アメの食い方」を手がかりに蜜三郎に再反論する――蜜三郎も「記憶を想像力によって修正しているところがある」と。

蜜三郎と鷹四の記憶の抗争は、蜜三郎・鷹四の母親、住職らの一揆をめぐる記憶＝解釈の差異とも連関する。母親は、一揆の先頭にたった曽祖父の弟を、自分自身の家を打ちこわして放火させた「最悪」の人物であり、もし曽祖父が彼に鉄砲を放たなければ弟と「暴徒ども」は倉屋敷まで占拠しただろうと記憶＝解釈する。

S兄さんと同級生であった住職は、高知からやってきた工作者が曽祖父と曽祖父の弟に一揆をおこさせたこと、曽祖父と曽祖父の弟は一揆がおこらなければ「谷間の村」の農民を救助しえぬと考えていたこと、一揆の指導グループとして弟の訓練する若者組が選ばれたが弟自身は一揆のあとで高知へぬけ出す手はずがついていたであろうこと、しかし曽祖父さんの弟とそのグループは犠牲者を出すことを嫌って倉屋敷で抵抗したことなど、あらたな解釈を蜜三郎に示した。この解釈では、曽祖父の弟は「最初から裏切者の側」となり、(祖母が「得意にしていた挿話」によれば)倉屋敷にたてこもる若者たちを外へおびき出したのは「曽祖父のトリック」であり、いずれにせよ蜜三郎は「裏切者の家

系の末裔」となる。だが住職は蜜三郎に、曽祖父の弟が冒険的性格をもつ「実力者」で

あり、そのゆえに工作者や曽祖父が働きかけたとつけ加える。蜜三郎は「これまでに聞

いた万延元年の事件の最も魅力的な考え方」というが、住職はこの解釈がS兄さんの事

件との重ねあわせによる解釈であることをあきらかにする。あらたな解釈がかつての解

釈をくみかえ、あらたな記憶をうみ出していくことが示されている。

以上の記憶をめぐる抗争や差異は、記憶＝解釈が「その人間の今日の現実における生き方」とかかわっていることの証にほかならない。記憶は自らのアイデンティティの根拠であるとともに、「再構成された過去」(パトリック・ハットン)であり、たんなる「伝えられた過去」ではない。住職の解釈が、かれが妻に駆落ちされた人間――「谷間の村」の一員でありつつそこからずれている――の解釈であるように、蜜三郎と鷹四もそれぞれの記憶＝解釈にはかれらのアイデンティティにかかわる背景がある。二人はかつてはともに「谷間の村」に根をもつが、いまは「外部」の存在となり、そこから切り離されている。しかし、鷹四は「共同の夢に支えられた記憶」をつちかい、「谷間の人間の共同の情念につながっている根」を保ちつづけようと試みる。

他方、蜜三郎はいかなる「記憶」も「谷間の事物から喚起されることはない」存在である。たしかに、一時、蜜三郎も「谷間の村」に新生活を求め、そのときには「谷間の村」でおこった「すべての具体的な過去」と「自分の肉体の内なる現在」とを関係づけ

ようとする。鷹四の「歪曲された記憶」に執拗に「抵抗」するのもこうした問題関心をもっていたためである。しかし、再度自らを「谷間の村」の外部と位置づけるとき、記憶の抗争への「動機づけ」を失っていくとされる。記憶の抗争はアイデンティティの抗争であり、記憶がつくり出される場所は政治的なるもののたちあらわれる場所である。しかも、個々の記憶は認知によって持続し再現しうるのであり、記憶はつねに「社会的次元」において存在するため、抗争が必然化されるのである。

『万延元年のフットボール』では、記憶の抗争が個人のアイデンティティのレヴェルから説きおこされている。歴史家の安丸良夫は「研究主体でもある〝私〟の次元への問いが歴史学には乏しく、ここに「現代歴史学の欠陥の一つ」を認めているが（「前近代の民衆像」『歴史評論』一九八〇年七月。『〈方法〉としての思想史』校倉書房、一九九六年）、これも歴史＝過去の記憶の再構成が当人のアイデンティティにかかわっていることを指摘した言ではある。記憶の「客観性」が大江・安丸によって問われ、批判されるが、『万延元年のフットボール』はその局面を具体的に描き出している。*

＊『万延元年のフットボール』には、「旧教員の郷土史家」も一揆についての解釈を示すが、「科学的な態度の持主」である郷土史家は、「資料」を用いつつ、愛媛県全域に一揆があり、それらを総合するベクトルが維新へとむかうことを「重く見ていた」とされる。

『万延元年のフットボール』においては、「記憶のメカニズム」にかかわる議論も展開される。記憶の継承をめぐる問題系として、村人が死者を仮装する盂蘭盆会の念仏踊りや、鷹四による若者たちのフットボールの練習などが提出される。後者を例にとると、鷹四は「万延元年」の一揆における若者組の役割を「解読」し、あらためて「一揆のイメージ」をつくり出し若者たちにその「記憶を継承させよう」とする。鷹四は一揆の指導者を曽祖父の弟と限定せず、「谷間の若者組全体」を指導者とする一揆像＝記憶を提供し、若者たちは「疑わしいほど単純に」若者組と自己を重ねあわせた。また、鷹四はヤマドリの内臓をぬき首をコモ糸でくくったものをつるし、かつての生活の「細部」を再現する試みもおこなう。

鷹四は、さらに「一九六〇年六月の体験の思い出」と(こののち「谷間の村」におこったスーパーマーケットの「略奪」という)「小さな「暴動」」とのあいだに「強引な掛け橋」をしつらえて「若い暴動参加者」を教育したとされるが、ここには記憶の重層性もたちあらわれている。記憶はたえずつくりかえられながら集積され、重層化され、その都度、ある記憶に形を与え再現＝表象していく。スーパーマーケットの「略奪」を鷹四は「想像力の暴動」とよんだが、これは「記憶の暴動」でもあった。

鷹四のこうした試みを蜜三郎は「作為」といいきっているが、記憶には「過去の記憶をどのように選択して維持し、選択して再生するか」というメカニズムが作動している点も見逃せない(大江「記憶と想像力」)。同時に記憶は忘却とむすびついており、「過去の記憶の選択の仕方」(同右)とは、忘却の選択でもある。『万延元年のフットボール』においては、戦時の村長たちがかつての一揆の竹槍の記憶を「忘却」しようとする逸話が挿入されてもいる。

記憶に「確からしさ」を与え、記憶を反覆するために、記憶の徴候としての「証拠」がもち出されるが、住職が探し出した曽祖父の弟の手紙は、信頼度の高い証拠である。「文久三年」から「明治二十七年」までの日付をもつ五通の手紙を、蜜三郎は次のように解読する――曽祖父の弟は、一揆のあと「谷間の村」をぬけ、ジョン・万次郎と出会い捕鯨船に乗りくむ体験をへて横浜におもむく。「明治二十二年」に発布される憲法に対し、曽祖父の弟は冷静に批判的な認識を示すが、日清戦争に際しては出征した甥の安否を気づかっていると。

このうえで蜜三郎は、曽祖父の弟が「裏切りによって一揆を生き延び」たものの、「志」を失ってはおらず、かれが「維新政府の高官」となったという「伝説」はまったく「事実を反映していない」と断定する。「明治二十七年」の手紙には「天下国家を論じる意志」は影をひそめ、甥の身の上を案ずる「孤独な初老の人間の面影」が濃いと分析する。蜜三郎は、書き残された証拠を状況のなかで読み解きひとつの解釈をつくりあげ、記憶＝物語を再構成していく。過去のリアリティ＝記憶の再現は、表象という「人工品」のなかにあることをパトリック・ハットンは指摘しているが(*History as an Art of*

Memory, 1993, New England)、蜜三郎は、証拠＝手紙のなかの筋道を整序＝再構成してリアリティを検出している。*

* もっとも、この時点における蜜三郎のリアリティ＝物語は、のちに倉屋敷の地下室の発見というあらたな証拠によって、根本からのくみかえが要求される。リアリティは記憶の表象であるかぎり、記憶の抗争をともなうことがここに示されている。

証言をめぐる議論も『万延元年のフットボール』では展開されている。証言も記憶の再現＝証拠であるが、蜜三郎の妻(菜採子)が鷹四と「姦通」する出来事を、星男が「目撃」し伝える場面がある。蜜三郎は「きみがどのようなものを見たかを、具体的に話せ。そうでなければ、なにも話すな！」と、蜜三郎を思いやる星男の態度をいさめ、証言者のバイアスを除去し、証言の信頼度を高めようとする。証言をつうじて蜜三郎は「姦通」を「具体的なイメージ」とし「実感的に納得」しうるか否かを検証、次第に「姦通者たちは実在しはじめ」る。

もっとも、この証言は第三者の証言である。当事者の記憶をめぐる証言については、鷹四がひきおこした事件への蜜三郎とのやりとりに描かれる。鷹四は「肉体派の小娘」を「強姦」しようとして抵抗され「逆上」、石の塊で娘の頭を撲りつけて殺したと証言する。

蜜三郎「きみは殺人をやっていないよ、鷹」

鷹四「なぜ、確信をこめてそういうことがいえるんだ？　蜜、おれの躰を汚している血を見ろ」「あいつの頭は石の塊で叩き潰されて餅のようだから」

蜜三郎「確かに娘は死んだのだろう、気の毒に頭も潰れてしまっているかもしれない。しかし、おそらくそれは、鷹が意識してそういう犯罪をやりとげたのじゃない」「娘は事故で死んだのにちがいない」

鷹四の証言に対し、蜜三郎は娘の死の「事実」を疑い、「事故か、過失」という立場から「訊問」しながら、事故死のあとにその死体に鷹四が「工作」をおこなったという、もうひとつの物語を提示する。鷹四は当事者として証言＝記憶を再現するが、蜜三郎や星男はその矛盾をつき、その物語の修正を求めており、ここでも記憶＝証言の抗争が展開されている。このとき、鷹四は「隠遁者ギー」がなにもかもみていたと、もう一人の証人としてよび出す。ここには証人をめぐる三つの問題が提出される。第一は、「一人だけの証人は証人ではない」ということで、出来事の証明には二人以上の証人がいることがあらためてあきらかにされる。しかし、「隠遁者ギー」が「狂人」であり、その証言能力が問われることから、一方で、証人が共同体＝共同性の信頼を有していることの必要性が説かれる(第二)。他方、第三に、再び「たった一人の目撃証人」に論点がうつり、鷹四という証人が「人間としての道徳的品位」において尊重される「かけがえのない目撃証人」であるかが問われることとなるのである。別言すれば、「たった一人の目撃証人」* が証言することをめぐる問題系がここでは展開されているといいうる。**

* 「たった一人の目撃証人」をめぐっては、上村忠男『歴史家と母たち』(未來社、一九九四年)が周到な議論を展開している。

** 鷹四への事件をめぐる批評として、『懐かしい年への手紙』で展開されている(大江の)自己批評は、娘＝死者の観点から論じられていて興味深い。

事件をめぐる鷹四と蜜三郎とのやりとりは、事象の解釈にかかわり多様な論点がくり出されるが、事象の解釈の抗争に対し鷹四は、「いったいなんのために、それ(鷹四による娘の殺害―註)を信じないいんだ」と苛立ちをみせる。蜜三郎が「事実」として鷹四による犯罪を認めないと答えると、鷹四は「ことは科学の問題か」と応じている。記憶をめぐる問題群と記憶を方法として認識することとは、「事実」の解明(「科学」!)へむかって焦点があわされている。『万延元年のフットボール』におけるテーマのひとつを形づくる「本当の事」をめぐる議論が、ここに重なる。

『万延元年のフットボール』では、「本当の事」をめぐり二段階に議論が出される。鷹四は蜜三郎に問いかける、「いったん口に出してしまうと、懐にとりかえし不能の信管を作動させた爆裂弾をかかえたことになるような、そうした本当の事」を他人に話す勇気を「なまみの人間」はもちうるであろうかと。鷹四にとり「本当の事」とは、表象不可能なあるもののことであり、「本当の事」を述べたあとなおその人が生きつづけるならば、そこで語られたことは「本当の事」ではないとする。いいかえれば、鷹四は「生き残る者たちへの最後の自己表現」で行為によって示されるものとして「本当の事」をとらえる——生き残る側からいえば、死者の領有ともなる。

蜜三郎はここでも鷹四と対立し、作家の例をもち出し、蜜三郎は作家は「本当の事」をいったあとなお生きのびており、「本当の事」も表象可能であると述べる。* 「本当の事」をもつ(と自認する)鷹四は「本当の事」の表象不可能をいい、「本当の事」を当面有さない蜜三郎はその表象可能を信じている。二人の内面の差異が「本当の事」の表象をめぐる認識の差異をうみ出しており、「表象と真実」という問題を構成しているが、両者の差異は決定的である。

記憶しえず表象しえないものが存在するか否かについては、「語るということ自体を挫く」=「忘却の穴」をめぐる論争がみられるが、** 蜜三郎にすれば、記憶がときどきに抗争されるように、記憶しえず表象しえぬものもそれ自体が常にさらされつづけ、表象されていることとなる。鷹四は自分が「本当の事」をいうときには、蜜三郎に「証人」になるように頼み第一段階は終わる。

＊　実のところ、作家をめぐる蜜三郎と鷹四の議論は唐突でやや浮きあがっている。それにもかかわらず作家論を展開せざるをえないのは、大江にとっての問題の切実性を示している。

＊＊　高橋哲哉「記憶されえぬもの、語りえぬもの」(『岩波講座　現代思想』第9巻、岩波書店、

一九九四年）、同「アーレントは《忘却の穴》を記憶したか」（『現代思想』22—12、一九九四年一〇月）、岩崎稔「防衛機制としての物語」（『現代思想』22—8、一九九四年七月）。高橋の二編は、高橋『記憶のエチカ』（岩波書店、一九九五年）に収録された。

第二段階は、二人の「白痴の妹」の自殺をめぐり鷹四が蜜三郎に「本当の事」を語る。鷹四はかつて、「不完全な英語」でその件を語ったことはあるが、それは必然的に「にせの告白」となるゆえ自らは「無疵」であり、あらためて蜜三郎と「共有したことば」で話そうとする。鷹四は「引き裂かれ」つづけてきた「思い出」＝記憶を嗚咽しながら再現、「生涯のもっとも苛酷な体験」を話した。

だが、「本当の事」の表象可能をいう蜜三郎は、絶対的な意味をもつ「本当の事」は存在しないと考え、鷹四の語る「告白」を疑う。蜜三郎は、鷹四が荒あらしい死を遂げることにより自己処罰を果たし、「谷間の村」の人びとに「暴力的な人間」としての「記憶」をかちえようとしているとし、鷹四は「最後のどんづまりにはいつも抜け道を用意しておく人間」であると糾弾する。

蜜三郎は（おそらく曽祖父の弟と鷹四とを重ねあわせ）、鷹四が「にせの自己放棄」をおこない「自己弁明の足場」をつくっており、妹に関する「告白」も「絶対に本当の事」でなく、あらかじめ救助されることをみこしたものと言をつづけた。蜜三郎の「本当の事」への考察から遂行論的に導き出されているが、「本当の事」を語ったと任ずる鷹四には、蜜三郎が自分を「憎悪」しているとしか思えない――「蜜、きみはなぜそのようにもおれを憎んでいるんだ？」。

蜜三郎には、しかし鷹四の言は理解不可能であり、自分がどう感じるかの問題ではなく「客観的な判断」を述べているだけと意識され、二人の裂け目はいっそう深刻になる。二人の亀裂の背後には、体験の記憶と日常生活をおくることとの関係についての蜜三郎の信念も作用している。蜜三郎は、「暴力的」な人間がその体験の記憶を「放棄」して、「やすやすと日常生活のうちに穏やかな自分を再生」することへの腹立ちがある。曽祖父の弟が「もと一揆指導者」として「穏やかに」死んだであろうことが鷹四の態度と重ねあわされ、鷹四が「おとなしい日常生活者」としての「社会復帰」を画策していると問いつめたのである。

鷹四は、二人の亀裂の起因する地点を理解しえぬまま、肉体的な死を決行する。死という絶対的な行為によって、「告白」が「本当の事」であることを蜜三郎に示そうとし、猟銃で自らをうちぬく。赤鉛筆で「――オレハ本当ノ事ヲイッタ」と書き残し、「壮絶な死」であった。だが、蜜三郎は鷹四の死体を「確実」なものとするが、このような死者に倉屋敷で出会ったという「にせの記憶」に領せられるのみである。

妹の自殺の「本当の原因」は、むろん妹自身にしかあきらかにしえず、いかに鷹四が身を賭して「本当の事」を語ろうとしても、鷹四にとっての「本当の事」の引力圏を抜け出すものではない。酷ないい方をすれば、鷹四は死者の記憶を領有し自己にとっての「本当の事」の記憶をつくりあげ、その記憶に殉じたのである。『万延元年のフットボール』では、この点は問われてはいない。物語はこのあと「本当の事」の「再審」として展開するが、「審判」をうけるのは蜜三郎であって、鷹四ではない。生き残った者を裁く死者は、妹ではなく鷹四であった。

『万延元年のフットボール』の最終段階で倉屋敷に地下倉が発見され(=あらたな証拠)、さらなる解釈のくみかえが試みられ、曽祖父の弟はここに閉じこもり「生涯にわたって」転向せず、一揆の指導者としての「一貫性」をまっとうしたとされる。蜜三郎にとっては「新事実」は鷹四こそ「正当に」知るべきであり、鷹四は曽祖父の弟を恥じる必要はなかったと想う。ことは連鎖的であり、鷹四は「あのような眼をして、自分の内部の地獄に耐えてい」たとされ、「かれらを正当に理解すること」が「僕自身にとって必要」と決意が語られる――むろん、この解釈とて現時の解釈であり、蜜三郎の現在からの解釈ではある。

このとき、菜採子が叫ぶ「いまそんなことをいっても遅すぎる！」という言は、死者の観点からのものであり、「おれたちの再審はすなわちおまえの審判だ！」という(夢の中での)鷹四の言へとつらなる。記憶を語るということは常に自らの審判であり、記憶の修正=解釈のくみかえ(再審)はよりきびしい審判となるが、この際に死者を利用することがいさめられている。「死んでしまった」鷹四を「正当に記憶し続け」るということは、蜜三郎自身が自分のなかに死者たちと「共有するもの」を確かめてみることである、と菜採子は語りかける。『万延元年のフットボール』の第一章が「死者にみちびかれて」となっているのは、この謂といいうる。

こうして、調整されたあらたな記憶がここから創出されていくのである。『万延元年のフットボール』はさまざまに記憶の織りなす模様を描き、その意味を追求し、記憶にかかわる問題を指摘し考察し、記憶をめぐるテクストとして提供されている。

3　記憶と表象

1　「谷間の村」の一揆

大江健三郎が「万延元年」の一揆とよぶのは、一八六六年七月一五日から一七日まで大洲藩領喜多郡大瀬村におこった一揆——大瀬騒動、奥福《おこふく》騒動ともよばれる一揆である。[*] 伊予は一揆件数が全国的にみても多い地域であるが、六万石の小藩である大洲藩は藩政の進行とともに一揆がおこり、幕末・維新期には大規模な一揆も出現した。青木虹二『百姓一揆総合年表』(三一書房、一九七一年)などから大洲藩領の一揆を一七五〇年の内ノ子騒動からひろい出してみれば、一八一六年の大洲紙騒動、一八六二年の小藪騒動をふくめ大瀬騒動まで八件を数える。

＊　井上武夫「資料奥福騒動」(『愛媛近代史研究』一六号、一九六八年)は騒動の発生を七月一三日、また、指導者を大瀬村大久保の百姓福五郎としている。この資料は、騒動への聞き書き調査であり、「谷間の村」にどのような一揆の伝承があったかを伝えるものとなっている。

大瀬騒動は、領主加藤氏の『加藤家年譜』によれば、大瀬村百姓福太郎が村役人と衝突したことに原因を求めているが、おりからの物価騰貴にかかわる生活難が背景にあったようである*(菅菊太郎『愛媛県農業史』中巻、愛媛県農会、一九四三年)。福太郎は三人兄弟の末子で独身、世話ずきで地域の事情にあかるかったという(井上武夫「資料奥福騒動」)。福太郎と交際のあった村社の神職立花豊丸が檄文を書き、集まった農民たちは「怨家三軒打潰シ」内ノ子村へと向かい、途中の村々で「一味」をし村前《むらさき》村、五百木《いよき》村、重松村、平岡村など二〇村を超える各村の農民が参加をした。「郡中宮内文書」は七月一六日から一七日まで「凡人数一万五千程」と記している(愛媛県史編纂委員会『愛媛県編年史』第九、愛媛県、一九七四年)。

農民たちは、内ノ子村の豪商五百木屋(高橋彦兵衛)や大瀬村の酒屋成留屋などを襲撃し、打ちこわしをおこない、五十崎の商家や大久喜村の商家などもふくめ六〇軒に被害を与えたという。吉田藩小松村の赤松祐鐘がまとめた聞き書きである「慶応三寅七月十六日大洲百姓徒党致村浦乱妨記」(三好昌文「慶応二年の大洲領奥福騒動と宇和郡の無役地事件に関する資料」『愛媛近代史研究』一九号、一九七〇年)には打ちこわしの様子が生き生きと記されている。この事態に対し郡奉行ら役目の者が入りこみ、一七日に「一番手」をおくるが代官の「説諭」も及びがたい状況で、「内ノ子ハ不申及、五十崎平岡迄モ余程乱妨以ノ外動揺」をみせていた。このため「二番手」がくり出されることとなり、同日夕刻に高昌寺(内ノ子)の住職と代官が福太郎と「頭取」三四人を説得し、農民たちは「落意之上」帰村し一揆は終息している(以上、菅『愛媛県農業史』中巻、県史編さん委員会編『愛媛県史　近世下』愛媛県、一九八七年、による。引用資料は、『加藤家年譜』『愛媛県史　資料編幕末維新』愛媛県、一九八七年、所収)。

＊　一八六六年に、大洲藩郡内の庄屋が凶荒への対策として「夫食元立講」を開始し、大洲藩も「郷中難渋之者」へ食糧を与えており、一八六六年は「田畑大凶作」の年であった(『愛媛県編年史』第九)。菅は、一揆が旧盆におこったことに注目し、商人の売り掛けの集金を不能ならしめるための「計画的暴動」としている(『愛媛県農業史』中巻)。

＊＊『愛媛県農業史』中巻、『愛媛県史　近世下』は、対照的に農民たちは「凱歌をあげて解散した」(『愛媛県史』)と記している。

福太郎と豊丸は捕えられ獄死したが、福太郎は一説に毒殺されたという(井上「資料奥福騒動」)。このあと、七月二九日に平岡村庄屋の平岡与右衛門の名で各村の庄屋に、村内の農民たちが「遺恨」をもたず、「相互ニ睦敷結和親」「平常之通リ」つきあうように申し聞かせるように伝達している(「平岡村庄屋文書」『愛媛県史 資料編 幕末維新』所収)。一揆によって村内の秩序が動揺し、出あいがしらに「争論」がみられる不安定な状況が、大瀬騒動ののち醸成されていた。

「谷間の村」の附近では、『万延元年のフットボール』でも言及しているように、維新後の一八七一年にも一揆がおこる。大洲騒動とよばれるこの一揆は、八月八日に喜多郡手成村、戒ノ川村の農民が鉄砲、竹槍で武装し大洲へむかい、途中で内ノ子村などの農民と合流し総勢四万人へとふくれあがった。彼らは武装し「鯨波」をあげ、大洲市中を「横行」、県官の制止を聞かず、かえって「罵倒」し「暴行」を加えようとした(菅『愛媛県農業史』中巻)。このため目安箱を設け嘆願書を提出させたところ、一五カ村の連名で旧藩知事の大洲在住、士族の帰農の中止、産物役所の廃止と木炭などの運上の廃止、あるいは蘭方医の追放などが要求された。一揆はこののち、大参事・山本尚徳の自殺という事態をへて終息にむかったが、大洲村のほぼ全域に及ぶ大規模なものであった(以上、景浦勉『伊予農民運動史話』愛媛県文化双書刊行会、一九七二年)。

大江健三郎が描く「万延元年」の一揆は、農民が藩主に「拝借銀」を願い出たが拒絶され、大庄屋の根所家が貸し出す。しかし農民は利銀・利米の高いことを理由に竹槍を用い、根所家を襲い母家を破壊し焼き払い、醸造家の酒倉を襲い、「道々の豪家」を襲撃しつつ城下町まで押し出した(母親)。一揆より十数年前に藩主が寺社奉行仮役をつとめたため国元の経営に歪みをきたし、「万人講」「先物預け米」や「追先納」を藩民たちに課していたが(郷土史家)、「五日五晩続いた一揆」の結果、先納制度が廃止され、それを進言した儒者が処刑された(住職)というものである。*

＊　また、一八七一年の一揆は、「猫背の指導者」(=曽祖父の弟)が、農民たちの生活の改良のために大参事の退陣を図り、(自らは無縁であったが)種痘や血税ということばのあいまいさを利用して暴動を組織、「新しい強権の差しむけた大参事を打ち破った」と描かれる(蜜三郎)。

『懐かしい年への手紙』では、「ギー兄さん」が、「公民館の図書室や三島神社」「祖父さんの書物」で二つの一揆の資料を調べており、その提供をうけて『万延元年のフットボール』を執筆したと記されている。『万延元年のフットボール』の「附記」で大江があげる著作に小野武夫の著作『徳川時代百姓一揆叢談』(上下、改造社、一九二七年)、『維新農民蜂起譚』(改造社、一九三〇年)があり、大江はこれらを「谷間の村」の一揆の表象に少なからず利用している。『万延元年のフットボール』において、祖父が一八七一年の一揆について記したとされる小冊子『大窪村農民騒動始末』の内容は、『維新農民蜂起譚』の「大洲騒動」の部分を一部分修正して記したものである。

小野の著作は一九六四年から六五年にかけ復刊され、一九六五年前後においても資料的価値を有しており、大江は、こののち『同時代ゲーム』に「亀井銘助」という三浦命助に想を得た人物を登場させるときには、「日本思想大系」版の『民衆運動の思想』(岩波書店、一九七〇年)を使用している。つねに信頼度の高い資料集を「谷間の村」の一揆を描くときに参照していることがうかがわれる。

だが、大江は「谷間の村」の一揆を表象するにあたり「あきらかな靭い照明の光」を見出したのは、これらの資料集や歴史書ではなく、「おそらくは文字を書くことはもとより読むこともできなかった筈の老婆の語り口」による「思い出話」——一揆の語りであることを強調する(『壊れものとしての人間』講談社、一九七〇年)。村で語られている「記憶」——「語り部によってよみがえらされた」一揆のなかに「鬨の声」「大槌の響き」を聞いたと大江は熱っぽく語り、幼き日に仲間たちに現前の物語として(老婆の語り口をまねた)一揆譚を披露していたと述懐する(同右)。「谷間の村」ではオコフクとよばれる一揆の指導者は、大江にとって親しい人物となっていった(大江「自己の「根」を求めて」『持続する志』文藝春秋、一九六八年、所収)。

大江が『壊れものとしての人間』で、「集団的な想像力」と記す一揆譚＝「おなじ村落に住みつづける末裔たちが、その想像力のうちにくみたてる仮説」は、「集合的記憶」といいかえることができる。語りに示される口頭文化は「生きた記憶」(ハットン)が宿る環境をつくり出し、過去が「生きた記憶」のなかで存在することとなる。個人のもつ過去の記憶は瞬間的なものであるが、集団の認可をうけることによって個々の記憶が維持され、生き生きとしていく。これは、さきにも言及したように、個人の記憶が個人の枠におさまりきらず、社会的次元をもつことであり、したがって集合的記憶の構造が個人の記憶が従うべきモデルを形成していることでもある。＊

＊　声をもつ語りによる記憶の再現は、印刷文化によって変容をせまられる。印刷文化は記憶を資料として固定化するが、これをめぐっては大江の後の作品で扱われることとなる。

大江が「谷間の村」から抽出した集合的記憶は、当面、一揆に収斂しているが、もとより「谷間の村」にはさまざまに多様な集合的記憶がつちかわれていたであろう。大洲藩では安政年間に地震が続発し、一八五四年一一月五日の地震は「前代未聞の大地震」と書きとめられている(「塩屋記録抄」『愛媛県史　資料編　幕末維新』)。一八五七年八月二五日の地震では大洲城の天守閣まで被害をうけ、修復のために村方に人夫を差し出すように要請もされた。また、一八五八年秋にはコレラが流行、翌五九年、六二年にも流行をみている。とくに、一八六二年には春先に天然痘が流行、つづけてコレラの流行をみ、「悪病除」の祈禱が領内のあちこちでおこなわれている(同右)。

地震や出水、コレラなど疾病の流行は地域の人びとに深刻な体験を強い、記憶に刻みこまれる出来事となり、地震の体験がさきの地震の記憶をよびおこすなど、いわば連鎖的な記憶の核をもつくり出そう。いずれも非日常的な体験であり、強烈な経験であるため書きとめられているが、折り折りに語られもしたであろう。だが、大江はこれらの記憶には関心をみせず、一揆の記憶を軸に「谷間の村」を描く。ここには第一に、「戦時の抑圧された地方の現実生活に鋭い裂けめをひきおこすこと」が、老婆や幼い大江の要求であり、そのゆえ「真の祭り」としての一揆の記憶が特化されたことがあげられよう。同時に、第二に、一九六〇年の安保闘争と一九六七年頃から展開された政府による「明治百年」キャンペーンへの批判がうかがわれる。*

＊ エッセイ集『厳粛な綱渡り』(文藝春秋、一九六五年)の第二部は「強権に確執をかもす志」、『持続する志』の第五部は「維新にむかって、また維新百年の今日の状況についての観察的コラム」とされている。

『壊れものとしての人間』ではいまひとつ、大江の「幼年時の昂揚感」と「想像力の開発」に方向づけを与えたものとして、アンリ・ルフェーブル『パリ・コンミューン』(河野健二・柴田朝子訳、二冊、岩波書店、一九六七—六八年。原著の刊行は、一九六五年)をあげている。この著作こそが、コミューンを「祭り」のスタイルで描き、語り＝記憶のなかの一揆に「生命」を与えたという。『パリ・コンミューン』は、日常性から「祭り」への歩みを描き、「諸要素の結合した主体」＝出来事の創造者を抽出しつつ主題にせまる著作であるが、歴史家のフィクションを小説家のフィクションと比較するところから説きおこされており、方法的な著作でもある。大江も、歴史家の想像力を「史観」としたうえで、小説家の想像力と「史観」との「微妙なちがい」を指摘する。さらに、叙述の作法をめぐっても歴史家がいうところの史料を、大江は「小説の肉体につきささった棘のような異物」「他人の意識」によってつくりあげられたものとし、自らの「意識の産物」と厳しく峻別し、双方の相違をいう（「同時性のフットボール」『持続する志』所収）。たしかに、従来、歴史学は、史料から飛躍しないことを前提とし、歴史叙述についても歴史家が選択した証拠としての史料を整序づける操作として、叙述と史料との整合性を求めてきた。史料の示すさまざまな声を統率し、一つの声＝歴史像として提出するのであるが、歴史家は好むと好まざるとにかかわらず超越的存在として「全体」を統御することとなったのである。[*]「単声的」な権威にもとづく叙述のスタイルをとっており、この点において、他者の意識＝記憶を、自らの意識＝記憶と対決させるところに小説家の想像力を設定する大江は、歴史家とは一線を画することとなる。

＊「単声的」な叙述への反省は、文化人類学においてすでに開始されている（J. Clifford, G. Marcus ed., *Writing Culture*, 1986, Berkeley. 春日直樹ほか訳『文化を書く』紀伊国屋書店、一九九六年）。

こうした大江が、『パリ・コンミューン』の歴史家の想像力に強い共感を示すことには簡単にみすごせない論点が孕まれている。「谷間の村」の一揆と時間こそ近似性をもつが、空間的にはへだてられたパリ・コミューンをむすびつけ、「谷間の村」とパリという一見対極的な地域を通底する共通性の抽出が可能であることを、大江は示唆している。記憶の個別性が、想像力を媒介することにより、共通の記憶となりうるのである。* さきのハットンは、「歴史的理解」は記憶から出発しているにもかかわらず、歴史家の「抽象化」(史観!)によってそのことがみえなくなっていることを指摘しているが、大江は歴史を素材とする叙述における記憶のもつ意味をあきらかにしたといいうる。**

＊　大江は、のちに、「谷間の村」(＝周縁)から東京(＝中心)に向けて出発、そこでヨーロッパ文化を学び「それによって開かれた眼で」、沖縄文化を媒介に「谷間の村」を再発見し、そこに「自分の文学を根づかしめた」と述べている(「北欧で日本文化を語る」『あいまいな日本の私』岩波書店、一九九五年)。

＊＊　歴史学の現在をめぐる私の認識については、「歴史の問いかた」「アメリカからの声」「史学史のゆらぎ」(『本郷』一―三号、一九九五年。拙著『歴史学のスタイル』所収)に記しておいた。

2　広島の記憶＝表象

大江健三郎にとって広島は「出来事《アクシデント》」の場所である。広島は人類がかつてない「出来事」を体験した場所であり、大江は長男の脳障害をともなっての誕生という「個人生活に起った出来事」をかかえこんだ時期にはじめて広島を訪れている(「未来へ向けて回想する――自己解釈(二)」『大江健三郎同時代論集』2、岩波書店、一九八〇年)。「二十世紀における、もっとも苛酷な人間の運命」であり(『ヒロシマ・ノート』)、それをあらわすことばをいまだもちえぬような「限界に位置する事件」(ソール・フリードランダー)である、こうした「出来事」をいかに表象するかという試みとして、『ヒロシマ・ノート』が書かれた。これは、『万延元年のフットボール』で論じられた「本当の事」の表象の試みともいいうる。

大江は『ヒロシマ・ノート』において、「広島的なるもの」を伝え、「広島的な人びと」の「生きる態度、ものの考え方」を紹介することを目的とするが、『ヒロシマ・ノート』には三層の声が描き出される。第一は、同人誌『ひろしまの河』(一九五〇年に印刷・製本までされながら刊行されなかった)や『原爆体験記』(のち、一九六五年に朝日新聞社より刊行される)によせられた被爆者=当事者の証言=記憶である。広島市医師会が被爆会員におこなったアンケートや、引用される峠三吉、原民喜、丸木位里・赤松俊子の作品を加えてもよいであろう。大江は、かれらこそは広島を忘れ沈黙する「唯一の権利」をもつにもかかわらず、*あえて語り、研究し、記録した=表象したとする。一被爆者の証言をたどりつつ、大江は彼女の内面に広島の被爆者への「連帯の感情」を見出し、「被爆者たちの仲間と、ひとつの運命に同乗している」ことを読み解く。個人的な体験を語りつつ、個人の体験を超える共通性を大江は指摘する。

＊　実際、沈黙しつづける人は多く、『原爆体験記』における、「原爆後の市民の沈黙の印象」

を大江は述べている。

この第一の声のヴァリアントとして、『ひろしまの河』の聞き書きや、『中国新聞』の連載記事「ヒロシマの証言」がある。被爆した当事者が語りつつ、第三者がそれをまとめる体裁をもつが、新聞記者という「他人」に「演説者の文体」で自己の体験を語る老人に対し、大江はこの文体でなくては表現しえぬ「切実きわまる志」を見出している。

第二は、被爆者を代表する(しようとする)人びとの声である。自らの体験にとどめることなく「被爆者」としての姿勢において語る人びとで、たとえば、「患者代表」としてメッセージを述べた宮本定男の遺した「絶望的な文章」の冒頭が記される——広島でいまもなお、日夜苦しみ「悲惨な死え《〔ママ〕》の闘いをつづけている人々が多勢おります」。宮本を、大江は、「自分の悲惨な死のあとにのこるべき、かれより他のすべての人間のために、われわれのために」広島をひきうけた人物と述べる。

あるいは、「被爆者による原水爆反対運動史」ともいうべき挨拶をおこなった「老人」、「あえて原爆乙女とよばれることを承認している」村戸由子も同様に個の体験を普遍性の文脈において語っている。村戸は被爆が決定的体験であることを「うしなわれた美」として認知し、「ケロイドに傷ついた広島のすべての娘たちの声において語ろうと」している、と大江はいう。いずれも「屈伏しない被爆者」として、「苦しんでいるのは自分だけではない」(村戸)という態度をうち出す。

第三の声は、広島という「宿命の地」を語る声である。第一・第二の声が自らの被爆＝体験＝記憶を核としていたのに対し、被爆を広島の体験として語る人びとで、原水協理事長の安井郁、中国新聞論説委員の金井利博、原爆病院長の重藤文夫らである。彼らは、大江を広島に導く案内者といってよいが、金井利博は、のち「さかさまに立つ「雨の木」」(『文学界』一九八二年三月)に、「広島のジャーナリストKさん」として登場する。『ヒロシマ・ノート』においては、「世界に知られているヒロシマ、ナガサキは、原爆の威力についてであり、原爆の被害の人間的悲惨についてでは」ない、「被災の人間的悲惨」を世界中の人に「周知徹底させること」を願うという言が紹介される。

また、重藤文夫は『ヒロシマ・ノート』中の鍵人物で、大江は自らと同一化する文体で重藤の言動を紹介するが、自ら被爆しつつ、「広島の現実」を正面からうけとめ、たたかい、また被爆者の声を伝えてくれる人物である。* 重藤は具体的・実践的であり、同時に分析的・思索的で「自由な想像力」と「恐ろしい想像力」とをあわせもち、絶望せず、過度の希望をもたず、屈服せぬ「威厳」をもつ人物として、およそ理想的に――広島の医師の「典型」として紹介される。大江は、重藤の案内によって、広島にわけ入っているようにさえみえる。

＊　大江は、一九七一年に重藤との対談『原爆後の人間』(新潮社)を刊行している。

『ヒロシマ・ノート』において三層の声は具体的であるが象徴的にもとりあげられて

いる。三層の声の周囲には、多くの沈黙する患者・被爆者やさらには死者たちがおり、かれらをみすえつつ『ヒロシマ・ノート』はしたためられている。大江の当初の目的は、一九六三年の第九回原水爆禁止世界大会のルポルタージュを書くことであったが、この大会は紛糾し分裂する。『ヒロシマ・ノート』には、この大会会議場の様相と会議場の外側の様相とが、対比的に併行して記されている。会議場の内も外もともに政治的なるもののたちあらわれる場所であるが、大江は前者のごとく死者を占有する狭義の政治に絶望し、後者に「真の広島」をみ、この視点から広島の場所と広島の記憶を表象していった。

広島の記憶＝表象をめぐっては三つの論点が提出できる。第一は、被爆の記憶にかかわる「本当の事」の表象にあたり、大江はルポルタージュの形式をとり、小説の形式を回避している点である。『万延元年のフットボール』には、たしかに「核攻撃時のヒロシマでは、いちばんはじめに郊外へ逃走した一群が牛の群であった」という一文があり、『ヒロシマ・ノート』の雑誌『世界』連載に重なる一九六四年に刊行された『個人的な体験』(新潮社)では、主人公鳥《バード》の「赤んぼうの問題」＝「個人的な運命」に対比して、「人間一般にかかわる真実」という文脈でソヴィエトの核実験再開がとりあげられている。同じ年の「アトミック・エイジの守護神」(『群像』一九六四年一月)は、「原爆孤児」をくいものにする「中年男」を描き、「孤児」たちへの「ぼく」の理解の不可能性をテーマとしている。あるいは、『日常生活の冒険』(文藝春秋、一九六四年)には、広島で「爆弾」をうけ「白血病」を発病する「暁」が登場するが、[*] このほかにも被爆者が登場する作品は少なくない。[**]

＊　「暁」は、二日働きその給料でビタミン剤などを買いこみ三日目は一日中「ぶったおれて寝ている」とされる。「暁」は、『ヒロシマ・ノート』で紹介される「荒あらしい印象を全身にただよわせた」青年のエピソードにヒントを得ていると思われる。

＊＊　一九六〇年のラジオのオペラ台本『暗い鏡』もとりあげねばならないであろうが、未見のために省かざるをえなかった。[補註] なお、『暗い鏡』は一九六〇年三月に芥川也寸志作曲で「三人の会」第四回公演として初演された。指揮岩城宏之。のち、一九八五年に『ヒロシマのオルフェ』として改作され、モスクワのダンチェンコ劇場の正式レパートリーとなる(出版刊行委員会編『芥川也寸志』東京新聞出版局、一九九〇年)。

だが、大江は「黒いユーモア」を示す「アトミック・エイジの守護神」(あるいは、のちの、SF小説『治療塔惑星』岩波書店、一九九一年)を除いては、小説では広島の出来事を直接の主題としてはいない。大江は、長岡弘芳との対談で、被爆しない者が原爆を描くばあい、「できるだけ平静にその周囲から」書き、原爆を一瞬、二瞬だけ「ひらめかす」書き方があるという(大江編『何とも知れない未来に』集英社、一九八三年)。これは、井伏鱒二『黒い雨』を解説して、「本当のことだけ、ウソは書かないで正確に」被爆のことを「再現」していると述べることと通底している(「井伏さんの祈りとリアリズム」『あいまいな日本の私』)。だがこの手法では「リアリズム」に基づく作品が強く、リアリズムから「違った方向」をめざす大江(『何とも知れない未来に』)にとっては、広島の小説の形式による表象は避けられているといえよう。

　別言すれば、第二の点となるが、他者になりかわって体験＝記憶を語るとき、どのような方法が可能かということである。『ヒロシマ・ノート』で、「被爆者の同志」となる必然を説き、想像力を媒介とした「連帯」を表明しつつ「証言」をつみ重ねるという手法がとられた。死者や、「本当の事」を述べる人びとに導かれ「真の広島」を見出した大江は、その人びとの声を再現する。死者になりかわって語ろうとする人びと——死者を占有しようとする人びとが政治として排され、死者とともにある人びとの切実な声がひろいあげられ、それを大江は「証言」として設定している。

　むろん、「絶対的な恐怖にみちた大殺戮」としての広島の経験は、証言を拒むような出来事であり、記憶すること自体を破壊する出来事である。たとえば山代巴は広島において被爆者たちの記録運動を組織し、かれらの手記を集めることを図り、「一人一人の沈黙を、あせらずに丹念に破って」いこうとする(山代巴『原爆に生きて　山代巴文庫第二期4』径書房、一九九一年)。大江は、山代に敬意をはらいつつも、この方向ではなく、語られたことをつみあげる方法をとる。さきにふれたように沈黙や忘却すらも記憶の表象として大江は把握し、「本当の事」の表現とみる。

大江は、被爆者の「本当の事」を聞きとることにあたり、その複雑なメカニズムをも語っている。ある「老婦人」は、「広島で自分が経験したこと」はこれまでに書かれた記録よりさらに恐ろしかったといい、大江にむかって語りはじめる。だが、「老婦人」は大江による「聴き書き」を読むと、これよりも恐ろしかったと再度述べ、「確かにそれより恐しい記憶」をせきたてられるように話したという(『小説の経験』朝日新聞社、一九九四年)。大江は、ここに想像力のはたらく「形」をみているが、「本当の事」をめぐる記憶＝表象のメカニズムではある。

こうしたとき、第三に、証言を記述する大江の位相が問われることとなろう。大江は、自らを「広島の外の人間」「被爆しなかった人間」と規定し、「広島」の「被爆者」とのあいだに二項の対立の関係を認じる。大江の認識の出発点であり、「被爆者の同志」の立場と不可分であるが、『ヒロシマ・ノート』においてはこの位相は「日本」とも不可分であった。広島で大江は「もっとも威厳のある日本人とみなす人々」に出会い、「真に激昂している日本人」をみている。核兵器の時代に「われわれ日本人」は(大江は慎重に「むしろ僕自身は」とつけ加えているが)、なにを記憶し記憶しつづけなければならないかと問い、広島の「ヤスリ」によって自らを「日本人の小説家であることを確認したい」とする。

被爆が「日本」の体験であり(むろん、大江は韓国人被爆者にも言及している)、国民運動として原水爆禁止運動が展開されねばならず、「ヒロシマを生き延びつづけているわれわれ日本人の名において」否定的シンボルとしての広島の提示＝「新しい日本人のナショナリズムの態度の確立」を訴える。語りの位相として、「日本」「日本人」という共同性のもとに、被爆者の証言＝記憶をたばねて回収していくのである。換言すれば、被爆者の記憶を「日本人」の記憶とし、「日本」の経験と総括し、「日本」「日本人」という単一のアイデンティティへと方向づけてしまう。* だが、この瞬間から大江はさらなる動きをみせ、証言の語りの位相をずらしていく。

＊　むろん、『ヒロシマ・ノート』の「ヒロシマ」という表記はこの点を意識してのことにほかならない。こののち大江はいっとき『広島からオイロシマへ』(岩波書店、一九八二年)というやり方で語りの統一体の解体を図る。だが、このやり方では、「日本」という統一体はずらせても、「日本人」はついてまわる。後述のように、大江は内実のずらしではなく、語りそのものの方法を問題化していくのである。

4　語りの位相——むすびにかえて

『ヒロシマ・ノート』連載中の一九六五年春に、大江健三郎は沖縄本島と石垣島を訪れている。重藤文夫によってひらかれた「眼」によって沖縄を見つめようとするのだが（『原爆後の人間』）、「ぼく自身の内なる日本人」を見つめる目へとただちに「反転」したと述べている。こののち、沖縄も大江にとって意味をもつ場所となり、『万延元年のフットボール』における（兄弟の姓となる）「根所」は伊波普猷『古琉球の政治』に想を得、「小説全体の構想への出発が確保された」という（「未来へ向けて回想する——自己解釈㈣」『大江健三郎同時代論集』4、岩波書店、一九八一年）。

「沖縄の文化の多様な側面」に触発されたというが、沖縄での大江の体験は、大江にとっての「もうひとつの日本」の発見であったといえよう。大江は、沖縄によって「本土」の「日本人」たる「われわれ」を相対化し、現時の「日本」ではない、「日本」を構想するのである。この試みは、『沖縄ノート』として展開されるが、「このような日本人ではないところの日本人へと自分をかえる」ことを模索し、「日本」「日本人」が俎上にのせられ問われる著作となっている。

これは、語りの統一体として設定した「日本」「日本人」をこわす作業で、証言＝記憶の「日本」への回収の拒絶である。『ヒロシマ・ノート』での「日本」への回収がただちに解体されている。たしかに、大江のこうした試みも、多様化されたより高次の「日本」に証言を回収する点では差異がないという批判もあろう。証言＝記憶を、異化をつうじてより強固に「日本」に回収するという異論があろう。しかし、これは「identity」(『万延元年のフットボール』)を追求するという一九六〇年代の「枠」ともいうべきものであり、* 内実をくみかえることによる語りの統一性の解体は、こののち、語りそのものの考察へと関心を移すことにより、この点からの解決が図られる。

「谷間の村」を描く、『同時代ゲーム』『M/Tと森のフシギの物語』『懐かしい年への手紙』から近年の『燃えあがる緑の木』三部作にいたるまで、「語り」に焦点をあてている。記憶＝証言のたばね方に、記憶の問題はいきつく。これは、単一の統一された主体＝アイデンティティではなく、複合的な多面体としての主体＝アイデンティティの模索ともいえよう。**

＊　笠井潔『球体と亀裂』(情況出版、一九九五年)は、『万延元年のフットボール』を素材として、「谷間の村」を共同体観念の社会思想史的歴史として解釈してみせる。「昼の王」「夜の王」、貴種流離譚、表の家系・裏の家系など文化人類学の理論・概念を援用しているが、共同体の構造と自我の構造の相同性の指摘も笠井の主張のひとつとなっている。『万延元年のフットボール』が、六〇年代の「枠」をもつひとつの証左といえよう。

＊＊　近年の大江は「複合的アイデンティティ」の探究を積極的におしすすめているように思われる。同じ素材がエッセイごとに配置を変えて「新しい意味」をさし出す、アメリカ在住の「パキスタン」の「女性」の複合的アイデンティティを描くサーラ・スレーリ『肉のない日』(大島かおり訳、みすず書房、一九九二年。原著の刊行は一九八九年)への注目もむろんであるが、なによりも「あいまいな日本の私」という表現に複合性・多層性への関心をこめ

ているといえる。最近作『燃えあがる緑の木』で「燃えあがる緑の木」は片側は「緑に覆われていて露が滴」り、もう片側は「それが燃えあがっている」木であり、「サッチャン」は両性具有として設定されているなどの点にもこのことがうかがえる。

記憶すること——そのときに「なにを記憶し、記憶しつづけるべきか？」（広島市原爆体験記刊行会編『原爆体験記』朝日新聞社、一九六五年、への大江の文章のタイトル）を問い、死者を領有するのではなく、「死者にみちびかれて」（『万延元年のフットボール』）いく方向を、一九六五年前後の大江は、方法として考察していた。方法としての記憶というゆえんであるが、大江の苦闘は、ひとり「小説の方法」に閉じこめておいてよいものではない。

〔補註〕『暗い鏡』は、『ヒロシマのオルフェ』として二〇〇二年にＣＤ化された（本名徹次・指揮）。

第9章　井上ひさしの「戦後」——出発点、あるいは原点への遡行

はじめに

「放送作家」として出発し、小説を書き、戯曲を記し、さらに評論に及ぶ執筆をし、厖大な作品を残した井上ひさし(一九三四—二〇一〇)。井上は「戦後」を体現し、戦後の問題を核に物語を提供しており、「戦後作家」を代表するひとりといいうる。しかし、井上にとっての「戦後」はけっして単線ではなく、提供される作品には、さまざまな趣向と認識が複雑に絡まりあっている。井上の戦後認識を考察し、あわせてその「戦後」の論じ方を探究してみたい。

「井上ひさしと、「戦後」」と主題を設定したとき、二〇世紀の終わりころから、井上の関心は日本国憲法に向かい、敗戦前後に材をとった戯曲が多く提供されている。この時期には、占領期を扱った小説『東京セブンローズ』を完成させ(一九九九年、連載開始は一九八二年)、戯曲「東京裁判三部作」(『夢の裂け目』二〇〇一年、『夢の泪』二〇〇三年、『夢

の痂』二〇〇六年)をおくりだしている。

また、評論では『「日本国憲法」を読み直す』(講談社、一九九四年。樋口陽一との対談)を刊行するほか、『憲法を考える本』(光文社、一九九七年)を編み、同じ年、「第一〇回生活者大学校」(遅筆堂文庫)で「憲法とは何か」を主題としている(一九九九年に第二回目)。ここでの井上の論点のひとつは、大日本帝国憲法への批判である。帝国憲法を「みせかけの立憲君主制、つまり絶対君主制」とし、戦争と結びつけ、戦後の解放感のなかで日本国憲法を評価する(『二つの憲法』こまつ座、一九九九年。『井上ひさしの憲法指南』岩波書店〈岩波現代文庫〉、二〇一二年、所収)。

そして、日本国憲法の改正が議論されだすと、二〇〇四年六月に、大江健三郎、加藤周一らとともに、「九条の会」呼びかけ人の一人となっていく。戦後の出発点―原点を考察し、日本国憲法を軸とし、そこから状況に向きあおうとする井上の姿勢がうかがわれる。

このとき、「井上ひさしの、「戦後」」と問い直すと、「戦後」に対する井上の異なった相貌がみえてくる。一九七〇年前後に、(放送作家から、小説家・戯曲家として)作家活動のあらたな段階に入ったとき、「戦後」に対する両義的な反応をもつ作品が提供される。井上は初発から敗戦後―戦後の状況に、順接的に向きあっていたのではない……。いや、この時期の井上は、(自己の少年期にあたる)初期の戦後状況には、苦渋の態度で批判的に応対する作品を提供している。

本章では、一九七〇年前後の作品に刻まれた、井上の「戦後」認識と意味を探ってみたい。小説と戯曲、そして評論の複雑な組みあわせにも、あわせて目を向けたい。

1　作品のなかの「戦後」認識 I

井上ひさしの「戦後」は、アジア・太平洋戦争時の経験―「戦時」と合わせ鏡となっており、さらに「占領」経験とも重ねあわされている。他方、井上が作家として活動を開始する一九七〇年前後の時期は、「六八年」に象徴されるときであった。「六八年」は、戦争と占領によって枠づけられた「戦後民主主義」に対し、学生たちから異論が出されていた時期で、これまでの「戦後」が問いかけられていた。

この時期に書かれた作品―小説の領域では、(1)自伝的な出来事に材をとり、(2)現在から遡行しつつ対象時期を設定する作品順となっている。(　)内では、小説で扱っている対象時期を大づかみに記したが、現時の作家時代から遡るようにして、時期設定がなされている(**表1**)。

小説の領域では「戦後」を対象とした作品が大きな固まりをなすが、一九七〇年代初期には、自伝的要素を核におき、「自伝的回想という物語」(今村忠純)の執筆がなされる。

表1

『ブンとフン』1970年(作家時代：1970年ころ)
『モッキンポット師の後始末』1972年(大学生時代：1953-60年ころ)
☆『手鎖心中』1972年　直木賞受賞作
『青葉繁れる』1973年(高等学校時代：1950年ころ)
『四十一番の少年』1973年(施設時代：1949年ころ)
『イサムよりよろしく』1974年(浅草時代：1956-58年ころ)
『いとしのブリジット・ボルドー』1974年(短編集，プロデューサー時代：1960年代後半ころ)
『花石物語』1980年(釜石時代：1953年ころ)

『四十一番の少年』(一九七三年)をとりあげてみよう。

この作品は、現在は「テレビ局」に勤務する橋本利雄(かつての「養護児童」)を主人公とし、その少年時代の回顧という形式をとる。舞台は、東北S市にある「ナザレト・ホーム」(主任神父・カナダ人、五十名収容の施設、一九四九年に設立)。二十数年後に成人した利雄が、かつての「木造平屋の建物」から「二階建てのコンクリート」へと変化したホームを訪れ、「寂しい思い出」にひたる。

ホームでの生活には辛いことが多すぎた。いまさらそれを思い出したくはなかった。今の生活も結構辛いのだ。その上、辛かった過去を引っ張り出して何になろう。辛さが二倍三倍に殖えるだけではないか。

対照的に、二十数年ぶりに再会した桑原修道士は、昔は、ホームに来なければ餓死してしまうような「切羽つまった事情の子ども」が大多数であったが、いまは「親たちから邪魔者扱いされてやってくる子ども」が多いと語る。そして、桑原は、「それだけ世の中が平和になったのでしょう」と続ける。

いまに至るまで「戦後」の一貫した辛さをかみしめる利雄に対し、桑原は敗戦―占領期の辛さからの離陸と変質をいうのである。利雄は、この「桑原の能弁」にうんざりする……。すなわち、敗戦―占領の「戦後」と、高度経済成長の「戦後」との関係・対比が、冒頭から問題として投げかけられている。

とはいえ、井上の『四十一番の少年』での関心は、敗戦―占領の「戦後」である。一九七三年の時点からの、一九四九年の回顧となっている。

ホームの少年たちは、いずれも戦争と占領と戦後の犠牲者・受難者である。収容されているのは「戦災孤児」や両親がおらず「米兵の稚児《おもちゃ》」とされたもの、空襲で両親を亡くしたものなどである。少年たちは、みな番号で呼ばれ利雄は(タイトル通り)四十一番であった。本来は洗濯番号だが、人格も含め番号化されるとの認識であり、自ら番号化している。「ホームのなかでの序列」でもあった。

同じホームの松尾昌吉(「孤児」)との確執が作品の大筋で、(そのことを思いだすと)「懐かしさと恐しさと後ろめたさが絡みあったゆがんだ表情」となる利雄の回顧の物語となる。すなわち、中学生の利雄は、昌吉による暴力の日々をおくる。だが、利雄は、「自分と同じような負け犬の姿」を昌吉にもみている。

物語は、昌吉がおこなった小学一年生の男児誘拐事件で幕を閉じる。利雄は詳細が分からないまま、その片棒をかつぐ羽目になるが、その小学生は病死してしまう。また昌吉は逮捕され、処刑されてしまう。この出来事は、実際にあった事件を参照しており、さまざまな分析を可能にするが、本章ではその点には立ち入らない。

井上の戦後認識を、『四十一番の少年』に探るとき、興味深いのは昌吉が夢みる「これからの履歴書」である。昌吉は、S大法学部→渡米して、ダートマス大学法学部国際学科・編入→「S新報社」入社という履歴(将来)を夢想している。

ここでは、(1)出発にかかる費用百万円を「S駅で拾う」としているが、実際には誘拐で身代金をえようとしたのである。また、昌吉の人生の充実にとって、(2)恋愛—結婚が並走しており、「牧野浩子嬢と婚約。清らかな交際」との項目が「これからの履歴書」に書き込まれる。充実した家族生活(女の子と男の子二人)を営み、岳父に請われて「S新報社」に入社する。仕事面でも成功し、編集局次長→編集局長→常務取締役→社長と、出世階段をのぼるという「履歴」である。

私生活の充実は、公生活での出世と地続きとなっているが、「孤児」として人間関係を有していない昌吉にとっては、社会的上昇のための必須の手立てであった。また、(3)野球も重視され、「S新報」所属の新球団が日本リーグに加盟し、巨人とペナントレースを争うことが書き込まれる。「戦後」の階梯を上りゆくこと——「戦後」の価値のもとで、上昇―出世をすることが昌吉の夢である。

他方、主人公の利雄にとっては、事態が異なる。「戦後」（社会福祉体制）が利雄を保護しているが、その保護は「戦後」への馴致―強制と背中合わせである。「戦後」は、利雄にとって決して解放ではない。しかし、「戦後」が「利雄」の現在の生活を保障し、共生を強制するという事態となっている。

同時期に書かれた短編『あくる朝の蟬』（一九七二年）には、その事態が具体的に、生々しく記される。主人公の「ぼく」は、「市民の善意や心づくし」にさらされる「孤児院」の夏休みが「ひどい重労働」であると、そこから祖母のもとへ逃避してきている。ホームを訪れる人びとの「善意」のもたらす負担に耐えかねている。

なにしろこれらの善意の人たちは自分たちの施す心づくしがぼくらにどれだけ喜ばれているかをとても知りたがっていた。だからぼくらは心づくしのお返しに必要以上に嬉しがり、はしゃぎ、甘えてみせなくてはならなかった。そうするよりお返しのしようがなかったわけだが、これはずいぶん芯の疲れることだった。

「家庭の匂い」を感じさせる祖母の家への避難であった。しかし、その祖母の家が、（祖父の死と借金のために）売り渡され、「ぼくら」をめぐり祖母と叔父とのいさかいもあった。そのため主人公は「孤児院」に戻ることを決意する――「他に行くあてがないとわかれば、あそこ〔「孤児院」―註〕はいいところなんだ」。孤児院―占領―カソリックが、故郷―戦争―家族と対抗する構図となり、主人公は、双方からはじき出されている。

しかも短編『汚点(しみ)』(一九七三年)では、占領が前面に出される。「孤児院」の子どもたちを抑圧するのは「進駐軍キャンプのカトリック信者」の「中年婦人の団体」であり、「ぼくらから不幸の匂いを嗅ぎ出すのを楽しみにしていた」とされる。「戦後」を導き、戦争から「ぼくら」を解放したはずの「進駐軍」だが、同時に「ぼくら」を抑圧していること―占領の状況が意識される。井上にとって、「戦後」は単なる解放ではなく、あらたな困難の享受でもあった。

2　作品のなかの「戦後」認識 II

戯曲のばあいもまた、「戦後」への違和が表明される。一九七〇年前後は、寺山修司による「天井桟敷」、唐十郎による紅テントの芝居など、新劇への批判が渦巻いていた。井上もまた、新劇への批判の流れのなかにあった。

劇評家・扇田昭彦は、井上への追悼文で、(1)「新劇を継承する劇作家の一人だった」といい、しかし、あわせて、初期作品には、(2)「過剰で破天荒な言語遊戯、複雑で奇抜な劇構造」などが、従来の新劇からは大きく外れていることをいう。そして、(3)むしろ「実験的な小劇場演劇に近いものを私は感じていた」と述べている(『朝日新聞』二〇一〇

表 2

『日本人のへそ』1969年(映画化 1977年)
『表裏源内蛙合戦』1970年
『十一ぴきのネコ』1971年
『道元の冒険』1971年
『珍訳聖書』1973年
『藪原検校』1973年
『天保十二年のシェイクスピア』1974年
『それからのブンとフン』1975年
『たいこどんどん』1975年(小説『江戸の夕立ち』の劇化)

年四月一五日)。

新劇が「戦後」の精神を有していたことを勘案するとき、扇田の言は示唆的である。出発点に、新劇とは異なる趣向と姿勢とを見出している。「戦後」に立脚しつつ、「戦後」への(批判とは言わないにしても)違和感が色濃く漂う戯曲を提供し、その出発点を作り出している。

井上の初期の戯曲は**表2**のごとくであるが、本章では『日本人のへそ』(『悲劇喜劇』一九六九年七月)を、検討してみよう。

井上の劇作家としてのデビュー作ともいうべき『日本人のへそ』は、セクシュアルな基調をもち、猥雑さにあふれている。あるいは第二幕では、(後に検討するように)男性・女性の同性愛にかかわっての設定がなされている。また、ストリップ哲学が展開されるなど、井上の趣向がふんだんに示される。「ストリッポロジイ」と題される場では、登場人物の「教授」がストリップの振り付けにうんちくを垂れる――「つまり、ストリップとは観客に裸を素材として与える見世物なのであり、観客は、その素材に自分の妄想を、イメージをくっつけて行くのであります」。

加えて、盛り場としての浅草のにぎわい(「いんちき　いかさま　だましあい／争い　いさかい　いがみあい／いざこざ　ごたごた　てんてこまい／騙り　はったり　撲たれたり」)が、たっぷりともり込まれる。

ここに、井上による「戦後」の嫡流としての新劇批判をうかがうことができよう。「公」の議論に真正面からむきあい、倫理性を有し、理性に比重をおくと新劇を想念し、それを「私」の領域から揺さぶる姿勢がみられる。

むろん、「戦後」精神が放棄されているのではない。「ストリッパーとコメディアンたちの蜂起」として、ストリップ劇場での労働運動・ストライキも織り込まれている。「戦後」の根幹のひとつである運動が書き込まれる。ストライキをつぶす「やくざ」を登場させたとき、組合の「マルキスト」とともに、二人がスラム育ちであると設定する。農村の貧困(後述)にとどまらない、都市の貧困が指摘され、貧困を社会認識・分析の根幹においている。「戦後」の問題意識が貫いている。

しかし、このとき組合員の演説は「六八年」調である――「けっきょくゥ、わたくしはァ、みなさんをォ、応援に参ったのでありましてェー」。「戦後」の嫡流である労働運動とは、人びとへ訴えかける口調を異にしている。また、井上は「組合員」と「支配人」の双方の言語が明瞭でないことも揶揄している。

このようにみるとき、『日本人のへそ』は、「戦後」をつらぬく問題意識をもちつつ、反「戦後」を主張する「六八年」を前景にだしていく戯曲ということができよう。同時代の小道具（「東映のやくざ映画」「チェコの市民」「アメリカきらい！」）が散りばめられ、「六八年」の趣向を存分に見せている。井上における「戦後」の両義性が、劇作においては、より周到に描かれている。

井上における「戦後」と「六八年」の関係を探るとき、（飛躍を承知でいえば）『日本人のへそ』に登場する「やくざ」と「マルキスト」が、ともにスラム育ちとされていることが、なんとも意味深い。井上は、(1)対立する二つの存在が、ともに同じ根をもち、(2)「スラム」からの脱出と、「スラム」への哀愁が同居することをいう。(3)単純に「戦後」に身を寄せるのではなく、かといってただちに反「戦後」に移行するのでもない。双方（「戦後」と「六八年」）に目を配り、双方が同じ根をもつことに、井上は自覚的であった。

このとき、井上が『日本人のへそ』の主題のひとつとするのは、「戦後」日本の現在を牛耳る「やくざ」と政治家の結合であり、そのことが『日本人のへそ』として日本社会の核心となっていることの可視化である。「ボス」支配の社会構造の日本性として、「右翼」と「政治家」、そして「天皇」とのつながりを指摘する。この限りでは「戦後」的問題意識だが、趣向は（新劇批判として）「六八年」的である。

劇中で、「日本のボス」の存在を、みなが合唱する。「日本のボス」は「男を大事にする」といい、「下はオヤジから／上は天皇まで」と男社会であり「あらゆる論争で／総選挙で／日本人はすべて／論理よりハラ芸で勝負する」と言い募る。

『日本人のへそ』が、作り事の作り事、作り事のなかの作り事という作劇となっていることを、まずは入口としよう。劇は入り組み、二重、ないし三重構造となっており、「全部、嘘っぱちだらけ」と物語性が強調される。登場人物が何役をも兼ねている。劇の構造は、

a 吃音治療のための劇(「アイオワ方式吃音治療法」)

b 主人公「ヘレン天津」(ストリッパー)の半生記

b′ 政治家宅での事件(bが、b′における「吃音治療劇」とされる)

となっている。aの大枠のなかに、b′をふくみ込んだbが入れ込まれている(a—∧b—b′∨—a)。

b′では、(1)(bは)教授に扮した「先生」(=フナヤマ代議士)の吃音を直すための芝居、(2)「ほんとうの吃り」は「先生おひとり」と説明される。b′においては、「先生」(フナヤマ代議士)は、政権党の「反主流派閥の中堅」であったが、なかなか大臣の椅子につけず、「主流派に転属」した。しかし、そこでもままならず、それが「吃りの原因」と推測されている。物語性を前面に出し、入り組んだ作劇構造が、まずは新劇—「戦後」批判と

なっている。

「吃音症」を主題とすることは、二重の意味を有することになろう。冒頭、井上は「教授」に、「吃音症」を説明させるが、(1)「生命」に差し支えないが、「尊厳」に差し支えるありようとして、「夜尿症」「貧毛症」や「無毛症」「脱毛症」「腋臭症」「ふたなり」「太りすぎ」「出っ歯」などをあげ、こうしたなかで、(2)「吃音症、どもりは、唯一の、真の人間的病気」とする。

すなわち、登場人物の傷(トラウマ)が、彼・彼女を「吃音症」に追いやったとする。これは、別言すると、生命にかかわらない症状をもちだし、「戦後」の価値を継承するとともに、一九七〇年前後の尊厳を失う事件によって、「戦後」の抑圧を示す、井上の同時代認識が提示されることとなる。

登場人物(「患者たち」)の履歴と吃音症となった原因を「教授」が(aにおいて)紹介している。それにもとづくと、

- 「会社員(三十八歳)」東京大学—伊藤忠商事社員という、エリートコースを「驀進」したサラリーマン。「防衛庁汚職事件」(ジェット戦闘機買付)に参考人として取り調べを受け、自殺を企てる。以後、出世コースからはずされる。会社に「違和感」を覚え、そのころより「吃りの症状」がではじめる。
- 「右翼(四十五歳)」愛国青年行動隊を主宰。「熱烈な天皇主義者」であるが、天皇の

「人間宣言」に衝撃を受け「吃音症」になる。

●「審判員(三十三歳)」プロ野球審判員。少年時に、右利きを左利きに矯正され、一時、吃音症となるが快癒。中日ドラゴンズに入団したが、「惨憺たる成績」。野球があきらめきれずに、セリーグ審判となる。一九六八年にデビューするが、右手を使って宣告するとき、吃ってしまう。

●「鉄道員(四十二歳)」国鉄職員――総武線両国駅出改札係。娘三人が、一挙に病気となりノイローゼになり、経済的にも困窮する。そのため、乗り越し料金八十円をくすねはじめ、「八十円」というときに吃るようになる。

●「アナウンサー(不明)」NHKアナウンス部員。学生時代に、「全学連民青系」のデモや集会に参加。原子力潜水艦寄港反対デモ(横須賀)で、「三派系全学連中核派所属の学生」と知り合い、恋に陥る。その後、運動からはなれ、恋人とも別れるが、一九六八年一月一二日に「エンプラ寄港反対佐世保デモ」のフィルムにコメントをつけていたところ、画面に、警官隊に突入する元恋人の姿を認めて動揺。以来、吃音症となる。

●「沖縄娘(十六歳)」浅草の沖縄料理店の下働き。父は「沖縄米軍基地労務者」で、「ヴェトコン掃討用に訓練される米軍シェパード犬のための嚙まれ役」。中学校三年のとき、父にシェパード犬がとびかかる姿を見て失語症となる。すぐに回復したものの、以後、ひどく吃るようになる。

- 「学生(二十歳)」 一九六八年三月、王子米陸軍病院設置反対デモに「三派系全学連の一員として」基地内に突入し、機動隊と衝突。そのとき、機動隊に滅多打ちにされ、頭蓋骨陥没のために言語障害をきたし、吃音症となる。

と説明されている。

それぞれの人生がたんねんに辿られるなか、(「右翼」を除いては)「戦後」の価値観をふみはずしたり、「戦後」の階梯から脱落しているものが多い。また、「六八年」の出来事のなかで傷を負い、吃音症になったと説明されているものが、さらに付け加えられている。ちなみに、主人公のヘレン天津は、浅草ストリップ(集団就職の住込みから、十一年前・一九五八年に転職)の踊り子(ストリッパー)であるが、「近親相姦」で吃音となったことが示唆される。その他の登場人物は、ピアノ伴奏者・ハットリ君と進行役の「教授」である。ハットリ君は、ピアノを弾きだすとき、最初の音を吃ってたたいてしまう、とされている。

劇は、彼らがヘレン天津の来歴を演じる趣向で進行される(b)。ヘレン天津の来歴にも、「戦後」が刻印されている。ヘレン天津は、「四反歩百姓」(年収十六万円、月に直すと一万三千円)と貧困にあえぐため、父親は、農閑期に東京へ出稼ぎに出る。埋め立て工事や地下鉄工事の「土方仕事」で月四万円、そして残りの月に失業保険(毎月二万七千円)

でようやく暮らす(「出稼ぎ父ちゃの稼ぎと／失業保険で喰ってるわげす」)。しかし、出稼ぎのときにむち打ち症となり、ヘレン天津は集団就職で、東京に出ることとなる。

集団就職で「上京」した彼女は、(遠野から上野まで、「教授」は一駅ごとに読み上げる)、「クリーニング屋」に住み込みで勤めるが、転職の繰り返しとなる。「髪結い(美容院)」「パチンコ屋」「喫茶店」「バーの女給」から、「(大衆)キャバレー」「トルコ風呂」「ストリップ劇場」に勤め、反転して「やくざのあねさん」「やくざの親分の情婦」「右翼の先生の二号」となり、現在は、フナヤマ代議士の「東京妻」となった、とされる。

この職業の軌跡は、戦後の日本社会の職業観が投影されている。また、ヘレン天津が居住する東京のなかの地も、同様である。亀戸―錦糸町―神田―上野―亀戸―浅草―麻布。上昇―出世の地理的表現となっている。

ヘレン天津は、「岩手の山奥で生まれた女の子が、亀戸、錦糸町、神田、上野、浅草と死物狂いで盛り場を攀じ登り、這い上がって来たのよ」といい、「折角登りつめた階段の頂上から墜落するのは厭よ」とすごむ。「戦後」の階梯をかけのぼる主人公が、二重三重に上書きされる。集団就職者が転職を繰り返す様相を、井上はよくふまえている。

『日本人のへそ』は、bにおいては、日本批判―状況批判であり、戦後の精神と順接している。政治家とやくざと右翼の結合と、その同位性、さらにこの結合が「日本のへそ」となっていることの指摘と批判であり、「戦後」の認識と発想に基づいている。aでは、一九七〇年の反「戦後」的認識が前面に出されていたが、bでは戦後的認識が提示されている。一九七〇年の「戦後」／反「戦後」認識が、a、bによって重層的に提供されている。

このときb′も一筋縄ではいかず、(戦後社会の前提をなす)異性愛が相対化される展開をみせる。すなわちb′は、フナヤマ代議士が刺される事件があり、それをきっかけに、この屋敷での人間関係の構造があきらかにされる。

女性同性愛(斎藤)トメ(女中)とスエ(女中)、トメと(カネコ)ノブコ(第二秘書)、および男性同性愛(キミヅカ(書生・学生)とタカダ(第一秘書)がえがかれ、エンコ(やくざ)とサンズン(やくざ)のカップルがあきらかにされていく。ワタヤ(「国立大学の助教授」)の存在はひとつの焦点で、タカダをはじめ、矢根浦(やくざの親分)、イシイビンメイ(右翼、愛国同性愛研究所を主宰)は、みなワタヤに秋波をおくっている。

しかも、b′において、登場人物は(例外を除き)すべて同性を愛する指向をもつが、しかし相思相愛というわけではない。キミヅカはワタヤに思いを寄せているが、ワタヤに相手にされない。トメとノブコも同様の関係だが、そのノブコはヘレン(天津)に思いを寄せる。しかし、ヘレン(天津)は「先生」の目を気にし、ノブコを相手にしない。

ヘレン　「先生が男と女のことにやかましいことは知ってるでしょ?」

ノブコ「私たち、女と女よ」

フナヤマ代議士宅での殺人未遂事件は、さらに殺人事件に発展し、みなのアリバイ証明が求められるとき、あらためて、イシイ―キミヅカ、ステ(女中)―スエ、トメ―ノブコ、タカダ―エンコ、矢根浦―サンズンが、カップルを作って寄り添って見せるというシーンもある。あぶりだされるのは、ワタヤとヘレン(天津)の異性愛カップルである。『日本人のへそ』では、(「戦後」が自明としていた)異性愛を異化し、ヘレン(天津)とワタヤという異性愛のカップルに対し、一同は「イヤラシイッ!」と叫ぶのである。

日本社会の構造を批判する問題意識が、セクシュアリティをもち出し展開され、b′の基調となっている。

男性同性愛者たちは、「わたし《〔ママ〕》たちの気持、まだ理解してくれる人はすくないですからねえ、私たちの生活は名演技の連続ですよ」(タカダ)と述べていく。彼らは、軍隊をとりあげるなどしながら、ホモソーシャルな戦後社会を指摘する――「まったく、日本の国運は、天皇陛下の男振りいかんですわな」(矢根浦)、「日本男子はひとり残らず、天皇陛下を中心に同性愛でかたくむすばれる必要がある」(イシイ)と、日本の「へそ」を男性同士のホモソーシャルな関係に求めている。「日本のボスは/男を大事にする/すばらしい/日本のボス」。

『日本人のへそ』b′は、こうしてホモセクシュアルな入口から出発し、ホモソーシャルな戦後社会への批判的言及に歩を進める。このときホモソーシャルな絆は、ホモフォビア(同性愛嫌悪)とミソジニー(女性嫌悪)をともなうとするのがセジウィック『男同士の絆』(原著一九八五年。上原早苗・亀澤美由紀訳、名古屋大学出版会、二〇〇一年)の議論である。後者の点は、「女ってやつは何をするかしれやしません。女なんて嫌いです!」(タカダ)と、書き留められている。

しかし前者の点は、『日本人のへそ』では、いくらか混乱する。エンコに、「女にも色目をつかうんだろ?」といわれたキミヅカは「ぼくはそんな不潔な男じゃない」と反論する。そして、「ぼくは女と一緒の部屋にいるのでさえがまんができないんだ」といい、「やくざに女はつきものじゃないか」と攻勢に転じる。それに対し、

エンコ　おめえはわかってねえよ。やくざはな、男の中の男の集まりよ。より、男らしくなるのが、おれたちのねがいだ。男らしくなるには男にホレるにかぎる。

と、やくざのエンコは応じる。男性同性愛の「ケ」(性的指向)に対し、「おれたちの理想の男性は、このケのない正常な男だからね」という。加えて、矢根浦も「われわれが夢に幻に探し求めている男性〝完全なる男性〟とはけっしてわれわれにゃ、惚れぬものなんですよ」と述べる。

この場面は、『日本人のへそ』が、ホモソーシャルな社会への批判を描くきっかけとして、ホモセクシュアルな関係を入口としたことと齟齬をきたしている。男性同性愛を

指向していたエンコや矢根浦が、「ケ」を否定しており、それまでの場での振る舞いを裏切っている。*

* 加えて、この場の最後には「私たちのホモとレズの関係も全部作りごとなんですよ」(タカダ)と、すべてを解消してしまう場面も見られる。さらに『日本人のへそ』では同性愛者の内面には入りこんでいない。井上の同性愛者のもち出し方に、再考の余地があることは留意しておきたい。

男社会として構成されている日本の戦後社会は、(1)一夫一婦制と異性愛を前提とした、(2)「ボス」支配の構造を有していたことを井上は批判し、『日本人のへそ』をものした。このとき同性愛をもち出すことによって、この構造を批判する展開としたため、(1)の異化と(2)の指摘(=批判)とのあいだに齟齬が生じたのである。(1)と(2)との双方を同一平面で問題化しようとしたため、劇中劇では矛盾をみせた。

しかし、井上は、ホモソーシャルな絆をもつ社会構成と、ホモセクシュアルな性的指向とが別次元のものであることを知悉していたと考えておきたい。そのゆえに、エンコの発言をめぐるやり取りが記されたのである。

『日本人のへそ』には、自己言及的な展開と豊富なしかけ、人が生きる実存とそれを規定する歴史性、あるいは劇としての物語性と社会性の問題が含まれる。また、入れ子構造という作劇法といくつもの物語、求道的な姿勢と経世的なふるまい、さらに悲惨な要素と滑稽さとが縦横に組み合わされている。かかる多層性と多重性、複眼性によって構成されているが、その後の井上の戯曲、いや井上作品全体にみられる特徴をうかがうことができる。

一九七〇年前後の井上は、こうして戯曲において「戦後」を体現しつつ、「戦後」を揺さぶり、お行儀のよい「戦後」からはみ出す作品を提供していた。『日本人のへそ』をはじめとする一九七〇年代初めの作品は、とくにその印象が強い。

小説も同様であった。一九七〇年代初頭の『四十一番の少年』に代表される作品群（短編『汚点』『あくる朝の蟬』）は、「戦後」の秩序と社会に、対抗しつつ、それを駆け上がろうとする。しかし、戦後社会による救済と、戦後社会による疎外と蔑視を甘受していることも、書き留められる。戦後社会のもつ両義性が、回顧―時間の変化のなかで想起されるが、初期の作品には、批判と違和感が強調されている。

3　「再帰的戦後」

井上ひさしは、「戦後」と民主主義とを結び付け、敗戦後の日本を理想的に把握した。「きみのこれまでの人生で未来がもっとも美しく、かつ輝かしく見えたのはいつであっ

戦前	戦時	8.15	戦後	1970年
E——	D——	・C・	B——	A——

たか」と問われたら、「なんのためらいもなく」一九四七年の「春から夏にかけてと答えるとしている」という(『読売新聞』一九七七年四月三〇日夕刊)。

一九四七年の「春から夏にかけて」というのは、日本国憲法が施行され(五月三日)、(吉田茂内閣に代わり)片山哲内閣が誕生(六月一日)した時期である。このエッセイには、猥雑で多様な「戦後」を描く井上ではなく、日本国憲法に「戦後」の出発点を確認する井上が強く打ち出されている。戦後への信頼と戦後への違和感、戦後の恩恵と戦後への反撥の同居から、「戦後」の原点へと遡行し、「戦後」の再解釈を促す井上の姿勢が前景化されている。

しかし、一九七〇年前後の井上作品を読んできた眼からするとき、井上の一九四七年の「春から夏にかけて」への思いは単純ではない。手放しの「戦後」の礼賛ではなく、戦時と戦後、占領と民主主義のバランスシートを作るのでもない。両義的・多義的な「戦後」を井上はみすえ、そのうえで一九四七年に言及している。

井上の軌跡を、駆け足で、たどりなおしてみよう。井上は、A(一九七〇年)から出発し、B(戦後)を語り、あらためてD(戦時)を論ずる。また、C(八・一五)がB—Dの時間を接続させ不可分であることをいい、そのうえでE(戦前)に言及する。

すなわち、(1)A地点から出発した井上は、物語時間をB―Cへと遡り、Cを焦点化する。この営みは、(2)Dの探求へと至り、さらにD―Cの流れを作品化するが、Cを強調することに至っている。Cが、Bの出発点、Dの帰結という双方向から把握される。また、戯曲においては、(3)D―Cの流れとともに、D―C―Bとして、戦時と戦後を連続的な流れのなかで把握する作品が提供された。戦時と戦後を、それぞれ完結した時期とせず、「戦時」に規定された「戦後」像が探られていく(そして、晩年には、Eへも向かい、C―D―Eの歴史像も構想していく)。

井上の「戦後」の探求は、Cを焦点化し、Cによって接合される歴史と、Cの歴史的位相を探る思考、そしてCが近現代の歴史と不可分であるという方向性が集大成されるものとなっていく。Cへと遡行しながら、Cを軸に「戦後」を再構成する営みが、井上の「戦後」考察の軌跡であった。

こうした井上の軌跡は、評論の領域を入れ込むと、よりいっそう複雑となるが大筋は変わらないであろう。一九九〇年前後に、井上はコメ問題など社会問題を正面から取り上げたが(『井上ひさしのコメ講座』正続、一九八九・九一年。『コメの話』一九九二年。『どうしてもコメの話』一九九三年、など)、ここを転轍点として、日本国憲法へと関心を集中していくのである。

井上のかかる営みを、本章では「再帰的戦後化」の認識とその実践の試みとして把握したい。冷戦体制後、「再帰的近代化」(ウルリッヒ・ベック)の議論が出され、自然的な近代化ではなく、計画的・自覚的な近代化の把握と実践の主張がなされた。冷戦体制崩壊によって、近代/近代化の価値は否定されたが、しかしその営みは放棄されず、あらためて近代化が追求される、という議論である——近代化が否定されたあともすべてが清算されるのではなく、近代化の実践があえてなされる。

この議論を補助線とするとき、井上の「戦後」論は「再帰的」論に近似し、(「戦後」を自明とするのではなく、「戦後」の問題点も熟知したうえで)あえて「戦後」を自覚的に再構成し、再起動する作品を提起し続けたと考え得る。晩年の作品は、一見すると手放しで「戦後」を価値化しているようだが、「戦後」—敗戦—占領をひとつらなりの射程で把握し問題化したうえで、作品化している。

「戦後」の出発点へと、井上が逆走しているように見えかねないが、井上はあらためて「戦後」の初期を財産とし、「戦後」の可能性を探る営みとして「戦後」を再構成していった。診断表であり、処方箋としての「戦後」を、時代を逆走するようにして考察し、作品化してきた井上の営みを、「再帰的戦後化」の実践として把握したい。

文学者における「戦後」の考察といったとき、大江健三郎に代表される、もっぱら同伴者として戦後像を作り上げてきた存在が、これまで主要に論じられてきた。大江は、やはり「九条の会」のメンバーだが、「戦後」に順接的に歩調を合わせることを基調としたうえで「戦後」と格闘してきた。対して、井上は、遡行し、ねじれをふくみながら、「戦後」にかかわってきた。本章は、こうした「再帰的戦後」を体現した井上ひさしについての覚書である。一九七〇年前後の井上作品とその位相を考察し、井上ひさしの戦後認識を考察するための第一歩としたい。

第10章 「東京裁判三部作」の井上ひさし

はじめに

井上ひさしは、『ひょっこりひょうたん島』(一九六四年から放送)などを手掛け、まずは放送作家としてその名を知られるようになった。そののち、小説家として『吉里吉里人』(一九八一年)をはじめ、幾多の小説をものした。また、併行して多くの戯曲を書き、『頭痛肩こり樋口一葉』(一九八四年)など、これまたたくさんの舞台を生み出している。

井上は、戦後を代表する作家・戯曲家であるが、二〇〇四年に結成された「九条の会」の呼びかけ人のひとりとなったことにみられるように、直接に社会に語りかける姿勢も有している。こうした井上を「東京裁判三部作」(二〇〇一—〇六年)を対象とし、デモクラシーに関する観点から考えてみたい。笑いを軸に、権力批判を行なう、いわばリベラル・デモクラットの立場をもちつつ、そこにとどまらぬ井上ひさし像への接近である。

1 「東京裁判三部作」まで

井上ひさしが扱ったテーマは、多岐にわたる。作品が対象とした時間は、江戸時代から近代日本の出発の時期におよび、さらに戦時と戦後にまで幅広い。占領期を描く小説・戯曲があるほか、同時代を扱った小説も少なくない。また井上が見ている空間も、日本列島から徐々にはみ出し、かつての「満州国」や日系人の住むアメリカへと広がっていっている。

井上は警世家的な発言も行ない、国鉄民営化に反対したのをはじめ、米の輸入自由化に警鐘を鳴らし、その関心が一九九四年には、樋口陽一との『「日本国憲法」を読み直す』(講談社、一九九四年)へと赴く。こうした姿勢が、晩年の「九条の会」の呼びかけと活動へといたるが、「憲法」「コメ(農業)」「国鉄」「国語(ことば)」「家族」という「5つのK」を軸に、人の生きざま全般に関心を寄せていたということができよう。

とともに、当然のことであるが、時期により関心や作風も推移をみせている。一九七二年に直木賞を受賞した『手鎖心中』(文藝春秋)は戯作者の生き様を描いたものだった。初期の井上は、自ら現代の戯作者を自認しつつ、江戸期に素材をとり権力や社会秩序を異化する作品や、自伝的な要素を柱とする作品、あるいは物語の虚構にかける作品など

1

井上ひさしは、戦後を考察するさいに、焦点のひとつを東京裁判に当てた。東京裁判こそは、近代日本の総括であり、現代日本の出発点に位置するとの認識である。実際、東京裁判には、同時代にはむろん、その後も、その問い方と評価、〈いま〉との関係すべてにわたり、厳しい対抗関係がみられた。この対抗は、冷戦体制を投影してのものであり、左右のイデオロギー的な対抗であった。そうしたなか、一九八〇年代に入り、ようやく東京裁判の実証的な考察がなされ始めるようになった。

しかし、その後、冷戦体制が崩壊すると、あらためて東京裁判が呼び起こされ、東京裁判は政治の文脈にさらされる。とくに、一九九五年以降には、二つの相反する批判が顕著になる。冷戦体制下の論点がすぎ去らないうえに、あらたな批判がなされる。冷戦体制の所産としてのみ東京裁判をとらえ、その総体を葬り去ろうとする動きである。同時に、冷戦体制の枠を外すという言い方のもとに、東京裁判の論点をすべてイデオロギーに解消してしまうこともなされる。

そうした状況のなかで、東京裁判をあらためて考えるという姿勢を示したのが、『夢の裂け目』以下の作品であった。三部作を通じて、人びとが向かいあう権力を探りその規定を試み、さらに民主主義の主体、課題を探ろうとする。当然にも、戦争責任の主体、天皇制批判にも踏み込んでいく。また、作法としての対話の精神もうかがえ、この「東京裁判三部作」は材を戦後にとり、二〇〇〇年代初頭の民主主義のありようを問う作品となっている。

まずは、作品ごとに主題とその展開を探ってみることにしよう。『夢の裂け目』(初演は二〇〇一年五月、戯曲は二〇〇一年八月)。一九四六年六―七月の東京を舞台とし、「フツー人」の戦争責任を問いかけることを主題としている。

ふたりの対照的な教育者が主人公である。ひとりは紙芝居屋の貸元・田中天声(留吉)で、子どもたちを相手にする街の教育者。いまひとりは成田耕吉で、元は国際法学者であったが、いまは闇屋をしている。ことばによる「世界の骨組み」の講釈(講義)からは、当面のところ離れている。

この芝居は、田中天声とその周辺の人物たちとのやりとり、田中天声と成田耕吉との対比と対話によって論点が提示されていく。このとき、天声と耕吉は、社会における中間層の類型化された人物となっている。

かりに田中天声をA型、成田耕吉をB型としたとき、丸山眞男(「日本ファシズムの思想と運動」一九四七年、『新装版 現代政治の思想と行動』未來社、二〇〇六年、所収)の概念を援用すれば、A型は「小工場主、町工場の親方、土建請負業者、小売商店の店主、大工棟梁、小地主、ないし自作農上層、学校教員、ことに小学校・青年学校の教員、村役場の吏員・役員、その他一般の下級官吏、僧侶、神官、というような社会層」に該当する。

中間層の「第一類型」である。丸山は「疑似インテリゲンチャ、ないしは亜インテリゲンチャ」である彼らが「いわゆる国民の声」をつくり、「わが国の場合ファシズムの社会基盤」となっているとするが、田中天声はここにぴったりと当てはまる。

天声は「売り子をたくさん召し抱えて／できるだけ稼がせて／売り上げをふやすこと」と歌うが、小経営の論理を体現する人物としての面目躍如である。戦後にも依然として少なからぬ影響力を有している、中間層「第一類型」たる、地域のサブリーダーこそが、世論の核になっていると、井上もまた認識している。

とともに、芝居のなかでは、天声は、妹を陸軍省の情報部の少佐に稼がせ、軍部に取り入ったとされている。陸軍と協力し紙芝居工作隊を組織し、ジャワ・スラバヤに渡った。この天声は、「フツー人」を代表していると自認しているが、権力に振り回されつつ、しかし協力しながら時勢に対応していく。

天声は「去年〔一九四五年―註〕の8月から前のことは忘れることにしましょうや。また一から出直すためにね」といってはばからない。天声は、一方で徒弟たちを束ね統轄するとともに、顧客である子どもたちの動向に気を配っている。天声にとって、子どもたちは「この次はなーに」と次々に要求を突きつける存在として位置づけられ、とめどもない世論の要求として機能している。

これに対し、丸山は「第二の類型」(本章でのB型)として「都市におけるサラリーマン階級、いわゆる文化人ないしジャーナリスト、その他自由知識職業者(教授とか弁護士とか)および学生層」を挙げる。学生層は「非常に複雑」で、第一・第二の双方に分かれるとも、つけ加えた。

B型を代表する耕吉は、「四谷の小さな大学で国際法」を教えていたが、戦時の体験により、「バカを見る正直者と、正直者にバカを見させて得をしている不正直ものがいる」という趣旨のことを大学の新聞に書き、関東憲兵隊司令部に呼びつけられる。そのためアカデミズムの世界を捨てるなか、肺尖カタルになり本やレコードを売り食いするが、やがて闇のコツを覚え、いまや闇商売で食べている。知識を有しながら、生活者として生活のなかで議論する存在となっている。

とはいえ、井上は耕吉を絶対的な視点としない。対話を試み、自らも変容する人物としている。生活人でありつつ、「フツー人」を相対化し、「世界の骨組み」を解読する学問の精神を失わない人物とされている。

2

彼らが向き合う権力の規定は、天声が(第二幕で)「東京裁判の骨組み」に気づくところから議論が始まる。議論の軸は二つ、ないし三つ設定されている。ひとつは、加害/被害の軸、いまひとつは、裁く/裁かれるという軸である。さらに作劇上の軸が、これに加わる。

当初の認識は、単純であった。第一幕、東京裁判で、検察側証人として呼ばれた天声と娘の道子は「いい方につくわけだな」「とにかく、連合国側につくことになる」との会話をかわす。

しかし、事態の進行とともに、天声を含む人びとの東京裁判認識は複雑になっていく。まずは第一の軸の露出である。登場人物のそれぞれが、アジア・太平洋戦争のなかでの被害を言いたてる。「外地の日本人」としての被害、「内地の日本人」としての被害、戦場に駆りだされた被害の体験……。しかし、それぞれの被害は次々に相対化されてしまううえ、その当人が同時に加害的な行為を行なっていたことも、明らかになってしまう。誰も絶対的な被害者に立てない。

戦争における被害者意識は、アジア・太平洋戦争においては絶対的な軸になりえないと、井上は言うのである。そして、被害を訴える裏には、責任の自覚の欠落があると、井上は論じていく。

このとき、耕吉が介入し、当時、人びとが選挙権を自由に行使していたかという論点を投げかける――「戦前戦中の日本の男たちは、自分の考えをもとに、自由に、いろんな候補者に投票できていただろうか。問題はすべてここにかかっている」。

天声らは、一挙にその論点になだれ込む。天声らが「あたしらの夢は／つつましい夢

／家内安全無病息災極楽往生／つつましいフツー人」と歌う「フツー人行進曲」は、天声らの自己防衛を見せつけ圧倒的である。自分たち「フツー人」は私的な充足だけを願うものと、言い募る。このとき、「フツーの男たちには責任の取りようがない」といった耕吉は「しかし」と考え込む。

他方、第二の軸とした、人びとが向き合う権力に関しても、田中天声が議論を発する。天声は、東條英機と、証言台から東條を批判する田中隆吉がグルである、いや彼らばかりでなく、裁判官も検事も「みんなおんなじ仲間だな」と言う――「つまるところ、アメリカを親方とする連合国は、テンノーとその周りをキレイにするために、東京裁判という仕掛けを使っているんだよ」。「日米大合作！」「みんなグルなのかね」という国家間・権力間の合従連衡を指摘する。A型の人物が、権力の狡知―権力の構造に気づいてしまう、と井上が設定していることは興味深い。耕吉は、しかしそのことを信じようとはしない。B型の知の限界であるが、戦争責任の主体とそれを裁く主体の双方について、天声と耕吉とは、対立する見解を有しているということでもある。

こうしたなか、耕吉は「フツー人の責任」を言いだす。耕吉の追及は、「踊らされたといっている人に限って、自分がほかのだれかを踊らせていたことに気がつかない」と手厳しい。天声を目前にしてA型の人物を問い詰めていく。このとき、ト書きでは天声たちが「フツー人行進曲」を歌うと指示され、彼らの開きなおりがこの歌によって印象づけられる。

また、同時に耕吉は、「東京裁判にはいいところもあるんじゃないでしょうか」とその利点を言いだす。たとえば、戦争にかかわる国家機密が持ち出されることである。「いつもなら闇から闇へ葬られていたこの国の機密がすっかり明るみにひきだされることになった。これはすごいことです」。そして、こうした論点をはらむ東京裁判によって「それではほんとうの戦争犯罪人はだれなのかと考えだすひともふえて行くはず……」。

東京裁判の骨組みと、「フツー人」の戦争責任を、ともに同じ視線で論じるところに『夢の裂け目』のモチーフがみられる。しかも、第一幕から第二幕に移るにつれ、天声と耕吉が互いに変化をみせることが、井上の作劇法となっている。議論をしながら互いに変化することを、井上は意図的に描き出していく。天声の妻の父で「紙芝居絵の先生」である清風と耕吉との対話も、第二幕に至り、互いに学び、変化していく議論となっている。清風も、(天声と同様に)「フツー人」であることを言い、生活を前面に出していく。

清風　「かくありたい」、そして「かくあってしまう」……あたしたちはこのあいだを生きて行くわけだな。

耕吉　……理想と現実、ですか？

清風　インテリさんの言い方ではそうなるかな。それで、あたしたちはいつも、かくあるんだし、かくあってしまったんだから、しょうがないやとおもうわけだ。

というが、「でも、でも、でも……その『でも』のつづきものが、あたしたちの暮らしなんだよ」というのである。

総じて、井上芝居は「世界の枠組み」と「人びとの暮らし」の双方を視野に入れている。人が生活する次元の実存と、人が歴史的存在であることを重ね合わせて問題を提起している。生活がもつ呪縛性――そのゆえの変わり身のはやさをよく知っており、井上は決して外部からの直線的な咎め立てはしない。

「ひとつだけのいのち／どう使えばいいのか」「一度だけの人生／どう生きればいい」と田中天声の娘・道子が歌うのは、生活すること――個が個として生きていくうえでの厳しさを見すえている。そうであるがゆえに、井上は同時に、歴史的な観点から問いを立て、双方を合わせて問う。それでこそ、人びとが納得するデモクラシーとなるというのが、井上の論理である。生活のもつ呪縛力――強烈な現状肯定の論理を充分に踏まえたうえでのデモクラシーこそを、提唱している。そのために、A型とB型とが対立しながら対話をし、双方が変容していくのである。

井上は、権力批判を根底に置いている。要領よく立ち回っているように見える天声も、通すべき筋は通している。人びとの暮らしと「世界の骨組み」、実存と「仕組み」、いまと過去という対抗関係を、対立するかたちにせず、双方を包み込み双方を問い掛ける立場を探すのである。それが井上にとってのデモクラシーであった。

3

『夢の泪』(初演は二〇〇三年一〇—一一月、戯曲は二〇〇四年二月)は、一九四六年四月の東京が舞台となる。戦争責任を自ら裁く、ということが主題とされるが、ここでは弁護士一家が主人公とされる。B型が、物語の筋道をつくりだす。他方、『夢の痂』(初演は二〇〇六年六—七月、戯曲は二〇〇六年八月)は、一九四七年七月が舞台となる。東京裁判で昭和天皇は被告とされず、天皇の戦争責任が不問にされたことが明らかとなった時点での物語である。東北地方の名望家—旧家が設定され、A型の人びとが母体となるが、あわせて、戦後世代の高校教師で、批判精神をもつ女性(B型)が設定される。『夢の泪』ではB型、『夢の痂』ではA型を前面に出しながら、戦後のサブリーダーたちの動向に焦点が当てられるが、すでに『夢の裂け目』で出されていた論点が、ふくらまされていく。

たとえば、互いに被害を言いたてる愚かさは、すぐに笑い飛ばされる。

菊治　こんどの戦さで、わたしたちは貴重な体験をいたしました。いまこそ、それを思い出すことが大切でしょうな。

ナンシー　うちのひとを戦争にとられてしまったわ。
チェリー　夫は傷痍軍人にされました。
菊治　あの悲しい戦争体験から引き出されるべき教訓はただ一つです。すなわち、「明日のことはわからない、今ある酒は今日のうちに呑め」。（『夢の泪』）

また、自らの責任を問う行為の意味や、東京裁判の意義に関しても、あらたな論点が付け加えられる。主人公の弁護士である伊藤秋子は、「わたしたちがどこでどうまちがえたか、連合国側にも落度があるなら、それはなんだったのか」と述べていく。

あらたに、パリ不戦条約（一九二八年）が持ち出され、日本国憲法の存在が指摘され、秋子の娘の永子は、「憲法が法律が／ひとをつくるなんて／そうよ／そうと知ったいま／わたしは前へ進む／もう一歩前へ進む」と歌う。

思うに、井上ひさしはある時期から、法に信頼を寄せるようになっている。権力を規制するための法という考え方である。法を味方につけるための思索が、ここでもたっぷりと披露されている。

だが、デモクラシーという点からみたとき、『夢の泪』で、あらたに在日コリアンである片岡健の存在を出してくることに着目したい。「東京裁判三部作」では、A型・B型の人物双方が「日本人」として中心的な存在として扱われるなか、周縁に留めおかれた在日コリアンを登場させる。片岡は学生であるが、新橋片岡組組長代理として日本人暴力団との抗争に巻き込まれる。しかも、このとき、警察は日本人組織に与している――「新橋名物の日本人と朝鮮人の対立」だが「警察が尾形組に肩入れしているってことだけは、はっきりしているんだけどね。いつもそうなんだよ」。

在日コリアンは、直接の暴力に直面し、また自己防衛のため暴力も辞さない。戦前の植民地主義が問われるはずの戦後のデモクラシーにおいて、相変わらず在日コリアンを中心にとどめ置かない。反転して周縁に位置する側はそのデモクラシーを秩序―抑圧と受けとる――周縁をも含み込むデモクラシーは可能かという問いが、ここにはある。法によるデモクラシーを評価するのだが、それを万全のものとはしていない。法を俎上に挙げ、周縁のデモクラシーと暴力の関係をも提起している。

永子は、あらためて「わたしには世界がメチャメチャに見える。そのことと、幼なじみ〔片岡健―註〕の云った、わたしたちは捨てられたんだというコトバ、この二つにいったいどんなつながりがあるんだろう……」と述べる。

紙幅の関係で論じられないが、『夢の痂』は、あらためて「フツー人」の戦争責任を天皇の戦争責任と表裏のものとして問いかける芝居となった。対話を重ねることにより、対立する双方が変化する作法は貫かれている。

「東京裁判三部作」において、占領軍の人物たちをいずれも日系アメリカ人としたことは、日米合作という権力規定と平仄を合わせているようにも見える。しかも、彼らもまた、対話の結果、自らの生き方を変えていくのである。

3 「戦後」民主主義者／「後《ポスト》戦後」民主主義者としての井上ひさし

一九三四年生まれの井上は、古い言い方をすれば「昭和ひとケタ生まれ」となる。父親が社会運動に参画し、そのことがもとで死に至ったこともあり、「戦後」と民主主義とを結びつけ、敗戦後の日本を理想的に把握した。日本国憲法には思い入れも深く、「きみのこれまでの人生で未来がもっとも美しく、かつ輝かしく見えたのはいつであったか」と問われたら、「なんのためらいもなく」一九四七年の春から夏にかけてと答えるとしている（『読売新聞』一九七七年四月三〇日夕刊）。

井上の原点は、戦後にあると自己解釈している。「戦後民主主義」からの出発といってよく、意図的にこうした姿勢を井上はうち出していた。リベラル・デモクラシーの実践といってもよいだろう。「日本語」を軸に、戦後の理念としての日本国憲法を保持する姿勢である。あるべき（あるいは、かつて存在した）「戦後」の理想的観点から、日本の状況を批判するのである。

しかし、とあえていうのだが、井上は先に指摘したように、一九九〇年代半ばからは、これまで自明としていた「日本」という概念そのものを問う姿勢を見せてきている。ここには、戦後日本社会が変容し始めているという井上の観察があったろう。「東京裁判三部作」は、かかる認識のなかで書かれた作品であった。

二つのことが指摘できよう。第一は、「戦後」の民主主義から出発した井上が、「戦後」をこえた〈いま〉を認識し、それに対応するあらたな民主主義の可能性を探っていたと考えられることである。このとき戦後の原点を再考しながら、そこへの回帰をいうのではない。戦後に対する新たな発見により、〈いま〉におけるデモクラシーの実践を井上は考えてまずは権力(＝「中心」)における合作と、周縁からのデモクラシーのありようが主題化されていた。

いまひとつは、責任と主体、とくにサブリーダーたちをめぐっての議論である。「東京裁判三部作」では、A型、B型と二種類のサブリーダーを抽出し、その対話により双方があらたな知見に達する過程を描く。この二種は、それぞれ生活と知識の局面から、「庶民」と「知識人」に相応している。前者に踏みこめば、後者が見えず、前者抜きのままでは後者への説得力がみられない。双方あわせもち、世論がつくられるさまを描くのである。

そもそも「戦後」とは、二項対立がくっきりと現れ対立が厳しかった時期であるが、井上は、あえてその周縁に自らを置いていた。二項対立をずらす位置取りである。井上は「戦後」から出発しながら、その軸をずらしつつ、戦後を絶対化せず、価値化すること、戦後精神を体現しつつ相対化していくことを実践していく。そのリベラル・デモクラットとしての作法が、「戦後」後の二〇〇〇年代初頭には、東京裁判を歴史化し、〈いま〉に呼び起こす営みとなった。

戦後日本が変容するなか、たえず状況の推移を見つつ、権力を相対化しそれに主体として向き合う試み。また、生活することと世界の構造を考察することを架橋する試み。これが井上の営みにほかならない。ことばを換えれば、井上は「戦後」から出発しながら、たえず状況のなかで、民主主義者としての立ち位置とそのかたちを探ってきたと言いうる。

井上は、抵抗や批判の根拠が次々に疑われていくなかで、歴史的な素材を手がかりにしながら、議論すること――批判精神と希望を忘れずに生き抜くことをメッセージとして送り続けてきた。その根幹に笑いをおいていることを、いまひとつ付け加え確認しておきたい。

おわりに

井上ひさしが創成期のテレビの仕事に携わった経験は、視聴者という名の顧客の発見に通ずる。戦後の過程でこの視聴者「庶民」は充足感を持ち、欲望を肥大化させるが、井上はそこを見つつ、しかし彼らに加担しなかった。「庶民」を信じ続けるが、同一化していない。目線を合わせながら、距離を意識する姿勢が、井上にはある。

「東京裁判三部作」以後の井上は、戦時と戦後を重ね合わせる作品を続けて描く。出発としての反権力から、デモクラシーの諸相へむかい、さらにプロレタリア文学をも包み込むようなデモクラシーのありようを、近代日本を対象にしながら作品化していった。あるべき（あるいは、かつて存在した）「日本」の観点から出発した井上は、日本の状況を批判しつづけるが、最晩年には、沖縄・普天間基地移設、沖縄戦の教科書記述をめぐる議論のさなか、占領下の沖縄に材を取った芝居を準備していた。歩み続ける民主主義者としての井上ひさしを、あらためて知らされる。

参考文献

ジョン・ダワー『敗北を抱きしめて』上下、三浦陽一・高杉忠明・田代泰子訳、岩波書店、二〇〇一年。

丸山眞男『新装版　現代政治の思想と行動』未來社、二〇〇六年。

成田龍一『「戦争経験」の戦後史――語られた体験／証言／記憶』岩波書店、二〇一〇年。

大江健三郎・成田龍一・小森陽一「井上ひさしの文学②〝夢三部作〟から読みとく戦後の日本」『すばる』二〇一二年二月号、集英社。（小森・成田編著『「井上ひさし」を読む――人

生を肯定するまなざし』集英社、二〇二〇年、に再録)
扇田昭彦『井上ひさしの劇世界』国書刊行会、二〇一二年。

第11章　辻井喬のしごと——日中友好の井戸を掘る

はじめに

佐高信『友好の井戸を掘った人たち』(岩波書店、二〇一三年)は、保利茂、松村謙三、石橋湛山、三木武夫、田中角栄、大平正芳、伊東正芳といった自民党の政治家たちや社会党党首であった村山富市の名を挙げ、日中関係——日中国交正常化に尽くした「良質保守」の足跡を明らかにした著作である。主として自民党の「党人派の政治家」たちへの着眼であり、佐高は「保守の別の道」を日中関係のなかに探ったという。

本章のサブタイトルは、この佐高の著作から借りている。東アジアにおける秩序、新たな「コモン」(共同性)という観点からは、佐高の著作に対して二通りの評価が可能である。(1)石橋湛山、田中角栄を除き、あまり関心がはらわれてこなかった「良質保守」の政治家たちを想起させたということ、(2)革新の側の議論がふるわず、「良質保守」に可能性を求めるまでに、状況が厳しくなっているということである。

ここで(1)の点を補足しておけば、中国との友好を築いてきた人たちは、佐高が挙げた人びとのほか、さらに実業界の高碕達之助、藤山愛一郎、岡崎嘉平太、水野成夫、また、文化人として中島健蔵、団伊久磨、井上靖、水上勉、北村和夫、篠田正浩、その他の人びとの名前を追加することができよう。日中文化交流協会で尽力した白土吾夫《しらとのりお》もいる。いずれも、日中友好の議論とともにその実効性を図り、日中間の実践的なパイプを作り上げようとした人びとである。

本章では、そうしたひとりとして、辻井喬のしごとを紹介したい。

1 さまざまな辻井喬

辻井喬はペンネームであり、本名は堤清二(一九二七—二〇一三)。西武流通グループ代表、セゾングループ代表などを歴任する実業家であると同時に、小説家、詩人としても知られている。辻井は、政治家で実業家の堤康次郎の妾の子として生まれ、父親との確執、異母兄弟たちとの関係(そのひとりの弟は、元西武鉄道会長の堤義明)に悩む生涯を送っている。

簡単な略歴を記しておくと、辻井は東京大学経済学部に入学後、日本共産党に入党し学生運動に携わるが、共産党の分裂のなかで除名される。その直後に結核になり、共産党と運動の双方から離脱し、いわゆる「転向」の経験をもつ。

一九五一年に大学を卒業、衆議院議長だった父・康次郎の秘書をへて、一九五四年に西武百貨店に入社。翌年から取締役店長となる。一九六四年、康次郎死去後は、西武グループ総帥を異母弟の堤義明が継ぐなか(鉄道と野球、プリンスホテルは、西武グループの本流であった)、辻井は流通部門を継ぎ、スーパーマーケット・西友を担当し、業績を拡大する。とくに百貨店に力を入れ、日本の都市機能の欠落を百貨店が担うとした。東京・池袋を拠点としたが、東京・渋谷店も一九六八年にオープンさせた。さらに、一九七二年にはパルコも開設する。パルコでは、西武劇場(パルコ劇場)など、文化事業参加をおこなった。

こうして、辻井は西武流通グループ(のち、セゾングループ)を作り上げる。セゾングループは、基幹グループのもとに約一〇〇社が参加し、ホテル経営、リゾート開発、美術館経営をはじめ、DCブランドの開発、無印良品の事業など、手広い活動をする。とくに若者文化やアートに目を向けた「文化戦略」をとり「感性の経営」をおこない、「不思議、大好き。」「おいしい生活。」(糸井重里)などのキャッチコピーを生みだした。また、池袋の西武百貨店にセゾンの文化拠点として「セゾン美術館」(西武美術館、一九七五年)を併設し、現代アートを展示する。

さらに、一九七五年に大型書店のリブロ(西武ブックセンター)、アート系書店で美術品も扱うアール・ヴィヴァン(ニューアート西武)を経営するほか、パルコ出版やリブロポートといった出版活動、シネセゾンによって映画にもかかわり、一九八〇年代には雑誌も刊行した。しかし、バブル崩壊による百貨店、スーパー離れのなかで、代表を辞任(一九九一年)、二〇〇一年にセゾングループは解散した。

このかん、辻井は、一九五五年には詩集『不確かな朝』(書肆ユリイカ)を発表し、一九六九年には小説『彷徨の季節の中で』を発表するなど、文筆活動もおこなう。主要な著作として、さきの『彷徨の季節の中で』(新潮社)と『いつもと同じ春』(河出書房新社、一九八三年)、『暗夜遍歴』(新潮社、一九八七年)の自伝三部作に加え、『遠い花火』(岩波書店、二〇〇九年)という半自伝的小説、『叙情と闘争——辻井喬+堤清二回顧録』(中央公論新社、二〇〇九年)という回想録が書かれた。堤清二の名前で、『消費社会批判』(岩波書店、一九九六年)も刊行した。辻井の作品は中国語にも翻訳され、『辻井喬選集』(全五巻)が刊行されている。

このように、辻井喬は実業家であり、文化産業に目を向けるとともに、文芸の実作者でもあった。そのため、政財界の要人たちとともに、文化人にも人脈をもつ。

辻井は、履歴とともにその内面も相当に複雑である。回顧録『叙情と闘争』は、冒頭、父親の堤康次郎の随員としてアメリカにわたり、マッカーサーやアイゼンハワーと会ったときのことから書き起こされている。一九五九年のことであった。

先にふれたように、辻井は学生時代に政治活動をおこない、占領政策に反対していたが活動から離れ、いまや、かつて敵対していたはずのアメリカの大統領に会っている場面の回想である。その経験を、辻井は「転向などしていないと内心叫ぶように確かめている自分への紛れもない背信であった」と厳しく記している。

辻井は、「二重の裏切り」を自覚していた。第一は、父親に従うことによって、反対運動に立ち上がった人びとを裏切ったこと。第二には「敗北感」が広がるなか、「僕自身が傷を負わなかったことで僕自身を裏切っていた」ことである。自己の内面を厳しく見つめているが、辻井にとっては、「喪失」「不安」の感覚が基調となっている。近代人としての「故郷喪失者」を自覚しており、戦前型の転向――故郷への傾斜・村への心情・日本的なものへの同化――とは別種の転向の感覚である。

とともに、ここに見られる辻井の思考は、ことあるごとに反復され、辻井の精神の核となっている。辻井が、さまざまな遍歴を有しながら、〈いま〉にも適応し影響力をもつ根源がここに見られると思う。

知識人という観点から、以上のことを述べなおしてみると、(1)辻井は、戦争の時代をくぐり抜け、そこを根拠にしているという意味で「戦後知識人」であるが、(2)二一世紀の〈いま〉にも発言を求められる、「現代知識人」としての側面をあわせもっている。そして、⑶実業家にして文化人であり、文化人にして政治や財界にも影響力を有していた。詩人で経済人という存在がないではない。政治家としての文筆家もいる。しかし、双方が浸透しあっていたところに辻井喬の特徴があった。

それぞれ、いくらか補足しておこう。⑴については、『彷徨の季節の中で』で、学徒出陣で戦死した学生たちの手記(『きけわだつみの声』)に言及して、「戦争がもう一年続けば私も同じような手記を書いたかもしれない」と述べる。しかし、複雑な家の問題を抱えている主人公「津村」は、ただちに、いや「一体誰に向かって遺書を書けばよかったろう」と思いなおす。アジア・太平洋戦争のさなかに学生であった津村は、「当時戦争と死に憧れていた私は、それだけ余計にこの本を少しずつしか読めなかった」と述懐するのである。戦争が、津村の精神を根底から規定しているが、これは辻井の心情をそのまま現していよう。

同時に、辻井は戦後への違和感も隠していない。『きけわだつみの声』を眼の前にした女性に対し、辻井は「虚しさの蔭も知らない少女は、「ロマンチックだわあ」とでも言いたげにこの本を読もうとしている」と記した。戦時にこだわり抜くがゆえに、戦後に対しても距離があった。このことが、戦後「革命」に身をゆだねることに重なってくるのである。

⑵については、日本の「戦後知識人」が、これまでいく度かの危機を有していたこと

との関連で考えられる必要がある。その発言に耳が傾けられなかったことを内容とし、時期的には、学生たちによって戦後が問われた一九六八年であり、戦後が失速した八〇年代であり、グローバリゼーションで戦後が一掃される〈いま〉である。しかし、この時期を柔軟にくぐり抜け、〈いま〉においても発言力をもつ知識人たちがいる。

ここでいうところの「現代知識人」である。大江健三郎、井上ひさし、加藤周一といった一群の人たちであるが、こうした「現代知識人」たちとの共通性が辻井喬には見られる。実際、辻井喬は、晩年にも政治・社会についての発言をおこなっていた。

彼らとあわせ、辻井喬は「戦後知識人」であり、かつ「現代知識人」であるという時間の流れに耐えうる「良質」性を有した知識人である。辻井のばあい、「良質」性は、生涯を通じて何回か繰り返される自己の総括の真摯さに起因しているように思われる。

2　辻井喬の肖像――小説『彷徨の季節の中で』

小説『彷徨の季節の中で』(一九六九年)は、こうした辻井喬による自己の総括のひとつである。冒頭に、「生い立ちについて、私が受けた侮蔑」は人間の辛さのひとつとするが、自らの「懐かしい思い出」もいつも「人間関係の亀裂」を含んでいたと記される。

他方、歴史的背景として、「戦争」が広がり、つづけて「世の中の変革」の時代があった。自身は「革命」を志向するが、「私のなかに、私の裏切りと私への裏切りについて、想いを巡らさなければならない部分があった」と、書きつけている。

『彷徨の季節の中で』でカギになるのは、「転向」と「生活」の用語と概念だが、どちらの用語・概念も二重性、三重性を含んで用いられて決して単純ではない。前者の「転向」は、(1)組織からの除名、(2)組織からの離脱、(3)政治運動からの離脱を意味しており、後者の「生活」もまた、(1)観念に対抗する概念(A)、(2)離脱すべき「小市民性」(B)、(3)自己の根拠とすべきもの(C)として使用されている。また、生活と生活者とが区別して使用され、生活者にも二重、三重の意味を込め論じている。自己を考察する辻井の眼は複眼的であり、仔細な手続きをおこなっているのである。

一例をあげてみよう。主人公の津村甫は、社会科学(=マルクス主義)を手がかりに「父の世界」から脱却しようとする。いかにも「戦後知識人」らしい発想である。だが、ここで同時に求められているのは「生活」であった。「私は早く生活を始めなければならないのだ」「群衆の中にあって父と闘い、生活をしながら父を打ち負かす方法はないものか」「体系を持った思想、生活……」を求めると、『彷徨の季節の中で』では記されている。

この認識は、社会運動の活動家たちの空疎さと対になっている。活動家たちには「生活の影の一片の翳りもない」と、津村は違和感を表明するが(A)、すぐに津村自身が活動家になり、こんどは「生活」の変革を主張していくのである(B)。だが、そこで行き詰った津村は、「生活者」に出会い、あらたに「生活」を根拠とする道を探っていき(C)、この過程が『彷徨の季節の中で』の大きな話の流れをつくりだしている。

これは恋愛問題も同様で、津村は恋愛に「心の拠り所」を求めようとするが、恋人からは(活動家として)「同志」であることを要求される。このとき、津村は「家のことには目をつぶって、大学の中だけで革命を論じている自分の姿にぶつかった。いつのまにか生活者としての如才なさに染まっているように思えてきて、私は自らを嫌悪した」と思い、「自分を変革しなければならないと悟った」とする(A・B)。

だが、さまざまな出来事が重なり、政治運動を離脱するなか、津村はあらゆるものからの「隔絶」「敗北感」を感じ、「脱落者」の意識をもつ。そして、「自然にひそんでいるものの沈黙の声」「ささやかな無数の声の海」を聞き、あらたな「生活」の発見に赴く(C)に至る。「自由労務者の峰岸だけが、心の休まる存在」と、『彷徨の季節の中で』の末尾には記されることとなる。

私はもう一度生活をしている人々の中に出てみようと考えていた。入ろうとして遂に入れなかった群衆の中へ、今度は誰にも頼らず誰とも組まず全く自分だけの力で歩いて行こうと自分を励ましていた。

かくして、『彷徨の季節の中で』において「私の裏切り／私への裏切り」の瘡蓋をはがす営みが、いくつもの二重性の概念の束のもとでおこなわれる。こうした内省的な知識人として、辻井喬は自己を語っていた。

3　辻井喬の中国

こうした辻井喬は、中国への関心を有している。このことは、見過ごされてはならないことであろう。中国への関心の由来を作品に記してはいないが、辻井は、内省的に歴史に照らしながら日本の過去を見据え、中国に関心を寄せていったと推測し得る。「戦後知識人」として戦争に対する深い反省が、中国への関心となって現れてくる。核になるのは、日中関係である。戦前・戦時において、非対称的な関係として展開された日中関係を相互関係として再認識し、そのためのあらたな関係性を考察し、手順と方策、具体的な実践を試みるのである。

二〇一二年までに、辻井の訪中は二九回に及ぶ。最初の中国訪問は、一九七三年九月であり、一九九〇年以降は毎年のように訪中している。中国への言及も、一九七五年以降は日本中国文化交流協会の機関誌『日中文化交流』に多く執筆し、日本中国文化交流協会のなかでの行動が目立つ。二〇〇四年四月には日本中国文化交流協会・会長に就任しており、中国とのあいだに人的交流をもち、文化交流を通じて、日中関係の新展開を実践している。

辻井が中国に関し最初に発言したのは、『日中文化交流』(一九七五年一月)のインタヴューにおいてであり、一九七三年の訪中時の印象を語る(「壮大な実験　第三世界の論理」)。

ここでは、(1)「中国を訪れるということは、日本の現代に照明をあてるということ」との認識を示す。そのうえで、(2)北京市民が「みな一人一人が歴史的な時間のなかで生きている表情」をしており、「農民の顔をした市民」という「生活のリアリティ」をもつとした。

そして、(3)中国に対し「世界史の中で、まったく初めての壮大な実験をこころみている」という。これは、中国の政策に関心を示すとともに、現時の日本への批判となっている。高度成長一辺倒の日本への批判を、中国をみることによって確信している。同時に、(4)「今、日本にとって必要なのは〝親中国派〟よりも〝知中国派〟ではないかと思います」と「相互理解」の必要を強調する。

そのとき、辻井は「文化やスポーツの相互の交流」をいう。また、魯迅にも言及し、「彼の精神をほんとうに理解していたら、もっとちがった文化運動が日本に生じていたであろう」ともいう。

この姿勢が、基本的に後年に至るまで、辻井のなかで継続されている。「文化交流は平和の礎」(『日中文化交流』二〇〇四年一月)で、「私たちは中国の長く深い文化の歴史のなかから、今日の産業社会の欠陥を乗り越える知を発見することができると期待しています。また私たちの本来の文化の中には平和への知が蔵《しま》われていることを知っています。国際社会が荒れ果てている今日、日中の文化交流が果たすべき役割は世界的に見て極めて大きなものがあるに違いありません」と述べるのである。

「日中関係の現状についての私見」(『日中文化交流』二〇〇五年五月)では、おりからの「反日運動」にふれ、「この運動の背景には、かつてのわが国の近隣諸国への侵攻、植民地化という歴史的事実を、一部の指導者が敢えて無視しようとする態度を続けていることがあると思います」とする。

日中を論じる際に、日本政府に対する批判的な姿勢、日本の過去に対する批判的な認識を一貫して崩していない。そして、その視点から一方で、相互理解に基づく交流を図り、他方で、目の前に生起する政治的出来事に対応する。そのため、「8月15日、小泉首相が靖国神社に参拝されたことはまことに残念である」(『日中文化交流』二〇〇六年九月)といい、(衆議院議長であった)河野洋平との対談でも、「日本が中国に対して犯した罪は歴然」と言い切る(「文化交流は相互理解と相互信頼の基礎」『日中文化交流』二〇〇七年一月)。

「平和友好の王道を」(『日中文化交流』二〇〇七年一月)として、「日中関係を歴史の中で考えれば、かつて我国がいち早く工業化に成功した列強の真似をして中国を侵略したという事実を覆い隠すことはできない」と述べる。このときは、おりしも第一次安倍晋三内閣の時期であり、安倍首相の姿勢にくぎを刺している。また、憲法をその根拠としてもち出してくる。

辻井はここでも「戦後知識人」として位置しているということがいえよう。とともに、辻井は経済人として、「欧米流の市場経済の欠陥が誰の目にもあきらかになってきた」(「中華人民共和国建国六十周年に思う」『日中文化交流』二〇〇九年一〇月)といい、「現代知識人」として、グローバリゼーションに対して批判的に向き合っている。消費社会としての現代日本社会に目を向けるがゆえに、日本社会と現代政治の変質に対して敏感に対応し批判の言辞を展開していく。

こうした辻井の中国への関与は、複数の回路をもつ。まずは、(1)小説によってである。とくに、『風の生涯』(上下、新潮社、二〇〇〇年)、『茜色の空』(文藝春秋、二〇一〇年)では、主人公たちが中国体験により大きく変化したことを叙述する。たとえば、前者に関わり、「水野成夫の人間形成が、中国革命の歴史と深くかかわっていた」(『日中文化交流』一九九九年九月)と述べている。

(2)文化事業の面から、展覧会の開催(中華人民共和国魯迅展、出土文物展、シルクロードの

都 長安の秘宝展)、そして、(3)実業の面からは、「物産展」の開催、その他をおこなっている。さらに、(4)日中文化交流協会を介して、さまざまな人脈を有す。
辻井は財界人として活動するなか、政界にも人脈をもつが、多面的な活動と回路により、多重・多層な活動と議論をしており、日中関係にとってみのがせない。

4 辻井喬の主張――『茜色の空』をめぐって

文芸の世界においても、辻井喬の中国への関心がみられる。たとえば、『桃幻記』(集英社、二〇〇三年)は、中国の民衆生活に素材を探った短編小説集である。表題作を含め八編の作品が収められているが、「自分が体験した事柄をもとに、いわば触った中国を描きたいと思った」(「あとがき」)と述べている。そして、「中国を訪れることが回を増せば増すほど社会の重層性とでも言う他はない奥行きの深さが私の前に姿を現わして来た」と続ける。あわせて辻井は、「我が国の大衆社会が戦争の時のこと、その頃日本がやったこと、先輩たちが体験した困苦をもうすっかり忘れてしまったように思えること」に想いをめぐらしてもいく。

他方、さきに記したように、水野成夫をモデルとした『風の生涯』とともに、『茜色の空』に、辻井の中国への関心の深さがうかがえる。

こうした辻井の中国に言及した小説のなかから『茜色の空』を取り上げてみよう。『茜色の空』は大平正芳伝であり、日中国交回復を実務面で支えた大平へ目が注がれている。参考文献を駆使し、信頼性の高いものとなっているが、大平という人物に焦点を当て、政策の評価とともに、大平の政治に対する姿勢に重きを置いた叙述がなされる。問題を発見する視線、実務を重んずる姿勢、筋を通す態度、現場主義を大平に見出し、その点から大平を評価した作品である。

この『茜色の空』で辻井は、大平が若い時分に、中国人留学生と知己を得て強い影響を受け、一九三九年から興亜院に勤務し中国での生活を体験し、その後も頻繁に中国へ行き、大きな影響を中国から受けたことを強調する。興亜院時代の大平の評価は緩やかに過ぎる感はあるが、あらためて日中友好に関し大平への着目がはじまっているなかで、周恩来とあわせその再評価を迫る作品であった。

とともに、『茜色の空』は辻井による戦後保守政党史でもあり、五五年体制の確立や六〇年安保をはじめ、節々の歴史的な出来事も書きこまれている。人物に焦点を当て、政策の評価とともに、政治に対する姿勢に重きを置いた叙述がなされるが、折々の歴史的な出来事への辻井の見解を知ることができる。

たとえば、安保闘争と岸信介の対応にページ数を割くが、(岸内閣に代わる)池田勇人内閣の出発に、三井三池炭鉱問題の解決を置くなど、辻井の歴史観が提示されている。

沖縄返還の際の「密約」にかかわっての西山事件も、「国民の知る権利」の要素を入れながら論述している。あるいは、ロッキード事件をめぐり、田中角栄への微妙な評価も記され、田中の逮捕は大平にとり「辛らい出来事」であるが、しかし、田中には「公私の区別」がついていないとの評価を下している。

こうした政治史的な観点から、『茜色の空』は岸信介と吉田茂の確執を描くとともに池田勇人の政治姿勢を評価し、岸信介―福田赳夫への批判を展開した。

従来の政治史の理解は、吉田茂につらなる保守本流ラインを軸とし、池田勇人―佐藤栄作をその延長で把握してきた。それに対し、辻井は、佐藤栄作を池田路線ではなく、「旧岸派の路線を押し出してきている」と把握する。これは注目してよい観点である。

というのは、おりしも『茜色の空』執筆時における二〇〇〇年代後半の日本の政治は、安倍晋三―福田康夫という岸信介―福田赳夫と同じ系譜となっていた。すなわち、自民党の変容が本格化しはじめており、そうしたなかで、辻井はあらためて、かつての保守本流のありようを描いてみせた。大平正芳を軸とした「良質保守」の可能性を追究する営みとなっている。

現時の日本政府――第二次から第四次に及ぶ安倍晋三内閣は岸信介の系譜の復権だが、岸派を批判し、かつ対米従属であった吉田茂の路線でもないあり方が探られる必要があろう。辻井はこうした状況をにらみながら、問題提起をおこなっていたといえる。大平正芳の評伝の体裁をとりながら、現時の政治への危惧―メッセージを発していた。

辻井喬は、実業家としての行動力と小説家・詩人としての感性、リアリズムとロマンティシズム、観察力と物語力をあわせもち、実業的思考と文人的思考の双方に軸足を有していた。歴史性をもった認識―議論―提言とともに、それを効果的に実践するすべを熟知する行動の人であった。そして、組織の表と裏、文化の力と無力、そして政治のもつ非情さをよく知ってもいた。

あらたな日中関係に向けて、辻井は日中文化交流協会を通じて、現状と打開策、危機打開の実践をおこない、人的交流を実践していっていた。「新世紀の日中関係への展望」(『世界』二〇一二年一〇月)では、憲法第九条の活用をいい、「入亜脱従属」を主張する。「また、日中間の問題について」(『日中文化交流』二〇一二年一〇月)では、「このような不幸な状態がもたらされてしまった時、私たちの取るべき方策は、まず歴史に学び、次いで問題の本質を解明し、冷静に対応することであります」という。

辻井の議論の背後には、『茜色の空』にみられるような戦後日本政治史の認識があり、そこを踏まえての提言である。実効性と歴史性をもった、認識―議論―提言がなされている。まことに、辻井喬のしごとは、日中友好の井戸を掘る営みに他ならなかった。

付記　『日中文化交流』の調査に関し、日中文化交流協会事務局にお世話になりました。お礼申し上げます。

III

「現代思想」への〈転回〉を歴史化する

第12章　山口昌男の一九七〇年前後——「歴史学的思考」への挑発

はじめに

一九七三年六月号の『ユリイカ』で、山口昌男と井上ひさしが、「近代日本の道化群像」という対談をしている。井上が戯曲『しみじみ日本・乃木大将』の準備をしている時期であり、話題は乃木希典から始まるが、山口は乃木を「混沌のエネルギーの引き受け手」とし、西郷隆盛や東條英機も含めて「道化」として論じていく。そして、乃木らを政府が意識的に作り出した「スケープゴート」とも述べていく。近現代日本史の文脈としては、およそ破天荒であり、荒唐無稽とさえいえる解釈である。

しかし、いや、そのゆえに、対談の冒頭で山口は「筋書きからのはみだし」「世間様への関節はずしの嗜好」「ゴミ箱あさり」などを表面化させたいといい、自らの「いかがわしさ」を強調している。「道化」とも言い換えているが、こうした振る舞いこそ、山口の面目躍如たるところであろう。そうであればこそ、井上もまた、乃木希典を道化と解釈することによって「面白く片がつくところがある」と呼応している。

この対談に示されるように、一九七〇年代の「知」のありように山口昌男は参入し、知の光景を塗り替えていった。井上ひさしの文学を道化と関連付けることにより、戯作と比定されることが多かった井上作品を、時間的・空間的に拡大する営みにも通じていこう。このように、近年では〈戦後知〉とも言い表されるようにもなった戦後思想史の大きな転回—展開をなしたひとりとして、山口昌男がいる。

しかし、この山口の「知」は、歴史学から見たときには不幸なミスマッチ(出会いそこね)となっている。議論は、歴史学と「日本」の知のありよう、その認識と評価、さらには意義申し立ての振る舞い方にも関連してくる。本章では、山口の「人類学的思考」と「歴史学的思考」の連関を探ってみよう。このことは、山口の出発をこの両者の関係のなかで再考することとなる。

山口昌男(一九三一—二〇一三)が、東京大学文学部に入学し「国史」を専攻したこと、卒業論文で大江匡房を論じたことは、自らくりかえし明らかにしている。国史—歴史学とそりが合わなかったことも、あちこちで強調される。

一九三一年生まれの山口が、一九五〇年前後に国史研究室で向き合っていたのは、史学史のうえで「戦後歴史学」とよばれる潮流である。マルクス主義の立場から、社会経済史をベースとした政治史を主軸とし、社会変革を旨とする批判的歴史学であった。
古代史家・石母田正をその代表格としたとき、第二世代にあたる一九三〇年代初頭前後の生まれの「戦後歴史学」の歴史家たちでは、日本史家では、江口圭一(一九三二年)、中村政則(一九三五年)、フランス史家の遅塚忠躬(一九三二年)、ドイツ史家の西川正雄(一九三三年)らの名前が思い浮かぶ。山口が在籍した時期に東京大学国史研究室におり、のちに日本史家となる石井進、青木和夫、大隅和雄らもまた同様であった。

とともに、一九三〇年初頭生まれのこの世代は、歴史学の方法に敏感でもあり、「民衆史研究」「社会史研究」という潮流も生み出す。前者の安丸良夫は一九三四年、鹿野政直は一九三一年の生まれである。「社会史研究」に分け入った網野善彦は一九二八年生まれだが、西洋史に目を向けると、一九三一年生まれの喜安朗、一九三二年生まれの二宮宏之(フランス史)、一九三五年生まれの阿部謹也(ドイツ史)らがいる。「戦後歴史学」のパラダイムのなかで、それを受け継ぐものと、そこからはみ出し、あらたな潮流を開拓するものに分かれたのだが、山口は歴史学そのものからはみ出ていったということになる(1)。

山口が籍をおいた東京大学国史学科は、一九五〇年代初頭には、マルクス主義とともに、実証主義も圧倒的な位置を有していた。実証主義は、皇国史観に対する、いまひとつの距離の取り方であり(2)、坂本太郎(古代史)、藤木邦彦(中世史)、岩生成一(近世史)らがその立場から教鞭をとっていた。指導教官は坂本であったが、授業にはほとんど出なかったと、山口は述べている(『学校という舞台』講談社、一九八八年)。あわせて、考古学の八幡一郎の名前を記している。

そもそも山口が国史―歴史学を学ぼうとした動機には、天皇制の考察があったことを、後年のインタヴュー集『語りの宇宙』(冬樹社、一九八三年)などで語っている。さらに、一九八九年には、自らのアンソロジー集の一冊として『天皇制の文化人類学』(立風書房。同書の岩波現代文庫版〈二〇〇〇年〉には、あらたに「私の天皇制研究のアルケオロジー」が付された)も編む。国史―古代史研究にむかったことの理由のひとつが、ここにあったと考えてよいであろう。

もっとも、山口は、国史を学んでいた時代について、後年(対話体で記した)「日本史における規範と逸脱」(『講座日本思想』第三巻、東京大学出版会、一九八三年の「月報」に掲載。のち、『笑いと逸脱』所収、引用は同書による)で、「私の暗黒時代」といい、「日本史といっても、文学史ないしは精神史或いは文化史」に関心を持ち、歴史を学ぶ学生としては「軟派の方」に属していたという。

松本新八郎の狂言についての論文、石母田正の「英雄時代論」(=「古代貴族の英雄時代」)や「宇津保物語覚書」(=『宇津保物語』についての覚書」)、村尾《ママ》辰三郎(林屋の誤記、のちの収録では訂正してある)の文化史の分野の仕事、さらに文学研究の西郷信綱、小山弘志の名前を挙げ、彼らの研究に関心を有していたとする。そして、「明らかにマルクス主義の系譜に属する歴史社会学派の傾向に関心を抱いていたようですね」と、対話者に言わせている。さきの「私の天皇制研究のアルケオロジー」では、石母田正と西郷信綱の「影響力」を強調している。ふたりがそれぞれ主催する研究会に、出席していたという。マルクス主義には、当然のことながら接しており、西郷と『マルクス・エンゲルス文学芸術論』を読み、イギリスのマルクス主義の歴史家であるジョージ・トムスンの著作に親しんでいたとも記している。

このとき、松本、石母田、あるいは林屋も「戦後歴史学」の歴史家として、社会経済史を踏まえた政治史を念頭に置き、さらにそこから文化史の領域に入り込むのだが、山口は政治史の仕事には触れず、彼らの文化史的作品のみを挙げている。また、彼らは「民族文化」にかかわって議論と考察をおこなっており、当時の政治的課題を真正面から扱っていたが、その文脈も省略されている。多くの歴史家たちが参加する歴史学研究会が、大会で「国家権力の諸段階」（一九五〇年）、「歴史における民族の問題」（一九五一年）などのテーマを掲げていた時期であった。

近現代日本史は、ようやく明治維新の政治史のレールが敷かれたころであり、国史は、まだ古代史・中世史研究が主軸をなしていた。石母田正『中世的世界の形成』が圧倒的な影響力を持ち、石母田、松本らが提唱する国民的歴史学運動が展開される時期に、山口は遭遇していたのである。

こうしたなかで、山口が、まだ学部学生三年のころに書いた「ミンシュウノナカへ」（東大国史学科自治会『国史研究室』第一号、一九五四年。後年、『語りの宇宙』に掲載）という文章がある。国民的歴史学運動と国史研究に対する距離感を示した文章である。

ここでは、(1)歴史学―歴史学運動において「民衆の中へ」ということが言われるが、「日本的でありすぎる」と批判を加える。「悲愴な影」を帯びており、この言い方では、「すでに僕達は民衆ではないかの顔をしている」。

しかし、「民衆とはインテリがきれい事ですましている弱さを、堂々と押し出して、豊かに保っている人間の集団」であり、したがって、「この国が変わっていく場合」その主体は（インテリではなく）「民衆」にあり、「その中からこそ問題を立てゝいかなければならないのは当然であろう」とした。「民衆」に着目しつつ、その点からの「戦後歴史学」への批判である。

すなわち、山口は(2)「日本における変革のコース」は「秀才型」であり、それは「失敗」してきたという。「大多数の鈍才が変って行くためには、鈍才と共に考え、鈍才の考え方で、鈍才の変り方を考えて行く「鈍才」が必要だ」とし、「秀才と鈍才とは当然使い道を異にしなければならないし、旧軍隊的な画一主義はそろそろ止揚していゝのではないか」と論じた。「民衆」を言いながらその内実を知らず、彼らに踏みこまない歴史学を「秀才型」とし、その姿勢を批判していく。

このあと、山口の議論は一挙に飛躍し、(3)「「国史なんて学問は結局そのまゝでは人間的な重みに耐えうるものではない」という自覚に徹すればいゝのではないかと思われる。国史なんて学問が人間的な領域の一環を形成し得るなんて考えがどだい、不遜なものではないか」と述べる。国史学科は「史料編纂学科」とし、「二元的な生活サービス精神」に徹するようにいい、「若し人間的であり得ようとすれば当然脱俗の精神とを営む可きだろう」とさえいう。

山口は「国史学科を良心のゴミステバにはしたくない」というのだが、歴史学研究会を「新アカデミズム」といい、国民的歴史学運動の「具体的な遺産らしきもの」が大したものではないとも論難した。歴史学─日本史研究に対し、違和感を真正面からぶつけている。

二一世紀初頭の現時の歴史学こそ、自信を喪失しているが、一九五〇年代初頭は「戦後歴史学」が主導し、歴史学は活性化していた。歴史学は〈戦後知〉の主導格であり、リーディング・サイエンスを自負していた。

山口が歴史学に参入した理由もそこにあったと思われるが、歴史学と歴史学者が主導する運動に、山口は批判を向けるのである。当時のマルクス主義への距離感もあったろう。

山口にとってみれば、歴史学は「民衆」を持ちあげているが、はたして「民衆の中から学問の方法を創り出して行こうとしている人」が、そんなにいるであろうか、との不満である。(3)「とにかく僕達のやる事だって、茶の湯の発生が民衆的だとおだてたって、結局僕達が慰められる以外の何物でもないだろう」と、醒めてもいる。

そして、反転して、「戦後歴史学」の代表格である井上清に対する批判を展開する。井上は、天皇制が「国民の中に生きている」ことを考えない――「天皇制はたしかに国民の敵ではあろう。しかし、それが権力として外在すると考える丈ではあまりに楽天的でありすぎはしないだろうか。矢張りなんぼ口惜しくたって、国民の間に脈うって生きているのだ」。

さらに、井上は、(皇居前広場という「同じ場所でおこった事でも」)メーデー事件には言及するが、二重橋事件には一顧だにしないと言い、そのような「歴史的批判精神」など「僕は信じたくない」とする。天皇制に関する関心のありようとして、それなりに核心をついているといえよう。

そして、フランス文学者の渡辺一夫を引き合いに出しながら、「自分達の中にある芽を一つ一つつみ取って行く」事から始めなければならないといい、「今頃になってもまだ「危機はこゝまで来ている」なんて呑気なよそ〴〵しい啓蒙気取の物の言い方しか出来ないインテリ」には「全く絶望的」とした。

こうした山口は、アンリ・ルフェーブルを引用し、「歴史学という認識形態も亦、社会発展の一段階に生ずる特異現象にすぎない」とし、「その役割が終るまでは存在せざるを得ない」と述べるに至る。

掲載誌の東大国史学科自治会『国史研究室』は、山口が創刊し編集長だったというが(前掲、『語りの宇宙』、「私の天皇制研究のアルケオロジー」)、詳細は不明である。なにせ、この文章のタイトルも、回顧のたびに異なって記されている。

しかし、この一文は、「鈍才コース」は少なくとも「国史研究室に関する限りは敗北者」であり、「気がついた人から」「そっと退席すべき」という美学に至るまで、四〇〇字詰めにして一五枚ほどの短文のなかに、論点をいくつも入れ込んでいる。若書きで、意余って説明不足の個所が多々見られるが、身近な歴史学徒のありように苛立ちを示し、そのスタイルへの反発が見受けられる。

山口にとっては、ここからの離陸(脱出)が、一九七〇年代に「人類学的思考」となって、単なる反対に留まらないひとつの主張として提唱されることとなる。さきの『学校という舞台』で記すところによると、大学院は国史ではなく国文学を受験したが失敗し、一九五八年に東京都立大学の社会人類学の大学院に入学する。ここでは、岡正雄、馬淵東一に学んだと述べている。

1　国史から「人類学的思考」へ

山口昌男の広範な活動は、一九七〇年代とともにはじまる。ときに、山口は四〇歳を迎えようとしていた。

『人類学的思考』(せりか書房、C)は、一九七一年の刊行だが、この年、山口は、『アフリカの神話的世界』(岩波書店、A)、『本の神話学』(中央公論社、B)の三冊を刊行している。書き下ろし(A)、ある連続性を有した連載の単行本化(B)、小品を含めた論文集(C)という三種の形態をもつ出版である。A―B―Cの組み合わせは、大きな見通しと眼前の事象、本筋にあたることとその周辺の事態とを組み合わせ、それを次々にかたちにしていったことを示している。

この形態は、一九七五年にも、『文化と両義性』(岩波書店、A)、『道化の民俗学』(新潮社、B)、『道化的世界』(筑摩書房、C)で反復される。一九七七―七八年もほぼ同様に、『黒い大陸の栄光と悲惨』(講談社、A)、『知の遠近法』(岩波書店、B。時評の連載)、『知の祝祭』(青土社、C)、一九七九―八〇年にも、『石田英一郎〈河童論〉』(講談社、A)、『道化の宇宙』(白水社、B)、『仕掛けとしての文化』(青土社、C)を刊行することにより繰り返されていく。山口昌男の世界が、多様に展開され目を見張るような活躍であった。さらに、このかん、『歴史・祝祭・神話』(中央公論社、一九七四年)を刊行してもいる。

山口の出発─入口になるのは、『人類学的思考』である。『人類学的思考』は六〇〇ページに及ぼうという大著で、大小の論文、書評などが広汎に収められるが、初出の発表時期も一九五六年から一九七〇年にまたがっている。そのため、歴史学研究にかかわる論文・書評から、人類学に至る道筋をたどりうる著作となっている。

冒頭には、「人類学的認識の諸前提」(初出は、一九六六年。以下、同様に表記する)がおかれ、巻末には「失われた世界の復権」(一九六八年)が配される。分析・考察の方法・認識にかかわるもののあいだに、モノグラフ的要素を持つもの、歴史学にかかわるものをおくという構成である。また、文化人類学者・石田英一郎が、山口にとりひとつの導きであったように構成されている。

だが、たとえば「マルクス主義と人類学」(一九六七年。原題は「解説」)に問わず語りのように、歴史学を学んでいたころの自己と、「歴史学的思考」への批判が記される。「伝統史学(国史研究─註)の史料批判に敬意と敵意を覚えながらも、結局はマルクス主義史学をも含めて歴史学の分野における概念の貧困さ、石田(英一郎─註)教授の言葉を籍りて言えば「現在をもって過去を解釈している」方法に飽き足らぬ想い」があり、「日本のマルクス主義は、どうして歴史研究の分野において一般的に不毛なのであるか」を思っていたことが、述懐のかたちをとりながら記される。

山口は「マルクス主義」と「実証主義」を「歴史学的思考」の核とし、「実証主義の立場」と「病めるマルクス主義の立場」をともに拒否しようとする。(4)同時に、「日本」という対象も俎上に載せる。「アマチュアの使命」(一九六三年)において、日本の思想史で希薄なのは、「人類」の意識であり、「日本の歴史はすべて日本にはじまっているというのが歴史家ばかりでなくあらゆる思想家の暗黙の前提になっている」と喝破した。無自覚なナショナリズム――日本をあらかじめの所与とする思考を批判する。

しかし、『人類学的思考』には、歴史学徒として出発した山口の痕跡もまた、しっかりと刻印されている。

山口は、林屋辰三郎『古代国家の解体』の書評を、石井進と共同執筆し、『史学雑誌』(一九五六年一月)に寄稿している。『史学雑誌』は、東京大学史学会の機関誌であるが、ここに執筆の機会を与えられている。のちに日本中世史研究を担っていく石井との共同執筆であり、すでに山口が才気を有していたことをうかがわせる。だが、書評はいきなり、林屋の「誤謬」から切り出す。山口が、国史の世界に安住していなかったことがあわせて知られる。

また、「古代文化研究の方向」(一九五六年)も『歴史学研究』に寄稿された論文であり、「歴史学の成果と課題Ⅶ」(『1955年歴史学年報』)では、吉田章一郎、亀田隆之との共著で「古代・日本」を担当している。「歴史学の成果と課題」は、一九四九年度版(一九五〇年八月)が岩波書店から刊行されて以来、毎年出されていたが、一九五四年度版(Ⅵ集、一九五五年一〇月)を最後に、以後は本誌での全面特集となる。その初回に、山口が起用されたのである。ここにも、山口が歴史学界で頭角を現していたことを知り得よう。

しかし、山口は『歴史学研究』誌上においても、古代史研究は「社会経済史の領域に於ては、我々が概して豊かな成果を持ち得ているにもかかわらず、文化史研究は依然として不毛の領域たることを免れていないようである」と批判的に論じている。歴史学研究―国史に対する距離の取り方がみられる。

学界の中心の雑誌に関与しつつ、かつそこに自足しない山口であるが、しかし、こうしたスタイルはたちどころに破綻する。山口の発表舞台が変わるのである。

むろん、歴史学批判は健在である。「歴史研究と素朴実在論」(一九五八年)は、人物論の「賑わい」を指摘しつつ、人物論は「歴史家の理論的発展」に大きく寄与しうるものではないとし、「対象を浮き彫りにする際の我々の主体に関する疑いがあまりにも軽すぎる」とした。歴史家たちの認識は「物がそこにあるからある」という類の、「極めて素朴な実在論をほとんど抜け出していない」と喝破する。

あるいは、「鼠と火事　歴研問題によせて」(一九五九年)も同様に、「テーマの涸渇と方法上の行きづまり」「マルキシズムの退潮」「機関誌の形骸化」「新しい研究者を吸収する媒体でなくなっている」という観点から、歴史学研究会を批判する。歴史家の姿勢に向けられていた批判の目が、歴史学そのもの——「歴史学的思考」とそのありようへの批判となる。

しかし、このとき、双方の発表の舞台が、雑誌『日本文学』のしかもコラムであることは注意を要する。歴史学批判を行うが、歴史学界の中心の雑誌からは、離れている。言いなおせば、そこから離れることを余儀なくされている。内部批判——内破する行為が閉ざされているということであり、山口は、主張内容のみならず、発表の舞台もまた、歴史学界の中心から離脱していった。

石母田正『中世的世界の形成』について、「徒党の系譜」(一九六三年)で論じ、石母田を「革命的ロマン主義者」と規定しつつ、その所論を批判していく。さまざまな芸能集団の「徒党的性格」を指摘し、石母田の議論を「人類学的思考」で相対化しているが、このときの掲載誌も『思想の科学』であった。

だが、この歴史学への批判と離脱は、『人類学的思考』においては、批判のまま投げ出されているのではない。「人類学的思考」を対置するというかたちをとる。「アンチテーゼは独自のテーゼを生むことによってはじめて自立する」(見田宗介)という実践が、『人類学的思考』のなかで営まれているのである。

『人類学的思考』巻末に置かれた「失われた世界の復権」は、アンソロジー集『未開と文明』(平凡社、一九六九年)の解説として執筆されたが、収録文献の選択と相まって、山口の問題関心をよく伝えている。

「失われた世界の復権」は、「日常性」への批判から出発する。「日常生活的な対象にどっぷりとひたって感情移入によって世界を感ずる方法の拒否」と言いなおされるが、「「合理性」的日常世界」の批判である。

論理的整合性という元来抽象的な場でのみ真の意味を持った体系が、日常世界に翻案されると、それは確定性、予測性、論理的因果性、効率といった概念整理すなわち日常世界の一元化の武器に転化し、多様であるべき意味の消去作用に自らを資することになる。このような世界では、論理的整合性を越えた結合は次々に否定されていく。世界が人間の「心」の合理性(全知性)に基づいて構成されるのではなく、人間の「心」が世界の整合性に基づいて再構成されることが強要される。

ここが、山口の問題関心の出発となる。日常的世界の持つ抑圧性の指摘であるが、「「日常性」の疎外からの回復」を突破するひとつとして、「「始原性」探求」が持ち出される。(1)想像力による日常的世界の否定に寄与し、(2)同時代の日常的世界から目をそむけることなく、(3)異なった原理に立ちながらそれ自体の充足性を持っている世界を対比し、(4)同時代の日常的世界を支えている原理の絶対性を否定するという方法である。「「未開」は「現代」のなかに、内的な体験として姿を現わす契機を把んだ」――「はみ出しの部分としての「未開」は、「失われているものは何であるかということを「現代」に自覚せしめるためのモデルを提供して来た」と、いわば「方法としての「未開」」をいう。「始原世界への凝視」であるが、[5]山口が根拠とするのは、構造人類学である。

構造人類学は、「われわれが不動のものとふつう信じて疑わない世界の像」が、根本的には「基本的な対立の組み合わせ」で成立していることを指摘し、「二元的な対立」など、原理の明確な対置を行う学とする。「異形」「異装」への着目も、その観点から説明される。

ここで山口が用いる構造という用語自体は、「戦後歴史学」も使用していたが、双方の内実は異なる。山口は、ある文化における仕組みが、他の文化の仕組みと相似をなすことに注意をむけ、それを構造とする。歴史の多層性、深層の歴史へと赴くための方法的概念である。たとえば、山口は、両性具有、異装に着目し、さまざまに例を挙げながら、日本の例も「決して「特殊日本的」なものではない」とし、「非日常的世界の同時性」をいう。あるいは、のちに論ずる『道化の民俗学』では、構造とは、象徴的意味と関係する概念で、(リクールを援用し)その追究は、解釈学へ行き着くともした。

これに対し、「戦後歴史学」にとって構造とは、社会構成体の法則性を旨とし、そのなかで構造が持ち出される。(山口とは逆に)構造に着目することによって、「日本の特殊性」「日本の独自性」が主張されることとなった。また、構造の矛盾が指摘され、主体を対置する舞台ともなっている。歴史の進展の論理のなかで、客観的な枠組みであり、人びとが主体的に働き掛ける対象としての構造である。双方ともにキーワードとして使用しているが、異なった内容となっている。

2　一九七一年・「知」のモデル

山口昌男の出発は、このように「人類学的思考」の展開として提供された。その一冊として、『アフリカの神話的世界』は、各章に「概論的に」「伝播論的に」「形態論的に」「構造論的に」「象徴論的に」「始原論的に」「戦略論的に」と副題が付けられ、構成されている。山口の調査報告が中核を占めるモノグラフだが、同時に方法を展開し、さらに叙述の工夫をそなえた作品となっている。歴史学の作品が、しばしば史料の紹介に力点を置きそのことに終始しがちであるのに対し、あらたな叙述のスタイルを提供している。

そのためもあってか、同書には、のちに山口が展開する論点がぎゅうぎゅうと盛りこまれている——「内容」と「形式」、「表層意識」と「意識下」(=「多層性」)、「民俗的想像力」、「音声」と「記述」、物語の「性格」「筋そのもの」「転回点」、「文化英雄」、「類型化」、「接触」、説話の「内的環境」(=「文化=社会構造」)と「外的環境」(=「移植された説話の形態論的前提」)、「自然」と「人間世界の秩序」、「自然」と「文化」、「境界性」、「小宇宙」、「記号」と「象徴」、「儀礼行為」などの議論と概念が、めくるめくように登場する。

方法としての「説話素」(=「物語的元素」)への着目とその「形態的移植」の解明、「説話構成」による比較、「象徴」と「全体構造」の追究がなされ、また叙述のなかに、記述者としての「私」も登場する。いずれも、歴史学の著作における叙述との差異を感じさせる。とくに、方法の明示や記述者としての「私」の挿入、構成の枠組みの明示、方法の提示は、史料そのものに語らせようとする歴史学の作法への挑発と読むことも可能である。

『アフリカの神話的世界』では、「いたずら者」に「トリックスター」とルビを振り、「アフリカの神話及び昔話」のなかで、「もっとも中心的な部分を占める」として紹介する。

「いたずら者《トリックスター》」は道徳善にこだわる必要がないから、日常生活では負の価値を構成しているものの中に潜んでいる行為の可能性を象徴的に引き出し、道徳的関心から二元的な価値基準の負の部分を排除することによってのみ成り立つ日常生活の不完全な一貫性(世界像)に対して、負の部分もとり込んだ世界に対する全体的な感受性を可能ならしめる。

ここに山口の主張が凝縮されている。日常生活は「機能的な効用性」を中心に組織されており、「物理的再生産を可能とするような機能的世界の構成要素」とのかかわりで生活する。そのことによって「人間と、可能な世界との深いコミュニケーション、より包括的な意味での統一感覚」が失われる。そのとき、「特定の時間、空間、媒介(象徴)」を目印とし、「日常生活的現実」から「より深い意味での統一感覚の立ち現われて来る潜在的な現実」へとスイッチを切り替える術が求められる。

「二面的な働き」、すなわち、一方で「潜在的な現実《レアリテ》」に向かわせ、他方で「生《エロス》の源泉」に触れさせ、「日常生活の世界の相対的な相貌を対象化することを可能にする」ような知のありようである。このとき、「世界を蘇らせ、真の意味を与える精神的技術」――「いたずら者」の神話は、「親しみある外貌の底に量り知れぬ世界感覚と、固定化し人を支配する日常生活的現実に対する起爆力を秘めている」とするのである。

「非日常的諸力の存在」を確認させる「いたずら者」――この方法と関心が、「近代」、「非アフリカ世界」、「非無文字社会」、そして政治―政治的行為にも向けられることに、山口の力技があった[6]。

「メタフォリカルな細部」よりも、その背後にある「還元されたパターン群」、すなわち神話素における対応をいい、その交換可能性は「時間・空間・文化アイデンティティ」の相違を解消させると述べる。このように「象徴論的」に論じたあと、山口は「戦略論的」に「「第三世界」の神話」としてキューバやブラジルなど、中南米の宗教との比較を行っていく。

いまひとつ、「アフリカの神話的世界の中心的形象である「いたずら者《トリックスター》」が、「文化の根源的な両義的性格」に由来していることが強調される。そして、その「両義的なものに対する感覚」がつねに「民俗的想像力」のなかに息づいていることもいう。アフリカからヨーロッパ(ギリシャ神話として)を経て、さらにアメリカ大陸の「インディアンの神話・儀礼の世界」に赴くが、この「両義的」ということが一つの指針となる。

両義的とは、二項対立をそのまま保持し、ひとつを消去できないという思考態度である。マルクス主義に見られる矛盾の止揚——一義的な追究とは異なった態度がここで選びとられている。

このことは、同時に因果関係をもちだして事象を解読することの拒否でもある。「神話の属性」を説明するときに、山口は「荒唐無稽」——日常生活では結びつかないようなかたちで「事物と事物」「人と事物」がつながり合うことを強調する。「事物間に効用性に基づく因果関係という、日常生活的現実を覆っている殻は、我々をそれ以外の現実に向わせることをさまたげている。つまり我々は、目に見える事物間の、目に見える関係だけが世界を説明する原理であると考える傾向がある」。

山口はこの思考を、さらに「可視的世界の物神化」と言い換え把握し、議論をいっそう展開する。このとき、神話は「日常生活的現実の物神化への抵抗の拠りどころ」となるかもしれないとも述べていく。

山口がここで論点とするのは、すでに指摘したように日常による抑圧である。日常への着目は、歴史学にとっても生産とつらなり、重要な領域であった。しかし、歴史学は、このとき、山口とは逆に、日常を組み入れることによる政治と社会運動の深い理解をしようと図っていた。日常を、人びとの主体的な営み、生活の実践として肯定し、政治史に日常の要素と日常性の文脈を盛りこもうとするのである。日常世界の把握においても、山口と歴史学とは問題意識が隔たっている。

このように、山口の「人類学的思考」をたどってきたとき、『本の神話学』のなかの一章「「社会科学」としての芸能」は、なかなかに興味深い一編となっている。ここでは、文化を「知」として把握するとき、「われわれの過去に対する圧制は、そのままわれわれを歴史の袋小路に導く可能性を十分に持っている」という、山口の問題関心が提示されている。

山口がここで見ていたのは、おりからの学生運動であった。バリケードが街路の光景を「一変」させ、学生の「異装」は「仮装」によって空間が満たされることを知り、都市は機能がすべてではないことを明らかにした、と書きつけたのである。

政治が、「空間の占取」をめぐって展開されつつあるという認識が背後にあり、「芸」を路上から追放したところに「昭和人の集団の歴史に対する圧制」「昭和に生きる人間の過去に対して有する共犯関係」を指摘するのである。「街路はかつて劇場であった」と山口は議論を運ぶ。

ここで山口が注目するのは、「芸能」である——「芸能は、まさに民俗的世界において生世界の体験が蓄積される形式としての一つの歴史、それもオフィシャルな歴史観よりある意味では〝正確な〟体験の貯蔵法である」と読み解き、そこで生起している事象は「〝心象のリアリズム〟を通した、人と〝本源的世界〟のコミュニケーション」とした。

歴史学の作法に翻訳すれば、芸能を史料として分析し、そこから関係性の本源的な態様を見出した、ということになるが、史料の概念、リアリティのありよう、関係性への着目などの点において、歴史学の狭隘さを批判する営みが実践されている。

そして、山口の議論は、いまや「歴史学的思考」批判にとどまらず、支配と解放の理論にも及んでいく——「事物の関係を固定させようとするのが支配であるとするならば、解放の第一歩は事物を固定している論理に代わる、さらに有効な事物の関係(その中で事物が、前に属していた関係において獲得することのできなかった輝きを帯びるような)を提示することである」。自らの芸能の読み解きを、山口はこのように説明する。

山口が『本の神話学』で指摘する「歴史学的思考」の問題性は、こうして対象（歴史学の用語では、史料）へと向けられる。「もうひとつのルネサンス」の章では、図像の持つ重要性をいい、「言語の入り込めない現実の襞の再現」の可能性をいう。

背後にあるのは、やはり日常世界の持つ抑圧性の指摘であり、「意識の枠に過去を押しこめることによって過去を現代の一部となすのに積極的な役割を果たす「言葉」の過剰」をいう。そして、ことば—文字史料をのみ重視する、「歴史研究における抑制と限界」の自覚があったはずである、と議論を展開していく。「歴史学的思考」が日常世界の持つ抑圧性の無自覚さと重ねあわされ、幾重にも批判するのである。

3 「歴史」への接近とその作法

「歴史と身体的記憶」（初出は「「第三世界」における歴史像」『岩波講座 世界歴史』別巻、岩波書店、一九七一年。のち改題して『道化的世界』に収録）は、「「碑文」的歴史」と「「口碑的歴史」「歴史と身体的記憶」「歴史と集合的記憶」を扱う。

かたちから言えば『岩波講座 世界歴史』に執筆し、山口が再び歴史学の中心的な舞台で発言するということになる。そのためであろうか、初出題では「歴史像」ということばを使用している。『道化的世界』に収録のときには、「記憶」と書き換えられるのだが。

この稿で、山口は、文字―碑文を介した歴史とオーラルな口碑を介した歴史を対比し、これは「客観的」な歴史と「主観的」歴史という区分に重なるとする。そして、「第三世界」(「口碑的世界」を基調に据えて成立している「歴史的構成体」と考えられているが)における「歴史的空間としての過去」を考察する――この営みは、(1)文字、近代、西洋において確立した歴史の相対化の作業である。(2)カリブ海やアフリカからの奴隷の子孫にとっては、「所謂「歴史」を所有するということ」は、すでに「抑圧装置の中に組み込まれた御旦那衆の特権」となっているとした。すなわち「その「客観性」は、支配の一形態の表現に過ぎない」という。

(3)このとき、山口は「西欧中世の民衆的世界像」もまた「殆ど同じような原理に基づいて構成」されていたとし、「「ことば」を介して価値ある過去に繋がる唯一の方法は昔話」であったとする。こうして山口は、(4)「所謂「歴史的」世界と「非歴史的」世界といった、植民地的歴史観の克服」をいうのである。

山口は、α「民衆がどういったイメージを介して、如何なる「語り」の形式(思考の様式)を介して、過去という時間軸を通して語りかけて来る価値の源泉に繋がろうとしたか」に関心を寄せる――「我々は、民衆的なレヴェルで、過去が民衆世界の一部に組み込まれる形式としての「歴史」において、事象と説話の間に明確な境界はなく、歴史的な事象の像は常に流動的で高い可塑性を示して居り、或る事象が民衆の歴史像の中に定着するために経過しなければならない民俗的認識論が、神話・説話・叙事詩という形式で表現されているという具体的な過程を再現することが出来る」。

のみならず、β「今日、「歴史を持たない」社会にも歴史が存在したなどと、狭義の西欧の史観に基づく「過去」の概念を、恩着せがましく「第三世界」に拡大する試み」を厳しく排斥する。必要なのは、「「歴史」を持っていたと考えられる世界」において、文献だけの整合性に基づく「歴史」理解だけでは、「その文化の中の「生活空間」に生きる人間」の「過去との繋りのすべて」を再現することができないということの確認であるとした。歴史学の歴史概念を疑わない歴史家たちに対する、批判と挑発にほかならない。(7)

あわせて、「集合的記憶」へと議論を引っ張っていき、「「歴史」という、過去を媒介として、自己の再統合をはかるための媒体」も、「思考の究極的動機」として「日常生活の内側に収まりきらない意識の態様」を「深い源泉」として持つとした。したがって、γ「集合意識によって組織された過去」と、自らがいう歴史とは交差するはずである、とも述べる。

ここでは、歴史の概念が、歴史学における歴史概念と対決するようにして提出されている。歴史的(植民地主義的)、階級的(「御旦那衆」)、空間的(「西欧」)な力関係によって形成された現時の歴史概念が退けられるのである。むろん、植民地や「第三世界」の歴史が絶対化されたり、神話・説話・叙事詩が代わりに持ち出されたりするのではない。日常世界自体が、歴史的に形成され、抑圧関係を有し、無意識に西欧の概念や、資本主義のもとでの概念に依拠していることを指摘し、そのことによって不可視にされた「深層の歴史」への着目を促している。

「歴史」ということばで、山口は、人と過去との結びつき方、過去の「知」の組織の仕方といったことをいいあて、歴史学が扱う歴史をさまざまに相対化していく。

いま少し、山口の「歴史」に関する議論をたどってみよう。『道化的世界』には、「ミシュレあるいは歴史の宴」(一九七四年)が収められており、『文化の詩学I』に収められた、「オクタビオ・パスと歴史の詩学」(一九七九年)、『知の遠近法』に収められた「周縁性の歴史学に向かって」(一九七六年)とともに、山口の「歴史」に対する見解が凝縮して語られている。

ミシュレを論じるなかで、山口は「歴史学は、「出来事」を組み入れる知的技術を未だ開発していない」という一方、「民衆は、絶えず表層の歴史における「出来事」を「怨霊」信仰を介して、象徴的宇宙の中に組み込んで来た」といい、「今日、我々の過去に、「全体史」の視点を確立するために、表層の歴史は、芸能・演劇の中の人間精神の深層の中に根づかしめられなければならない」とする。

それが成し遂げられなければ、歴史記述の分野は「同じ陳腐なディスクールの平凡な繰返しをシジフォス的に続ける外はないであろう」とした(「ミシュレあるいは歴史の宴」)。

さらに、「オクタビオ・パスと歴史の詩学」および、「周縁性の歴史学に向かって」は、一九七〇年代の山口が行き着いた「歴史」への議論—歴史論となっているが、入口は歴史叙述論である。

「オクタビオ・パスと歴史の詩学」は、ヘイドン・ホワイトの『メタヒストリー』の紹介から書き起こされる。ホワイトのフーコー理解に拠りながら、山口は、歴史家の本来もつべき知的作業を「見慣れたものを見慣れないものにする」ことに求める。

まずは、(1)日本の歴史研究に対し、「ダイナミックな理論構成を欠き、柔軟な思考を失い、貧しい概念にしがみつき、知的にラディカルな読者に対して働きかける力を失った分野の寒々とした光景」をみせている、と散々に述べる。「過去へのナルシシズム」と、「世界」「現実」のモデルが、「いわゆる西欧世界の、表層的な現実を構成しているレヴェルの丸写しに過ぎない」とも言を重ねる。

一九七九年の日本の歴史学界は、西洋史家を軸に「社会史研究」に親炙する歴史家たちが登場していたが、日本史家を含め多くの歴史家たちが、「社会史研究」を受容することに防衛的であったことが背景にある。「社会史研究」の台頭がみられたにもかかわらず、マルクス主義と実証主義が、あいかわらず歴史学界の主流を占めており、そこを見すえながらの発言である。

そのうえで山口は、(2)メキシコの詩人のオクタビオ・パスの歴史研究批判を紹介する――「歴史は単一のものではない。それは複数である。それは人間の、そして人間が創造してきた、社会や文明のすばらしい多様性の歴史である」。史的唯物論に依拠する歴史学によって、歴史は単一のものとされ、(日本にとどまらず)歴史学界において、パラダイムが一つであったことを見すえての山口のもの言いである。

山口は「線的なモデルで構築された「歴史」」だけが、人間と過去とのつながりを保証するものではないとし、「さまざまの形での非連続なモデル」の可能性を、パスが主張することを紹介する――「さまざまな文化は、それぞれ独自な過去とのつながりの確保の仕方を発達させてきた」が、「歴史研究者が文化における過去との媒介者としての位置を主張するならば、文化あるいは伝統のなかに埋め込まれているこうした装置を自らの方法のなかに吸収していく必要があった」。

そして、(3)「歴史研究がカヴァーする「現実」」は、「人間経験を全体的に再構成する」にはあまりにも限定されており、恣意的に切りとられたものと、厳しい批判がなされていることをいう。

「世界史の基本法則」をいい、歴史の進化を論証しようとする「戦後歴史学」の方向・方法に対する牽制球である。この時期になると、「戦後歴史学」もさすがにあらゆる地域、すべての事象に法則性をみようとする態度は希薄になってきてはいたが、それでも法則性に対する固執は、歴史家の心性を深いところで規定していた。また、「戦後歴史学」は認識を重視するのに比し、叙述は軽視しがちであり、実証の殻に閉じこもる傾向もみられた。

これに対し、山口は、「歴史を生きること」は、「テキストとしての現実、現実としてのテキストの読みなおし」であり、とりもなおさず、「手持ちのテキストを利用した新しいテキストの創出」であること、そして、その行為は、常にモデルをはみ出し、先行する解釈を変質させ、反復するというパスの歴史観を紹介する。

山口によれば、「人間経験の深みを包み込む過去」とするのが、パスの歴史の概念にほかならない。この歴史を叙述するために、「一枚岩の現実」という橋は、もはや取り外されていることを、山口は、レヴィ＝ストロース、ロラン・バルトらをも動員しながら繰り返し強調する。「歴史をテキストとして読むことは、同時に、歴史の多様的な解読を可能にし、それを多義的なものにすることを意味する」とするのである。

歴史の概念の転回を、歴史叙述の方法的検討と重ね合わせ、山口は議論している。そして、山口は、(4)歴史家に対して、先の命題を「歴史を見慣れないものにする技術を身につけなければならない。この技術はその反面に、見えないものを見えるものに移行させる、という側面を持っている」と次元を上げて論ずる。

もっぱら史料に依拠し、出来事の再構成をその任務としていた歴史家に対する、文字通りの挑発と挑戦である。「人類学的思考」を介しての、再びの「歴史学的思考」への挑発であったが、あらたに「歴史」の概念を提示してきている。

このとき、「歴史」─歴史学の転回の手がかりのひとつとして、「オクタビオ・パスと歴史の詩学」では、「他者」及びそのメタファーが取り上げられる。「他者」は、「我々のアイデンティティを脅かし、我々に武装解除を敢行する怖れがある」。しかし、パスは「他者は我々自身である」といい、山口はそれを受け、彼らが「他者」と呼ばれるのは、私たちがその姿を「透視する術」を失ったからであるとする。山口は、「他者」が私たちの存在を「深い次元」で規定するがゆえに、切り捨て忘れ去ろうとするとした。

「他者」を明らかにするためには、どのようにしたらよいのか。山口は、つづけてこの命題に入りこむ。山口は、歴史家ミシェル・ド・セルトーを援用し、「「見慣れぬ」もの」が姿を現す瞬間である「特権的瞬間」(ド・セルトー)、すなわち「「潜在的な構造(現実)」が表面化」する瞬間としての「特権的瞬間」を転回のてことする。そして、「匿れた主題によって歴史の目に見えない構造」を示そうと試みる。

換言すれば、「他者」への接近が容易になるのは、「歴史のなかの構造的部分を透して神話的・儀礼的な部分が顕在化してくるような時」であり、このとき、「歴史の叙述を支えている意味性」が解体され、「潜在的な現実の担い手としての別の意味性」が浮上するきっかけを摑むというのである。

かくして「歴史家の役割は、社会が探し、発見できない説明を過去の事件簿を構成する語彙のなかに見出し、提供して匿れた過去を説明する助けをするというところにある。歴史家は、歴史史料のうちに、「他者」の出現と立ち会うことによってこの職分を遂行する」と、山口の主張が要約される。

そして、「いずれにもせよ、歴史の現実に素材を求めたテキストは、さらに深い現実の層に拡がっているテキストを表面化するためのきっかけにすぎない」と、つづけられるのである。山口によって「深層の記憶」「深層の時間」への着目が、あらためて強調されることとなる。

そして、「こうした期待に応えた時、歴史研究は、もはやいわゆる「歴史学」ではあり得なくなるかも知れない。しかし、こうした否定をも含みかねない契機を自らの課題として背負う以外に、歴史研究は、刺激に富む知的分野として残り得ないという事態に立ち至っている」と結ばれる。

山口の議論をいくらか視野を広げながら論じてみると、「現代思想」と接する点に山口は課題を設定し、「人類学的思考」に拠りながらその方向に舵を切る。構造主義を取り入れ、言語論的転回を組み込み、対象の設定から考察の方法、さらに記述の位置と作法にかかわって、従来の作法を改変することを試みている。「人類学的思考」として提起されるのは、「近代思想」を切断し、それとは異なる学知のありようであった。

しかし、「戦後歴史学」はマルクス主義への執着が強く、「現代思想」に背を向け「近代思想」に固執した。ルイ・アルチュセールによるマルクス主義すらも、敬遠気味であった。そのゆえに、日本における歴史学は「現代歴史学」への転回をしそこなったのではないか、というのが私の観察である。(8)

かくして、「歴史のもうひとつのディスクールを浮かび上がらせる」ことが、山口の関心であり、「歴史」を過去との付き合い方の作法とし、この点から現時の歴史学とは異なる関心—対象—方法—叙述が示された。それも相当な力技を伴ってのことであった。こうした山口の議論は、しかし、「社会史研究」という一九七〇年代後半に、日本を含む世界的に大きな影響力をもち登場してきた歴史学の潮流と、親近性をみせていることは指摘しておかなければならないであろう。

「戦後歴史学」と対抗的に主張を形づくってきた「社会史研究」は、歴史人類学を標榜するように、「人類学的思考」とは近似した歴史認識—方法を有している。詳細は省かざるをえないが、フランス史家の二宮宏之、喜安朗らの仕事はそのことを示している。(9)

そのことを先取りするように、山口「「第三世界」における歴史像」は、歴史家である喜安朗と木下賢一の対談を引用し、彼らが「日常」と「非日常」を議論することを評価している。また、「集合的記憶」へとも議論を運んでいる。

山口が挑発してきた「歴史学的思考」であるが、歴史学も苦悶しながら「社会史研究」という「人類学的思考」と接点を有する歴史学の潮流を生み出してきていた。一九七〇年代の後半には、「人類学的思考」と「歴史学的思考」の共同のプロジェクトが展開される条件はみえてきた。しかし、そのときには、山口は、さらに前に進むことに力を傾けていた。二度目の歴史学との出会いそこねの瞬間である。

「社会史研究」に身を寄せるものとして、私は、山口の議論に二点を指摘しておきたい。そのひとつは、山口が着目し提起する「記憶」をめぐってである。

いまや、歴史学界は「記憶」の領域＝方法に席巻されているが、記憶といったとき二種に分かたれる。すなわち、(1)歴史と対立するものとしての記憶、歴史によって抑圧されたものとしての記憶と、(2)歴史になる前段階の状態としての記憶――歴史化され、記憶から歴史へと移りゆく状態を指すものとに分節しうる。

前者は世界観にかかわっており、表層／深層と山口が提起した意味においての記憶である。これに対し、後者は出来事にかかわっており、記憶の抗争がなされ、そこでの決着をへて歴史像が描かれることになる。山口がいち早く論じていた集合的記憶の概念は双方にかかわってこようが、分節化することにより記憶と歴史の関係がはっきりするであろう。

いまひとつは山口が前提としている、文明／未開の二分法である。このことは、「他者」概念にかかわっている。他者は、言うまでもなく、(1)認知しえないがゆえに他者とされるが、実際には、(2)「われわれ」を確認するために、「かれら」としての他者が持ち出されることが多い。

前者は、「知」の棘(上村忠男)であり、「われわれ」には包摂されず、「われわれ」の認識そのものにくさびを打ち込む存在である。これに対し、後者は馴致し、包摂することをあらかじめ織り込んだ存在で、「高貴な野蛮人」と近接している。

私自身は、かつて、こうしたことを念頭に置きながら、近代の認識として、文明／野蛮／異界というモデルを考えたことがある(『近代都市空間の文化経験』岩波書店、二〇〇六年)。ことは、近代の国民国家のもとでの空間・時間認識の編成にかかわっている。文明概念により、未開や野蛮といった時間・空間にかかわる分節化がなされるのであろう。とすれば、山口にとって、近代―国民国家の歴史的位相はどのように把握されることになるのであろうか。「歴史学的思考」にとっては、近代―国民国家とは、ある決定的な位置を有するものとして把握されている。「人類学的思考」において、近代―国民国家がもたらした切断はどのように認識され叙述されるのであろうか。

おわりに――「八〇年代」の知に向けて

一九七〇年代の山口昌男の「知」の振る舞いを、⑴「歴史学的思考」への挑発という観点から、⑵一九七一年に出された著作を手がかりとして概観してきた。さらに歩を進め、⑶一九七五年に出版された三形態、とくに『文化と両義性』を代入すれば、中心／周縁といういまひとつの山口の繰り出す「知」の衝撃があきらかになり、その複雑さと射程の長さが知られたであろう。そのため、本章は山口昌男の出発ということに限っても、まだまだ不十分な点を残している。

『本の神話学』(一九七一年)に収められた「モーツァルトと「第三世界」」では、(「誤った「モデル」による」と条件を付しているが)「ベートーベン的「糞まじめ」主義」が政治、思想、芸術とくに文学の領域を「汚染」しているとし、モーツァルトを対置している。一七世紀のイタリアの劇作家ゴッツィを紹介し、「心理的もたれあい、日常生活的整合性」に根ざす「まじめ」性を拒否し、「内容」より「かたち」を重視し、「効用性」に対し「遊び」を持ち出す「可塑性の高い舞台空間」――「コンメーディア・デラルテの様式」をねらっていたとする。山口は、ここでゴッツィに託しながら、肩肘張った窮屈な態度を退け、「まじめ」がもたらす問題性を指摘する。一九七〇年前後の戦後思想のもつ「まじめ」を問題化するのである。

しかし、このことは、思想や学知における倫理の放棄でもなければ、政治の放逐でもないことは、充分に考慮しておく必要があるであろう。山口は、「まじめ」を挑発したが、「人類学的思考」における倫理と政治にもしっかりと言及している。「調査する者の眼」(『展望』一九七〇年一〇月。のち『新編 人類学的思考』に収録)はそうした一編であり、正面から人類学における政治と倫理を論じている。山口の人類学者としての衿持が展開されている。

「人類学批判の批判」との副題をもつこの論文は、当時『朝日新聞』記者であった本多勝一が、『思想の科学』に寄稿した「調査される者の眼」に対する批判として書かれている。人類学における調査費用の出所を問い、国家による調査結果の簒奪を懸念する本多の批判に対し、山口は自らの調査費用を公開し、論点を再提示する。

そして、本多が批判すべきは「独占資本」であり、「〝他者」と世界を共有しようとしない、人間のエゴイズム」といい、本多に対し「己れだけが一方的に正義の側に立っていることを示したがる偽善者のポーズ」をもつ、と手厳しく反論する。

山口は、問われているのは、何のために、何を対象として、どのような方法で「調査」をするのかであると、論点を整理する。そして、自らの事例を報告しながら、本多を反駁するのである。山口は、人類学の「調査」が、現時の国際関係、資本主義の仕組

み と決して無縁ではなく、政治性をもつことを論争の形式で展開している。「人類学的思考」の営みにおいて、倫理と政治がしっかりと認識されていた。

しかし、そこに道化をあわせ論じたところに、山口の世界がある。『道化の民俗学』で、山口は、「道化・犯罪者・賤民」は、「平板化して中途半端に解体した世界に残された希望の星のようなもの」といい、「インディアンと共に蘇らなければならないのは我々自らの世界なのである」とも述べている。

「人類学的思考」は、現時における文化の支配的潮流との緊張関係のなかで実践されており、山口の挑発は戦略を伴った営みであった。すでに記したように、『アフリカの神話的世界』が、『道化の民俗学』とあわせ刊行され、『本の神話学』と呼応している。かかる一九七一年をはじまりとする山口昌男の営みは、ひとり学知にとどまらず、戦後思想そのもの──〈戦後知〉にも大きな衝撃をもたらすものとなっていった。

その後、こうした山口の世界は、次第に「笑い」へと傾斜していくこととなる。そのこと自体は、いまだに旧態依然とした「歴史学的思考」への苛立ちであったかもしれない。挑発を続けていたともいいうるであろう。

歴史学のなかにどっぷりとつかっていた私には、そうした山口の発言の数々は、窮屈な歴史学界の風通しをいくらかでも良くしてくれるものと映っていた。私にとっては、

「人類学的思考」の山口と、文学研究者の前田愛の議論とが硬直した「歴史学的思考」への防波堤であり、突破口であった。

だが、同時に、〈戦後知〉そのものもまた、(歴史学を取り残すようにして)山口の提起する方向に向かいつつあったように見受けられた。端的に言えば、山口の歩みが、一九八〇年代における「知の変貌」と重なっているということである。いや、山口の腕力が、そうした「知の変貌」をもたらしたという方が、正鵠を得ているであろう。

一九八〇年代に入って、山口は、『文化人類学への招待』(岩波書店、一九八二年)、『文化の詩学I・II』(岩波書店、一九八三年)、スクラップブックと称した『笑いと逸脱』『文化と仕掛け』『冥界遊び』(ともに、筑摩書房、一九八四年、八六年)などを上梓する。一九七〇年代にも増した、多彩な活動を繰り広げていくことになる。さらに、テーマ別で、音楽論、映画論、天皇制論、マンガ論、ロシア論、病いや演劇を主題として、自らのアンソロジー集を編むという、これまた独自の問題提起を行い、自らの世界を豊饒化させその輪郭を固めていった。

山口の「知」それ自体は、一九七〇年代と一九八〇年代では変わっていないものの、活動のスタイルは変容をみせはじめる。それ以上に、山口を取り巻く〈戦後知〉のありようが大きく変貌してきている。ことは、一九八〇年代の〈戦後知〉のありようにかかわっている。

山口が、一九八〇―八二年に刊行された叢書『文化の現在』(全一三巻、岩波書店)の編集に、大江健三郎、中村雄二郎とともに携わり、さらに、一九八四年に創刊された、雑誌『へるめす』の編集同人となったことは、ひとつの象徴である。ここには、磯崎新、大江健三郎、大岡信、武満徹、中村雄二郎が名前を連ねていた(編集長は、大塚信一)。周縁の「知」として対抗的に登場してきた「人類学的思考」が、「文化」として中心の一翼を占め、識者とともに出版として雑誌や叢書を維持するようになった。〈戦後知〉における一九八〇年代は、こうした意味においてひとつの転換期をなす。「戦後歴史学」から「現代歴史学」への転回がなされず、歴史学の頽勢が決定されるのも、この一九八〇年代の振る舞い方に起因している。

こうしたありようを、山口は敏感に察していたであろう。そのため、その後、『「挫折」の昭和史』『「敗者」の精神史』(ともに、岩波書店、一九九五年)、および『知の自由人たち』(日本放送出版協会、一九九八年)を刊行し、みずからの思考と考察のあらたな展開を図る。近現代日本に対象を設定しており、再々度の歴史学―日本史学との接点の探りあいの試みではあった。

しかし、このときには、さすがの歴史学―日本史学もマルクス主義をひとつのパラダイムとして相対化しており、歴史学の作法も変貌をみせていた。山口は、その変化のなかでの歴史学に対応しており、ここでも不幸な再々会となった。

一九八〇年代の「知の変貌」と山口昌男、一九九〇年代の山口のあらたな営みは、こうして〈戦後知〉、また「歴史学的思考」を考察するうえでは考えなければならない論点を多数含んでいる。山口昌男の天皇制論の検討とあわせ、積み残しの課題としておきたい。

(1) もっとも、すぐ触れるように、山口は学生時代における石母田正との出会いについても特記している。「戦後歴史学」の中心人物と接していたことを、あえて書きとめている。

(2) 実証主義のもつ戦時体制との癒着の面も、いまではあきらかになっている。皇国史観と距離を取ったとはいえ、歴史学の実証主義が戦時体制のもとで果たした役割には見過ごせないものがある。さらに戦後にはマルクス主義との距離をも意識していた。

(3) 山口は、「民衆」のなかから「学問」を創り出すことを実践しようとするのは思想の科学研究会くらいであると述べ、さらに、同会は「皆の云う様に〔は—註〕決してチャチなものだとも思わない」とも述べている。

(4) この意味で、山口が『歴史・祝祭・神話』で、「革命のアルケオロジー」として、スターリンやトロツキーを論じたことは興味深い。マルクス主義の検討であり、山口によるマルクス主義の可能性の抽出である。

(5) しかし、「このような始原世界への凝視を日本近代の文学思想に求めることは非常にむずかしい」と、日本にも視野を及ぼしながら、同時に日本批判を行う。

(6)トリックスターの概念は、日本にも適用される。山口は「あまのじゃく」「隣り寝太郎」をはじめ「山伏神楽の道化」「能狂言の太郎冠者」「初期歌舞伎の猿若」などのイメージに繋がっている、と指摘する。たとえば、スサノオを道化＝トリックスター神であると考えたとき、かれの追放は「倫理的な断罪」ではなく、スサノオが「共同体＝世界の凶事・悪に「かたち」を与えて自らをそれに同一化」し、それゆえに「境界の外」に追い出された、という解釈となるとした。弁慶もまた、御霊信仰のなかの「異形の者」であり、歌舞伎の荒事に先行する「荒神のヴァリエーションの一形態」とし、「トリックスター」と規定する。このことにより「聖なるものであると同時に畏怖すべきものであるという」「両側面」が見えてくるとするのである。

(7)山口は、人類学の潮流への批判もおこなっている。「人類学の支配的な理論は現在のところ、文化の相対性と共に、一つの文化内部の構成的要素を親族組織を決定因子とする相関関係の複合の抽出という点にかかわっている」(『道化の民俗学』)。いたずらな歴史学に対する批判に終始しているのではないことは、銘記しておくべきであろう。

(8)私の『歴史学のスタイル』『歴史学のポジショナリティ』『歴史学のナラティヴ』(いずれも、校倉書房、二〇〇一、〇六、一二年)という歴史評論集は、その事を主題としていた。また、日本史研究に即しては、「日本史研究の失われた「80年代」」(岡本充弘・北原敦・喜安朗・谷川稔編『歴史として、記憶として』御茶の水書房、二〇一三年)で記した。

(9)二宮『全体を見る眼と歴史家たち』(木鐸社、一九八六年)、同『歴史学再考』(日本エディタースクール、一九九四年)、喜安『近代の深層を旅する』(平凡社、一九九六年)、同『民衆擾乱の歴史人類学』(せりか書房、二〇一一年)などが、その代表的な著作である。

第13章　見田宗介をめぐってのこと、二つ、三つ

はじめに

先日、若い世代の論者たちによる戦後思想家論集のなかに、丸山眞男、吉本隆明、鶴見俊輔らとならび、見田宗介(一九三七―)を論じた稿を見出し、ハッとした(大井赤亥・大園誠・神子島健・和田悠編『戦後思想の再審判』法律文化社、二〇一五年)。見田が「戦後思想」家として扱われ、議論の対象とされたことへの小さな驚きである。ちなみに、筆者の片上平二郎は「戦後思想の「幸福」に向けた〈転回〉」と副題を付している。

そう、たしかに見田は社会学の領域をこえた社会学者であるとともに、「戦後思想」のなかに位置づけられるべき存在である。私自身も、東日本大震災後、二〇一二年に持たれた小さな連続セミナーのなかで、(大江健三郎、山口昌男らとならべて)見田宗介の議論の検討をおこなったことがある。

私自身の見田との出会いは、歴史学を学び始めたころ、たまたま図書館で接した、

「明治維新の社会心理学」(『思想の科学』一九六五年一〇月)にある。なんとも異質な、そして驚嘆すべき明治維新論にみえた。そして、続けて読んだ、身の上相談やベストセラーの読み解きにはじまる「現代社会の心情」への接近に魅惑され、見田の問題意識や対象の選択の面白さ、分析のあざやかさが強く印象づけられた。史学科に籍を置いていたが、以来『現代日本の心情と論理』(筑摩書房、一九七一年)は繰り返し読み、『近代日本の心情の歴史』(講談社、一九六七年)は、民衆史研究を志していた私にとり、はるかに先に位置する大きな目標となった。

見田の軌跡を見るとき、その特徴のひとつに、たえず著作—文脈の再構成をおこなっていることをあげ得る。まるで、モジュールとしての近代—現代を扱うように、自己の論考に対する、絶えざる組み換えをおこなっている。初出の論文↓単行本への収録↓著作集としての集成という、通常みられる論文の編成が、見田のばあいは時間の推移のなかで、自在に組み替えられる。

初出論文を組み合わせて論文集とし、(単独の論文とは)異なる文脈を作りあげた見田は、その単行本を解体し、あらたに再編集し著作集を編む。状況に合わせた文脈のなかで、たえず自らの見解の再提供、再々提供がなされるのである。

本章で取り上げる論考も、「まなざしの地獄」は『展望』(一九七三年五月)に掲載されたのち、『現代社会の社会意識』(弘文堂、一九七九年)に収められ、そののち、大澤真幸の「解説」を加えて、あらためて単行本化された(河出書房新社、二〇〇八年)。単独の論文としての考察が、論集に収められ「現代社会の社会意識」のひとつの分析とされ、さらに単行の著作として、独立した考察へと回帰し意味づけられる。著作集においては、「生と死と愛と孤独の社会学」の巻に収められ、あらたに異なった文脈に集合されていった。

「論壇時評」も、一九八〇年代の中葉に新聞に連載(四八回。『朝日新聞』一九八五年一月―一九八六年一二月)されたものが、八編を除いて単行本(『白いお城と花咲く野原』朝日新聞社、一九八七年)として刊行され、さらに二八編が文庫(『現代日本の感覚と思想』講談社、一九九五年)に収録された。状況に応じて自己の論の意味づけを変え、再編成した文脈のなかで、あらためて自らの見解を再提供するのである。

こうした見田の営みについて、一九七〇年代から一九九〇年代半ばころまでに焦点を当て、歴史を学ぶものとしての関心から、二、三のことを記してみたい。

1　一九七〇年代半ばまでの見田宗介

まずは、一九七〇年代半ばころまでの見田宗介の営みである。出発点に位置する『現代日本の精神構造』(弘文堂、一九六五年)にみられるように、見田の単行本の表題には、「近代社会」と「現代社会」、「精神構造」と「存立構造」、「心情」「感覚」と「論理」などの語が頻出する。見田は、それらを組み合わせ、考察(関心)の文脈と、分析方法と分析対象をあわせ示しゆく。

かかる作法で「近代日本」「現代日本」に接近し考察をおこなうとき、見田は「日本」を考察する批判的視座を、(同時代の多くの議論にみられた)「封建遺制」に求めず、市民社会批判として展開していく。「日本近代」に諸矛盾の要因を求めるのではなく、「近代」批判に視座を設定し、そのゆえに「現代日本」を考察する姿勢をみせる。見田の営みを考えるとき、まずはここが肝要であろう。

すなわち、見田は、市民社会の批判から出発し、「近代社会」、および「現代社会」の内部批判と存立構造の解明、時間と空間の相対化をおこない、そのとき「社会」「日本」「空間と時間」あるいは「思想」「意識」を、微細に切り分けていく。

他方、見田は、不幸の類型、欲望と道徳、愛とエゴイズムといった「心情」(「心理」)へ接近し、「感覚」「感情」にも目をむける。さらに、コミューン(個と共同性、人間と人間の関係、自然論・宇宙論・存在論を内包)、青年、情報化・消費化などを好んでとりあげる。このとき、分析対象の設定に独自性を有し——身の上相談、犯罪、流行歌、流行語、ベストセラーなどを対象とするが、その対象の設定と分析方法とを緊密に結びつけている。

こうして、見田は、近代／現代、存立構造／現象形態、論理／心情、マクロ／ミクロと対象を分節したうえで、その双方―総体を扱い、視野と対象を限定しない。また、価値観―意識―心情から、〈いま〉を分析するが、「近代」→「現代」、さらに、「日本」という空間、「戦後」というある特定の時空間とその推移の考察もおこなう。自我の諸類型を考察し、行動と主体との問題系をもち、「精神構造」に接近するが、これらが一九七〇年代半ばころまでの見田の営みであったろう。

多様な問題系を扱い、内部批判と存立構造の解明をおこない、複眼点視点をもち、方法的工夫も次々に試みられるが、通底するのは、歴史と〈いま〉への批判であり、近代と現代への双方の関心である。また、「意識」として認知されている領域を分析の対象とし、同時に社会をあきらかにするための方法とすることであった。

当面、見田が行きついた地点として、二〇〇〇年代の初めの『定本 見田宗介著作集』（全一〇巻、岩波書店、二〇一一―一二年）の構成は、「現代社会の理論」「現代社会の比較社会学」「近代化日本の精神構造」「近代日本の心情の歴史」「現代化日本の精神構造」「生と死と愛と孤独の社会学」「社会学の主題と方法」（そのほかに、「宮沢賢治」と小品集としての「晴風万里」）とされている。

課題としての「現代社会」と学知としての「社会学」のあいだに、「現代社会」と

「近代社会」、「現代化日本」と「近代化日本」が、方法・対象としての「比較社会学」「精神構造」と組み合わせて提示される。「生と死と愛と孤独」として、人間存在が生きていくうえで抱え込む問題系が提示されている。

他方、一九六九年以来、「真木悠介」名で出された著作は、そのまとまりが崩されず、関連の文章が付される体裁となる（『定本 真木悠介著作集』全四巻、岩波書店、二〇一二―一三年）。

こうした軌跡は、一九八六年の段階でいったん、見田自らによって整理されている（『見田宗介「〈現在〉との対話5 現代社会批判」』作品社、一九八六年。小阪修平との対話）。

第一期：「一九六〇年代の、社会学者としての仕事」。

第二期：「七〇年代前半の過渡期」。「試論」としての『人間解放の理論のために』（筑摩書房、一九七一年）、および『現代社会の存立構造』（筑摩書房、一九七七年。真木悠介の名で刊行）。

第三期：「七六年以降」。『気流の鳴る音』（筑摩書房、一九七七年。真木悠介の名で刊行）、『時間の比較社会学』（岩波書店、一九八一年）を「主柱」とし、『宮沢賢治』（岩波書店、一九八四年）などを「補論」としている。

原理的な関心と、現象への興味をあわせもつが、見田は「ぼくにとっての問題」として、「死」「ニヒリズム」「エゴイズム」「関係の矛盾」の四つを挙げ、(1)前二者と後二者は同じであり、結局のところ、(2)「ニヒリズムの問題」と「エゴイズムの問題」に関心を有しているという(同)。

さて、一九八六年の見田は、第二期の仕事に対し、『現代社会の社会意識』に収められ、のちに『まなざしの地獄――尽きなく生きることの社会学』(二〇〇八年)として刊行された論考(初出「まなざしの地獄」一九七三年)を、「補論」と位置づけている。高度経済成長下のひとつの犯罪に着目するとともに、調査としてなされた数字の背後にあるものを読み解こうとする一編で、社会学の手法によりつつ、社会学批判にむかう論考である。まずは、この論考を検討してみたい。

「まなざしの地獄」は、四人の人物を殺害した永山則夫(＝N・N)の「生活史記録」であり、描き出されるのは、「生の投企」において照らし出してしまった「現代日本の都市」のありよう、そして「その人間にとっての意味の一つの断片」である。個人の意識と都市(社会)の構造を踏まえ、行為と意味を考察し、一九六〇年代の都市・東京の状況を描き出すこの論考は、のちに都市論と重ねあわされることにもなる。

永山の抱え込んだ「まなざしの地獄」は、「われわれの存在の原罪性」(＝「われわれの生きる社会の構造そのものに内在する地獄」)によっているとし、見田は、戸籍によって差別する「社会の構造」が、永山を絶望に追い込む過程を考察した。見田にとっての市民社会批判であり、都市空間＝近代資本制のなかでの「不幸の諸類型」を探る営みともなっている。

一九七〇年代はじめの見田の問題意識と方法が、存分に展開される論考だが、永山則夫という対象が選び出されたことが、なによりも目を惹く。永山に代表される、社会からはじき出された若者たちの考察によってなされた、高度成長下の日本社会への批判であった。ことばを換えれば、高度成長下で、現代社会へと転換する日本社会の構造を、永山則夫の生活史をたどり、意識の領域を組み込み考察する論考である。

（単行本版の「解説」で、大澤真幸が的確に指摘するように）方法的な工夫がなされ、たとえば「平均値」ではなく、一つの「極限値」を考察し、「例外」のなかに「普遍」を見出そうとする。考察の深度は、データそのものの解釈から、先行する解釈への批判的解釈にいたり、「統計的な事実」に「実存的意味」を見出し、「実存的な諸事実」の「統計的意味」を説き、「数字の深淵」を読み解いた（以上、大澤真幸「解説」）。

量的調査に質的意味を読みとり、質的な探究を練り上げていく方法については、見田は社会学の方法として別途考察していたが、「まなざしの地獄」は社会学の方法の内在的検討―批判であり、端倪すべきは、このことが永山則夫への関心となっており（対象）、「まなざしの地獄」の考察として具体化されたことにある（叙述）。

歴史学が、高度経済成長を批判しえず、これ以降、迷走をはじめたことを考えるとき、見田によって「まなざしの地獄」が書かれたことの意味は、さらに加わる。すなわち、歴史学は「近代」の国家と社会の解明に全力を注ぎ、一九五〇年代にはリーディング・サイエンスたることを自負していた。しかし、一九六〇年代以降、高度経済成長のもとで日本社会が現代化してきたときに、それをとらえるすべを失った。現代社会の把握と批判的視座を獲得するためには、近代の学知たることを、あわせ検討しなければならないことを、見田の営みは示唆している。

たしかに、歴史学もまた、一九七〇年前後に再編成がなされ、認識こそ再検討されたが(「階級闘争」から、あらたに「人民闘争」の提起！)、方法と叙述にはそれが及ばず、「近代歴史学」(=「戦後歴史学」)から「現代歴史学」への転換をしそこなった(とりあえず、拙著『歴史学のナラティヴ』校倉書房、二〇一二年、を参照されたい)。

「まなざしの地獄」を、あらためて整理してみれば、

Ａ　問題意識

見田は、アイデンティティに着目しながら(「否定的アイデンティティの体験」「社会的アイデンティティ」)、現代都市空間のありようを、永山の生きざまを軸に描き出す。「人間の存在とは、その現実にとりむすぶ社会的諸関係の総体」であるという認識がここに示される。

高度経済成長のなかで求められるのは、「新鮮な労働力」であった、と見田は冷静に

指摘する。しかし、永山は、上京—就職に「自己解放の夢」を託していた。「都会のがわの要求」と「少年たち自身の要求」とのあいだの「落差」。ここに焦点を当て、(1)「誇りをもった人間の主体としての部分」における「欠如」があり、(2)彼らの(「階級的に規定された」)「対他と対自のあいだ」には、はじめから「矛盾」が存在していた、と見田は考察する。

B　方法—心情の分析

「不満」の分析が、「まなざしの地獄」においてなされる。「〈関係憧憬〉」(その欠如による孤独)、と「〈関係からの自由への憧憬〉」(孤独への憧憬)を、調査から読みとったうえで、(1)両者は、互いに矛盾するようだが、実のところは補い合うものとなっている、と見田は考察する。すなわち、(2)「ある種の強いられた関係から脱れようとしながら、ある種の関係を欲求している」。そして、(3)「関係欲求」以上に、「関係嫌悪」がもたらされるとした。

C　考察

「生理的な飢えそのもの」は満たされるが、「社会的差別」「自己の社会的アイデンティティの否定性」「存在の飢え」は満たされないものとしての現代都市空間。そのもとで、見田は「貧困」の再定義をおこない、「貧困とは貧困以上のものであること、それは経済的カテゴリーであるより以上に、社会的存在論のカテゴリーであること、貧しさが人間を殺すということ」を指摘する。このことの「無念」を永山は生きた、と見田は解釈する。

この考察により、「自由意志そのものを侵食」する都市空間が輪郭を現し、(1)「〈演技〉の陥穽」と「〈怒り〉の陥穽」――自己成型により、都市が好みの型の人間を作りあげるという都市の狡知が指摘される。かかる主体の企図(第一の疎外)に加えて、(2)反抗の形態を先回りして、捕捉(第二の疎外)がなされる。

そして、こうした「〈他者たち〉への一般化された憎悪・怨恨・怒り」という「自らも制御しえない怒り」により、「一つの確固たる社会的存在を獲得」――「悪による存在証明」が遂行されることとなる。しかし、(2)′この「悪」の存在はそれ自体背理であるのみならず、体制はあらかじめそれを「歩留まり」として念頭に置いていた、と見田はいう。

D〈いま〉から読むと

論考「まなざしの地獄」は、「まなざし」へ着目し、互いに視線を交わし合う都市空間を認識させた。しかし、視線の階級性――エスタブリッシュによる視線の分節の必要性を、見田は主張する。また、二重・二種の視線と行為があり、交わし合う行為が対等にならないときもある。

そのゆえに、「表相」という戦略があり、他者のまなざしを操作しようとする営みにも、あわせ着目する(「表相性の獲得による、自己存在の離脱への投企」「まなざしの地獄を逆手にとったのりこえの試み」)。

永山を導線とする都市流入の単身者たちの内面の意識が、こうしてたどられるなか、恣意的・状況的な解釈を避けるために、データが活用される。このことは、方法―解釈の移ろいやすさと、データの重みが、見田によって意識されていると考えられよう。高度成長下の都市空間が、あらたな相貌を持って現れてくるとともに、都市が人を解放するという幻想をいちはやく砕き去った。加えて、論考「まなざしの地獄」は、犯罪をテコに、現状分析をおこなうことの一般化をもたらしたことも、見逃せないであろう。いまいちど、歴史学の一九七〇年前後に比定すれば、史料・資料をよりよく解釈することが促されるときに、「近代歴史学」への方法的・認識的・叙述的批判がなされず、「現代歴史学」へと移行しきれなかった、ということに通ずる。見田の「まなざしの地獄」は、対象の設定の背景に、方法と叙述に関わる洞察があり、たえず「現代社会学」を希求する見田によってなった作品にほかならないといいえよう。

近代社会と現代社会の双方を問題化する見田は、市民社会の批判をへて、さらに、戦後史の時期区分にいたる。一九九〇年代のことである。このとき提供されるのは、どのような戦後史像となりうるであろうか。

2　見田宗介と「戦後」認識

1

真木悠介の名前で出された『気流の鳴る音』は、「(近代)文明の外の諸社会」(「異世界の素材」)を「われわれの未来のための構想力の翼」とするとともに、そのモデル自体をあわせ問う作業として、提供された。「コミューン論」を問題意識の入口とし、文化人類学・民俗学を素材とする比較社会学の作品であり、「人間の生き方」の発掘、その生き方を満たしている「感覚」の発掘――「容赦のない文明の土砂のかなたに埋もれた感性や理性の次元」の発掘であると、自らいう。

「ドン・ファンはわれわれを〈まなざしの地獄〉としての社会性の呪縛から解放する。しかし同時に、それはわれわれの共同性からの疎外ではないだろうか？」と見田はいい、文明社会(「近代」「現代」)を、異世界によって相対化しつつ並列化し、異世界の存立構造をあわせて考察の対象とし、(文明社会と異世界の)双方を視野に収める認識―方法―叙述を提供した。一九八〇年代の「知」を先取りしたかのように、「「明晰」は「世界」に内没し、〈明晰〉は「世界」を超える」などと、二重の思考がたえず遂行される。

その後の見田の『時間の比較社会学』や『宮沢賢治』は、この転回を踏まえた仕事となっている。前者は原理的な、そして後者は日本を素材にとったあらたな「気流の鳴る音」であり、「論壇時評」を集成した『白いお城と花咲く野原』は、その点からの現代日本の解読として読むことができる。

こうした営みを経て、見田は一九九〇年に「戦後史」(戦後日本社会)の三区分を提起した。「現実」(リアリティ)の反対語を手掛かりとした時期区分というが、近代社会/現代社会を踏まえた、「日本」の問題化という文脈を持つ。高度成長期に「現実」の観念をめぐっての転換があったことを歴史化し、そのことにより近代社会と現代社会の差異を明示し、戦後日本の推移を問題化するのである。

これは、歴史家たちのお行儀のよい形成—展開—終焉という戦後史のモデルの提示、認識の指標と比べると、状況により即し、「現代」への接近を試みているということができる。

「理想の時代」(一九四五—六〇年)　プレ高度成長期
「夢の時代」(一九六〇—七五年)　高度成長期
「虚構の時代」(一九七五—九〇年)　ポスト高度成長期

というモデル(時期区分)は、周知のように、その後、大澤真幸による修正が試みられ(「理想の時代」一九四五—七〇年、「虚構の時代」一九七〇—九五年、「不可能性の時代」一九九五年—)、吉見俊哉によって、叙述の試みがなされる(『ポスト戦後社会』岩波書店、二〇〇九年）。

見田のこの戦後史試案が最初に示されたのは一九九〇年であるが（東京都写真美術館開館記念のカタログ解説）、この試案は、一九九五年に自らあらためて問題化する。見田は、一九八〇年代中葉の「論壇時評」（からの抜粋）と、この戦後試論を組み合わせた論集『現代日本の感覚と思想』（講談社）を、一九九五年に刊行する。

おりしも、一九九五年は「戦後五〇年」に当たり（正確には、敗戦の一九四五年から五〇年目、というべきであろう）、さまざまに、「戦後」が論じられた年であった。たとえば、キャロル・グラック「戦後五〇年」（『歴史で考える』梅崎透訳、岩波書店、二〇〇七年、所収）は、あれこれの「終わり」が論じられることを紹介し、そのなかでさまざまな意味合いを込めて「戦後」（日本）が語られ、日本における「戦後五〇年」が論じられていることをいう。

あるいは加藤典洋は、のちに『敗戦後論』（講談社、一九九七年）に所収されることとなる「敗戦後論」（『群像』一九九五年一月）を書き、「戦後」の歴史化を図るとともに、戦後における「主体」をアメリカとの関係で問題化する論を公表した。加藤の議論は、ただちに論争となり「歴史認識論争」とよばれる議論をひきおこしたが、見田もまた同じ時期に、『現代日本の感覚と思想』を反時代的―反戦後的な著作として提出し、あらためて戦後史の区分を世に問うた。

見田の戦後史の三区分は、「経済高度成長期」を軸に考察され、「プレ」「ポスト」「経済高度成長期」として発想されている。

「理想主義が現実主義であり現実主義が理想主義である」という「「理想」の時代」は、現時(「「虚構」の時代」)から振り返られるとき、人びとが「現実」というものに疑いを持たなかった時代とされる。見田は、「アメリカン・デモクラシー」と「ソビエト・コミュニズム」を等値するとともに、「大衆」の感覚から、生活のなかのアメリカ化を視野に収め「「理想」の時代」を説明する。

「「夢」の時代」である一九六〇年代は、まずは「社会構造の根柢からの変革の時代」として把握される。農業基本法(一九六一年)、全国総合開発計画(一九六二年)という、池田勇人首相による「日本社会改造計画の二本の柱」に、見田は着目した。

「所得倍増計画」ではなく、この「二本の柱」をとりあげ、「農村共同体のドラスティックな解体＝小農民の切り捨て」による「近代化」と、「全国土的な産業都市化」を指摘した点に、見田の面目がある。農村部に目を配り、「挙家流出」「留村脱農」という形態の賃金労働者と、その予備軍の「創出」を見出し、高度成長のもとでの変化を構造的に把握する。見田は、国家ではなく、資本の営みを主眼に置いている、ということでもある。

また、「日本社会の基底」をなす「大家族制」があわせ変化していくことをいい、家族の関係、男女の関係、男性・女性の人生、子どもの育ち方、性格形成、そして「人生の「問題」の所在」の「変容」を指摘する。表現―意識とともに、「生の技法」の変容に目配りした議論となっている。グラックの議論に接する「幸福な終末の感覚」にも言及し、見田は「「夢」の時代」には、「「幸福」の時代であるという感覚」の「共有」があったことをいう。

同時に、この「「夢」の時代」を、前半の「〈あたたかい夢〉」と、後半の「〈熱い夢〉」の時期に区分する。後者は、さきの「さまざまな「理想」のかたち」に対する、「全面的な反乱」とした。「コミューンのさまざまな形態」や「表現のさまざまな様式の実験」に、解放された空間と時間を見出すのである。

しかし、見田の時期区分は、なんといっても「「虚構」の時代」の指摘と把握が特徴的である。「終末論」と「やさしさ」の二つの流行語に、(オイルショック後の)社会構造の転換に呼応する社会意識を読みとり、見田はいくつもの事例を挙げる。そして、「リアルなもの、ナマなもの、「自然なもの」」の「脱臭」がなされ、「生活と肉体のリアリズムから、映像の脱リアリズムへ」と移行するとした。「リアリティなんかないというのがリアリティなんだ」という語句を引き、「「虚構」の時代」を説明する。

「シニシズム」に対する見田の関心からは、この時期の「シニシズム」の「構造化」

「無意識化」にも着目し、戦後(日本社会)の消費社会化と情報社会化という現代社会への構造的変容と、「虚構社会化」が内的に結びついている、という認識を示す。資本主義という観点からは、「「虚構」の時代」は「情報」による「欲望と市場の自己創出」として把握される。

このように戦後史の時期区分をおこなう見田は、第一に「現実《リアリティ》」の「反対語」によって「時代の心性の基調色」を性格づけた。一九九〇年の問題意識でいえば、いったん考察から外しておいた「現実」という概念を、あらためて再代入したということになる。

第二には、戦後社会の「社会構造」の変化に着目している。「経済高度成長期」の「階級・階層構造」「人口・家族」「産業」を基礎に、認識を組み立てている。すなわち、第三の点となるが、これまでの見田の手法の凝縮であり、構造的変化を示すデータも、流行歌や流行語、犯罪、映画や盛り場などの素材にかかわってもちだされる。いってみれば、戦後社会の「転回」に着目するのだが、その指標として、かかる時期区分とその特徴づけがなされたのである。

歴史学と比すれば、見田の戦後史の時期区分の特徴はいっそうあきらかになる。成立—定着—ゆらぎ—終焉(中村政則『戦後史』岩波書店、二〇〇五年)の一方向の時間、均一な空間という歴史学における把握への批判であり、「敗戦—占領」を起点とする認識を批判する営みにほかならないであろう。

高度経済成長(見田のいい方では、「経済高度成長期」)を軸とする戦後史の議論であり、バブルとバブル崩壊があわせて意識化されている。「戦後」そのものと、「戦後論」とをあわせ相対化する議論を、「時期区分」として提出したといいうる。しかも、見田の時期区分は、一方では、あらたな認識(「空気の薄くなった時代」『朝日新聞』二〇〇八年一二月三一日)へとつなげられるとともに、循環する区分ともなっている。「現実」を参照点とすれば、「理想」→「夢」→「虚構」は、再び(あらたな次元での)「理想」へと移りゆく。

別言すれば、かかる戦後史像は、時間的推移に基づく時期区分ではなく、ある参照点(「現実」)による転回によるものであり、均一的な時間―空間や、その一方向の推移を前提とする区分が排されている。近代認識による近代―現代社会の時期区分ではなく、現代認識による近代―現代社会の分節となっている。現代社会においては、社会構造と社会意識の関係が、近代的なありようとは異なるという認識が盛りこまれている。

2

「「虚構」の時代」という認識の指標は、『現代日本の感覚と思想』に、そのいく編かが収められた「論壇時評」にうかがうことができる。見田もまた、「論壇時評」は、「現代日本の思想の鳥瞰図を作るという作業」(「あとがき」『白いお城と花咲く野原』)であったと述べている。

興味深いことに、この単行本化(『白いお城と花咲く野原』)の時点で、見田は「わたしの固有の問題意識と対象がスパークするようにして書くことができた文章」に＊印を付している(一七編)。しかし、『現代日本の感覚と思想』に収録したのは二八編であり、一一編がいわば敗者復活をしている(厳密にいえば、冒頭の「現代の死と性と生」に、『白いお城と花咲く野原』の冒頭「現代社会の自己表現」の一部が組み込まれているため、一〇編の復活)。復活—収録の規準は、一九九五年後の時点で「現在的に重要であり、少なくとも次の世紀の初頭にかけては重要でありつづけると考えられる項目」(傍点は原文。以下同様)ということである。

さて、この「論壇時評」は、戦後思想から現代思想、モダンからポストモダン、近代から現代という移行の時期の「論壇時評」であり、見田は次のような見取り図を描いている(「〈深い明るさ〉の方へ」。「論壇時評」は、以下、タイトルのみを記すことにする)。

〔雑誌の—註〕『世界』がきわめて自覚的に体現してきたような〈戦後左翼〉への、異和の角度を明確にしておきたかったからである。けれどもわたしの異和の角度は、現在論壇を物量的に支配している「右」からの批判の角度とは異なっていたし、また「ポストモダン」からの嘲笑の角度とも異なっていた。だから批評は両面作戦、あるいは三面作戦のごときものになる他なかった。

「戦後的な〈左翼〉の言説といわれているもの、これに対する〈右翼〉の批判あるいは嫌み、「ポストモダン」の世代の嘲笑あるいは無関心という三者の位置関係」が、あらためて見田の四象限の座標で図示される(図1)。タテ軸は感覚(文体)、ヨコ軸はスタンス(共感)。そこに一九八〇年代中葉の諸雑誌を位置づけうる、としたうえで、雑誌『世界』という「戦後左翼」に対し、「右」と「ポストモダン」という配置をおこなう。それは、一九六〇年代の前半ころの『世界』『中央公論』など「中心的な「論壇雑誌」」の

[図1]

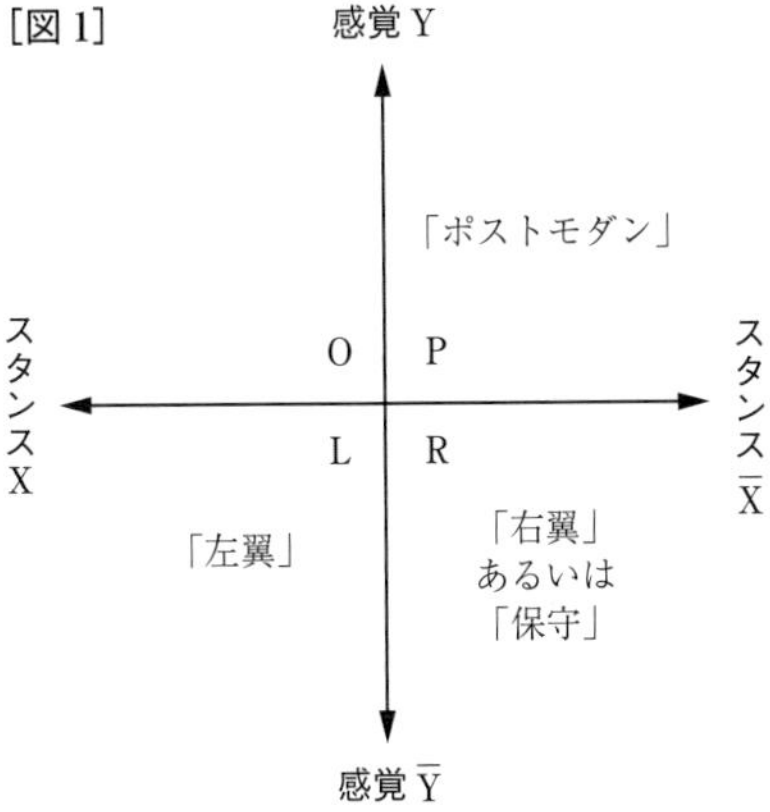

[図2]

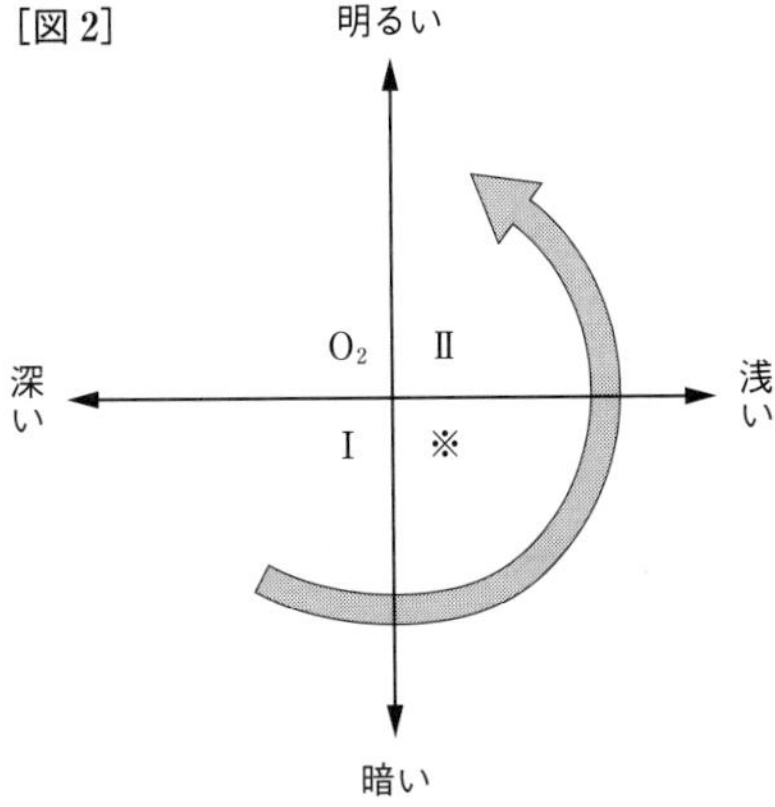

上下、左右、前後に諸雑誌が星座のようにある、という認識と対をなしている(この部分、引用は「現代社会の自己表現」)。

そのうえで、見田は「「論壇」の地平の中では、わたし自身の立つ場所は、存在していないものに向かっていく他はない」と四象限のなかのいまひとつの位置(O)をいう。その非在の位置を説明するため、見田は、さらに「明るい」―「暗い」、「浅い」―「深い」の軸を導入する(図2)。静態的な把握に対する、動態的な把握であるとともに「〈深い／明るさ〉」への移行をいう。

もっとも、「現代日本の言説の構造」と主題を記す副題をもつこの一編は、『現代日本の感覚と思想』には収録されない。論壇を手がかりにすることが、一九九五年の時点では、すでに意味を失ったという認識であろう。いや、それ以上に、「左」「右」の分節自体に、意味が消失したということであろう。図に表示されるかつての思考の磁場そのものを、自ら無効にしている。パラダイムの転回の指摘に加えて、(見田における)孤独な営みの発露であり、シニシズムともみえる。

一九八〇年代中葉の社会―意識の転換の大きさ。見田もまた、「〈現代日本〉という井のうがたれてある場所が、いわばその基底もろとも浮き上がるような地殻の変動が、この二〇年の間にあったのではないか」(「井の中の蛙の解放」)という。このとき、『白いお城と花咲く野原』―『現代日本の感覚と思想』から読みとりうることは、なんであるのか。

いくつか、挙げてみよう。

第一には、状況認識の提示の仕方。「論壇時評」から読みとれることは、「モダニストもポスト・モダニストも、プレ・モダニストと同様に、この言語のもつ力に幻惑され、自己とは何か、主体とは何かについて、様々なる意匠の神話をくりひろげている」(「近代を駆け抜ける身体」)という認識である。ノンフィクションがなぜ読まれるか、ということに触れ、「生活自体の根こそぎの虚構化の中で、大衆が「リアリティ」に飢えはじめている、あるいはリアリティのあるものが、新鮮なものとして感受されている」(「石の降りそそぐ時」)との認識を示す。「〈虚構化〉の時代としての八〇年代前半」(同)の光景である。

このとき見田は、一九七〇年代と一九八〇年代とを、対比的に把握している――「七〇年代の反逆が、弱者のルサンチマンの噴出であったとすれば、それへの反動の季節としての八〇年代は、強者たちの居直りの時だ」と記される(「都会の猫の生きる道」)。

このことは、逆にいえば、「ひとつのみえない地崩れの速度の中で、わたしたちは、〈世界〉と自分とを結びつけていたひとすじの感触のようなものを、手放したり手放しかけたりしている」(「世界が手放される時」)ということとなる。これまでの(近代的な)認識―把握が、転回していくことが述べられている。

第二には、問題の所在と処方箋の提示の作法。たとえば、見田は「「政治」という現象は、わたしたちの〈政治〉の思想からどのように語られるのか」という。

「政治の真理は〈政治〉にあること」があきらかにされ、日常的な関係のなかに「政治の真の根」があることが自明となったとき、「それではあの「政治」はどこへ行ったのか」と見田は、問うのである。

政治や議会、テロリズムや運動といった、「「古典的」な、けれど現在もひとびとの生をいや応なく規定している「政治」という現象」――その現象が、「〈政治〉の思想」から、どのように語ることができるのか、という問いかけ。見田は、「この地平から再びなされる「政治」の発見」が必要であるとする。

ことばを換えれば、「現代思想の二つの前線」として説明される事態への接点を問うている。A「虚構のかなたに自然性の〈真実〉などは存在しない」という現代哲学の認識に立ち、「虚構をみずからの存在の技法とする」か。あるいはB〈真実〉は存在するという「時代をこえた生活者の直観に立って」、「シンプルな自然性の大地に根ざすことをめざすか」。

このABは「現代思想の二つの前線」であり、日々の生き方としての「解放」の「当面は異質なふたつのスタイル」であるとし、それぞれ、「離陸の思想」と「着陸の思想」という。「先端に向けて」駆け抜けるか、「基底に向けて」降り立つか。そのうえで、見田はこの二局の双方を見て、統合の視点を探る(引用は、「離陸の思想と着陸の思想」)。この分節と統合が、『気流の鳴る音』に由来していることは、いうまでもない。

この点は、「色即是空ではなく、空即是色こそ、わたしたちの時代の課題なのだ」（「夢よりも深い覚醒へ」）、あるいは「欲望のない存在へではなく、執着なしに欲望する存在の方へ」（「欲望する身体の矛盾」）と明示されることがらでもある。

こうした第一と第二の認識―作法は、双方が密接に結びついているが、「近代」の両義性が逆説として結びつくという、見田の現状認識の投影でもある。

> 「近代」は同等化する理念をとおして、個別のものを解き放ってきた。この同等化する理念、均質化する力じたいが、同時に個別の異質性、固有性の実質を生み出す経験の根を解体し、風化してきたという逆説。近代をこの逆説として、両義性としてとらえるところからしか、近代をこえる視界はひらかれてこないと思う。（「差異の銀河へ」）

かかる近代の把握は、近代の相対化にほかならず、ポストモダンの状況のもとでの近代―モダンの位相と意味の再検討となっている。見田はさらに、「近代の二つの衝迫」という「論壇時評」の文章で、モダンとポストモダンの関係を論じた――すなわち現在の状況によって、モダニズムが呼び戻されたことをいい、一九二〇年代のモダニズム対モダニズムという「奇妙な事態」を想起する。そして、ここに深層化対表層化、意味化対脱意味化という、「〈近代〉をその当初から貫通してきた二つの巨大な衝迫」のどちらに「止目」し定義するか、との論点を抽出してみせる。

さて、「論壇時評」から読みとりうる第三は、主題とことばとの関連。教育のことばに言及する見田は、「子どもってほんとにすばらしい」などのことばを取り上げ、(1)ある記録のなかでは、あることば群は「生きている」――しかし、つづけて、(2)「これらのことばは、それが思わず生みおとされるその固有の場所の中では、それぞれに一回かぎりの、真実のことばなのである」とした(「言説の鮮度について」)。

文脈から切り離されたことばへの警戒であり、「〈関係の海〉」からことばとして釣りあげられることを問題視するのだが、このことは「思想の文体」の自覚と対をなしている。

たとえば、「黒い事実」という意味の地名をもつ、チェルノブイリ。そこでの原発事故に関し、見田は「超情報化と非情報化のこのグロテスクな同時性/表裏性」が事件の「核心」にあることをいい、「現代世界の構造の全体性との連動」を貫く「垂直の原光景」をいう。そして、この事故の語られる仕方と語られない仕方が、事故それ自体の「黒さ」とともに「黒い」ことをいう(「非情報化/超情報化」)。叙述の次元における作法を意識した文体が、ここに展開されている。

これは「特異なもの」を「還元」したり、「漂白」したりすることなく、「きわだたせ交響する」ことによって「近代をこえる視界」を開こうとする見田の営みと直結している。「共通の〈ことば〉」を見出そうとし、ことばの作法―文体に着目するのである(「差異の銀河へ」)。

とともに、このことは、「運動の文体」を指摘することと通底している。水俣病の運動で、当事者自らが「煮え切らない文章」を綴ってしまったということに、見田は着目する。この文体にかかわる認識を、見田は、からみ合う現実の多義性、重層性のどの部分をも切り捨てず、抽象化を回避する「思想のことば」とする。「それは水俣の運動の文体それ自体である」(「沈められた言葉たち」)。

他方、見田は、「関係の磁場」がことばの意味を「逆転」することをいう。「民族」からできるだけ自由に生きたいという在日コリアンに共感するが、「日本人であるわたし」が、そのことを彼らにいうことはできない……。「不当に民族性を奪われてきた」彼らにそれをいうことによって、意味が逆転する――「関係の客観性の中で、意味を逆転し、日本の最も恥ずべき民族主義者の言葉と同じベクトルを持ってしまう」(「ガラス越しの握手」)とした。

「日本人である私」は複雑に構成されたものだが、関係性のなかでことばの力学と政治学がはたらき、「まっすぐに届いてほしいことばを、関係性の磁場がねじまげる」(同)。

このように、見田はことばと文脈を手がかりとする考察を、一九八〇年代中葉におこなっていた。叙述の次元における関係性の問題化であり、そのことを自覚した思想の文体の意識化である。

見田が「論壇時評」をおこなっていた時期、そしてそれを単行本とし、さらに論集として再刊行した一九八〇年代中葉から一九九〇年代中葉にかけては、戦後日本の転態期であった――「「虚構」の時代」。そこでの議論が俯瞰され、文脈が整えられ、再刊行がなされたことは、すでに指摘をした。

こうした観点から、再び、見田の戦後史の時期区分に戻ってみる。「学術文庫版あとがき」(『現代日本の感覚と思想』)に、見田は、現代日本社会の「基礎的な構造」とその「変動の様々な切断面」として、「都市化」「消費化」「情報化」「虚構化」を挙げ、「思想の社会学」は、「感覚の社会学」であり、「経験の社会学」であり、「構造の社会学」であるとした。そして、そのうえで現代日本社会の「構造と経験と感覚と思想」が互いに規定しあう総体として「変容してゆく仕方」を、「太い線で素描」したとする。ちなみに、「論壇時評」は、「個別の主題に焦点を絞った点描のシリーズ」と位置づけられた。

見田による、戦後史のいささか即物的な思想系譜の認識は、坂口安吾・太宰治・石川淳の系譜、野間宏・埴谷雄高・梅崎春生・椎名麟三という系譜、丸山眞男・藤田省三という系譜のそれぞれを、「分岐したもの――〈実存〉の質と戦後社会への批判の角度、「戦後」という記号への戦略と非戦略」とを把握するというものである。これにさらに、竹内好、武田泰淳、三島由紀夫、大江健三郎らを視野に収めることをいう(「世界が手放される時」)。

いかにも正統的であり、この点においては、見田の戦後思想の把握は、歴史学とも思想史とも調和している。しかし、それにもかかわらず、見田の戦後史は、一方向への変化を強調し、均一的な空間を想定する歴史学の素描への批判となりゆく。

一九八〇年代中葉に軸足をおきながら見田の思考をたどってきて、あらためて見田が意識の過程、それも感情・感覚に踏み込み、思想として考察していることに着目しておきたい。見田は、A「構造」―「過程」の対抗に「意識」を持ちこむ。これは社会学・批判でもあり、量的―質的な把握の対抗のなかに、「意識」の項を持ちこむということになる。B「秩序」―「運動」、「支配・統治」―「抵抗・対抗」の対抗に、「民衆意識」を持ちこむ。こちらは「動的」―「静的」な対抗、「実在」―「願望」の対抗のなかに、あらたに「民衆意識」を組み入れる営みであった。

認識を叙述する次元では、なおいっそう強くABにかかわる対抗がはたらく。「構造」に力点をおいた認識―叙述と、「過程」に軸足をおいた認識―叙述がたえず併行して提供され、相互に交わり合うことはほとんど不可能であった。歴史学が実践してきた歴史叙述において、構造的な把握と歴史過程的な現象の記述は平行線をたどり、内容的な絡み合い、方法的な工夫はなされていない。「秩序」(政治・社会の世界)と「運動」(社会運動)の統一的な把握も、その必要性はたっぷりと議論されるものの、その方法や叙述は一向になされないままである。

このとき、見田は、「意識」「民衆意識」を方法とすることにより、総合的な叙述がなしうる可能性を提示したといえよう。統一的な像を描く認識―方法のための作法である。『気流の鳴る音』において、見田は「翼をもつこと」と、「根をもつこと」との関連、「「世界」の外へ」と「「世界」の内へ」、「世界」と〈世界〉――「存在肯定」と「存在否定」、「幻想形態」と「現実形態」という対抗を意識したうえで、その双方を視野に収めることを述べていた。一方の極からの認識ではなく、両極を把握する方法と叙述。両義性を認識したうえで、まるごとともに叙述をおこなうことにほかならない。

この点では、歴史学における全体への希求と、関心の方向を同じくしている。「民衆にとって」の歴史と、政策と資本がもたらすものの総合的認識と叙述ということと重なっている。しかしそのことが果たせない歴史学の叙述実践の不足を衝く議論となっている。

いまひとつ、見田の戦後史の時期区分で遂行されていることは、リアルなものの再帰である。『気流の鳴る音』で、見田は、盲人とゾウのたとえを出している。

見田は、「目の優位――〈目の独裁〉としてのわれわれの文明」を確認し、そのゆえに、

「七人のメアキのとらえるゾウ像」は、七人の盲人がとらえるゾウ像ほどは互いに違わないだろうとし、そのことは、「『世界』の共同主観的な存立を容易にし安定にし、その『客観性』の信仰に自信を与える」と論じた。「『世界』は唯一の〈世界〉であるかの如くに自足する」(『気流の鳴る音』)。

そのうえで、見田は「われわれのゾウ像もまた、八つ目の、ゾウ像にすぎない」という。「いまや問われているのは、そのうえでゾウがどのように描けるのか、ということである」とする。いったん付したカッコを、はずすことがもとめられているという認識である。

あらためてリアルが、どのように描かれるのか。また、このように考えたとき、リアルはどのように認識された系譜を持つか、を見田は戦後史として考察したのである。加えて、戦後といったとき、アメリカとの関係で「戦後」を考察することが現在の基調音であり、冷戦体制後には、そのことがさらに一般的となった。しかし、ソ連が持った「戦後」の位置と意味は大きい。二重にそのことが忘れ去られている状況であり、あらためて冷戦体制の崩壊が東ヨーロッパに持った意味を重ねあわせ考えなければならないであろう。「『理想』の時代」の見田の把握が思い起される。

おわりに

「論壇時評」には、「幾人かの偉大な思想家を生むことよりも、ふつうの人間が背すじをのばしてかったつに生きられるということの方が、思想としても大切なことがら」(「夢よりも深い覚醒へ」)といい、「倫理主義とはテロリズムへの通路に他ならない」(「井の中の蛙の解放」)とし、「「思想を実践する」といった倒錯した生き方を、したくない」(「間身体としての家族」)ということばが書き留められている。いま読んでもはっとさせられる文章が織り込まれている。

日本社会の移り目に、敏感に反応する見田であるが、見田宗介・大澤真幸『二千年紀の社会と思想』(太田出版、二〇一二年)では、二〇〇一年(「同時多発テロ」による国際関係の危機)―二〇〇八年(「リーマンショック」による経済システムの危機)―二〇一一年(「東日本大震災」による科学技術の危機)の三つの「危機」を指摘し、「これらを通底する社会の原理と思想の前提とを問い返すことをとおして、新しく人間と社会の存在の〈見晴らし〉を切り開くという、射程の大きい共同の作業の開始をわれわれに要請している」と述べる。

この認識のもと、現在の見田は、本章で検討した一九八〇年代中葉のミクロな考察から一転し、一挙にマクロな考察に向かっている。あらたな叙述の次元への移行であるが、アベノミクスを問うことが、人類を問うことに通じるような認識とその問い方が根底にあろう。

たとえば、東日本大震災のもとでの原発事故は、核時代の恐怖を目の当たりにし、全人類に対し長い時間にわたっての災厄を引き起こしているが、その要因である原子力発電所を設置・導入したのは、ほかならぬ国民国家であった。長期にわたる人類規模のマクロな動向と、近代(現代)に視点を据えたミクロな現象と営み。その双方を統一的に視野に収める認識と方法、叙述が求められているなかで、見田はさらにあらたな試みをおこなっている。「戦後」―「「戦後」後」、「近代」―「現代」を軸とした時間軸、「日本」―「世界」、「文明社会」―「異世界」を核とする空間認識を超えつつ、それらをも含みこむ方法と叙述へのさらなる探究である。

第14章　山之内靖と「総力戦体制」論

0

山之内靖（一九三三―二〇一四）が総力戦体制論を構想し始めたのは、時代の大きな転換期である一九八〇年代の半ばのことであった。その直接的な契機は、日本の社会科学がこの時代の転換を捉える構想を構築しえないことに対する苛立ちであったかもしれない。

1

山之内は、戦後日本の社会科学を代表する大塚久雄のもとで学び、経済史の研究者としてスタートしたが、生涯にわたり思想を含めた社会科学全般への関心を持ち続けた。一九六〇年の安保闘争のときに大学院生活を送り、一九七〇年前後の時期には教員として学生運動と向き合い、歴史的な転換を自らの学問のなかにいかに取り込んでいくのか、という課題とつねに格闘してきた。

一九六〇年代は冷戦体制のさなかにあり、山之内は、歴史的分析と現状の考察を往還させ、日本と世界の幅広い事例に関心を持ち続けた。社会科学や思想の新しい流れにもいち早く取り組み、時代を批判するあらたな理論の構築をめざすとともに、現状の変化にともなってあらたな研究対象を設定し、たえず枠組みを模索していった。

　山之内は、自らの各年代のステージにおいて、そのときどきの課題と真正面から向き合う議論を展開していっている。その一端として、山之内の翻訳に関与したものを概観するだけでも、多方面に及んでいることが見てとれる。

　一九八七年のロナルド・ドーア『イギリスの工場・日本の工場――労使関係の比較社会学』（筑摩書房）、一九九三年のＭ・Ｊ・ピオリとＣ・Ｆ・セーブル『第二の産業分水嶺』（筑摩書房）、一九九七年のアルベルト・メルッチ『現在に生きる遊牧民《ノマド》――新しい公共空間の創出に向けて』（岩波書店）、二〇〇六年のジェラード・デランティ『コミュニティ――グローバル化と社会理論の変容』（ＮＴＴ出版）、さらに二〇〇三年にはＲ・コーエンとＰ・ケネディ『グローバル・ソシオロジー』（平凡社）など、多岐にわたる。

　しかしこれらはその時々の日本の社会科学が直面した課題に向き合った結果であり、山之内の著作と重ね合わせるときに、日本の戦後社会科学が辿った軌跡が見えてくる。到達した自らの枠組みをより深めていくことが多い日本の学者のなかで、山之内は作り上げた枠組みに安住せず、たえず新しい課題を取り込んで時代への批判的な研究枠組みを追い求める、いまひとつの学者の型を示していたといえよう。

山之内靖『総力戦体制』(伊豫谷登士翁・成田龍一・岩崎稔編、筑摩書房、二〇一五年)に収められる総力戦体制の考察は、自らの生まれ育った総力戦期の記憶と経験、そしてこれまでの研究の延長線上に、必然的に生まれたテーマであり、山之内の五〇代のプロジェクトから産み出されている。

2

まずは、山之内靖にとっての一九八〇年代半ばを、入口にしてみよう。一九八六年に刊行された『社会科学の現在』(未來社)の「あとがき」で、山之内は、

長い間、私は市民社会派の潮流の中にいて、特殊な構造性を負わされた近代日本を批判的に考察する視角として、西欧近代社会の理念化された像を基準としてきた。しかし、ほぼ一九七〇年代以来、近代西欧社会自体の巨大な構造変化に目を向けるようになり、近代から現代への移行という新たな視角を見定めねばならないと思う様になった。

と記し、『現代社会の歴史的位相』(日本評論社、一九八二年)をその「一応の解答」としている。一九七〇年代の思索をまとめあげたのがこの著作であり、その後、あらたな方向性を探ったものとして、『社会科学の現在』を提供したということとなる。

しかし、山之内はすぐにこの論文集を絶版とし、あらたに『ニーチェとヴェーバー』

（未來社、一九九三年）を提出するなど、大きな転換を伴う模索を繰り返していた。この模索のなかで、社会科学の方法の探究と併行して、総力戦体制論が追求されていったのである。

別言すれば、この時期の山之内の関心は「市民社会派の理論的盲点」の追究にあり、その答えを理論的に検討する一方、歴史的に総力戦のもとで進展した「社会科学の変質」(パラダイムチェンジ)に着目し、その双方をあわせて総力戦体制論として考察していくことにあった。

そうした議論の地平が見えてきたとき、山之内は、「一九九〇年代の私は、いわば一皮むけた」(「総力戦・グローバリゼーション・文化の政治学」『日本の社会科学とヴェーバー体験』筑摩書房、一九九九年)とまで述べている。一九八〇年代半ば以降の山之内にとって、これほどに総力戦体制論が重要な位置を占めていた。

さきに記したように、山之内は、東京大学経済学部で大塚久雄に師事し、産業革命(世界資本主義)の考察から、その知的探究を出発させた。『イギリス産業革命の史的分析』(青木書店、一九六六年)は、このときの成果である。

続けて、山之内はマルクスの世界史認識の考察に向かい、『マルクス・エンゲルスの世界史像』(未來社、一九六九年)を上梓する。戦後の社会科学の圧倒的中心を占めていたマルクスの理論、その戦後的解釈に対する真正面からの検討である。アジア的生産様式に関わる論争や複線型の歴史発展段階論の隆盛など、当時の「発展途上国」への関心の高まりに照応して、マルクスの歴史認識に関してもさまざまな議論が展開されていたことへの山之内の応答といえよう。同じく大塚史学にあって、夭折した赤羽裕『低開発経済分析序説』(岩波書店、一九七一年)には、大きな共感を覚えたと語っている。注目すべきは、山之内の『マルクス・エンゲルスの世界史像』が「市民社会派」のマルクス理解とともに、それと共振し互いに補完関係にあった「戦後歴史学」への挑戦となった点である。

戦後社会―戦後思想の核心である「市民社会派」と「戦後歴史学」。その成果を存分に学びながら、その枠組みを検討するところに、山之内の出発がある。

その後、山之内の関心は初期のマルクスの考察へと向かい、一九七六年から七八年にかけ、「初期マルクスと市民社会像」と題し、マルクス『経済学・哲学草稿』を検討した論稿を連載していく(『現代思想』一九七六年八月―七八年一月)。疎外論への着目であり、後期のマルクスを規準として考える哲学者・廣松渉との緊張関係を生み出しながらの営みであった。

この仕事は、のちに『受苦者のまなざし』(青土社、二〇〇四年)としてまとめあげられるが、さきの『現代社会の歴史的位相』もこの流れにあり、同書には「疎外論の再構成をめざして」という副題がつけられている。『現代社会の歴史的位相』では、のちのマルクスからは消えてしまった「フォイエルバッハのモーメント」に目を向ける。

さらに『現代社会の歴史的位相』では、ヴェーバーの主著『プロテスタンティズムの倫理と資本主義の精神』に着目しヴェーバーのあらたな解釈を試み、(大塚久雄に代表される)これまでのヴェーバー理解を批判し、タルコット・パーソンズとそのシステム論を検討した。(マルクスとヴェーバーという)「市民社会派」と「戦後歴史学」の理論的支柱に対する、山之内なりの検討がこうして継続されていくのである。

このとき、山之内が疎外論に着目したのは、そこに一九七〇年代を軸とする世界理解が凝縮していると考えたためである。山之内は、「マルクスの体系的理解」そのものを目的とするのではなく、マルクス理論の全容を踏まえたうえで、なお「歴史的現実に対してマルクスの論議をどのように適用するか」(『受苦者のまなざし』)という点に重きを置く。これはマルクスの議論に留まらず、山之内が理論に向き合うときの姿勢に通じている。

一九八〇年代半ばは、いったん『現代社会の歴史的位相』で枠組みを提示した山之内の、さらなる模索がなされていく時期となる。この時期、山之内の関心は、あらたにニーチェに向かう。『社会科学の現在』『ニーチェとヴェーバー』は、ニーチェを軸に社会科学を再検討しようとする試みとなっている。これは「ニーチェの筋道によるニーチェ批判」という性格を持つ、とも述べられている。

総力戦体制論は、こうした時期の山之内によって選びとられた主題にほかならない。総力戦体制とニーチェへの着目は、資本主義分析を軸として近代社会を考察していた山之内の関心と思考の大きな転換をうかがわせよう。「近代批判」と「現代社会」の考察の開始である。

あらためて、一九八〇年代の半ばを考えるとき、世界史的な巨大な転換の時期であることに思いが至る。一九八九年前後を旋回点とする冷戦体制の崩壊、すでに進行していた新たな知としての「現代思想」の活況、そして日本経済が爛熟しバブル化がはじまりはじけるのもこの時期のことであった。

この事態を、山之内は(近代社会から)現代社会への転換とみ、その起点を総力戦体制に求めていくのである。こうした探究の軌跡をかかえての、山之内の一九八〇年代半ばであった。総力戦体制論は、螺旋状に自らの思考を練り上げ、そのことによって自ら作り上げた思考を解体しつつさらにつくりなおしていく営みのひとこまとなっている。

3

総力戦体制論の提唱は、「戦時動員体制の比較史的考察——今日の日本を理解するために」(『世界』一九八八年四月)によってなされ、『総力戦と現代化』(柏書房、一九九五年)がひとつのまとめとなった。『世界』論文からヴィクター・コシュマン、成田龍一と共編の『総力戦と現代化』をはさむ、おおよそ一五年間、山之内は総力戦体制論に集中していく。

総力戦体制論は、これまで「市民社会派」と「戦後歴史学」によって帝国主義の文脈で把握されていた戦争(第二次世界大戦―アジア・太平洋戦争)を、「総力戦」と規定し直し、そのことを介しながら、歴史像の再解釈、歴史認識の転換、歴史分析の方法的検討をおこない、現在の位相をあらためて測り直すという意図を有していた。

山之内は、後述するように、総力戦体制論をプロジェクトとしてたちあげ、多くの国内・国外の研究者を巻き込んだ共同研究として組織し、まずはその成果を『総力戦と現代化』として提供した。山之内は、巻頭に「方法的序論――総力戦とシステム統合」を寄せている。

『総力戦と現代化』は、「第一部　総力戦と構造変革」「第二部　総力戦と思想形成」「第三部　総力戦と社会統合」と構成され、「総力戦体制による社会の編成替え」を主張する。

私たちは、国民国家が第二次世界大戦期の総動員体制によって(階級社会から―註)社会のシステム統合という段階にいたりついたことを確認し、そのことを出発点として現代の問題性に取り組もうとした。(「編集方針について」)

総力戦体制論は、総力戦にともなう戦時総動員体制の形成を、社会的再編成の過程と把握し、そこで「現代化」が進行し、「階級社会からシステム社会」へ移行したとする認識をもつ。家族―市民社会―国家という近代社会が作り上げてきた領域区分が解体され、社会は「社会システムの全体的運営」という観点のもとに統合されるというのが、山之内の主張である。

総力戦体制のもとで進行するシステム社会化。ここでは、「階級利害の対立」は「制度的調整」の対象となり、国家的共同性に向かって社会の統合化が推し進められるものとして考えられる。「福祉国家は戦争国家」であり、「社会国家的な福祉体制」は、総力戦のもとでの「一つの理念」とさえなるとも、山之内は主張した。

こうした山之内の総力戦体制論は、三重構造となっている。すなわち、(1)理論的水準として「階級社会からシステム社会」への移行を指摘し、(2)歴史的考察として「戦時動員体制」の展開を具体的に描き出す。総力戦体制の過程で公・私の区別が曖昧となり、人びとはあらためて「国民」として把握されたうえで、戦争遂行の「合理化」が目指されるとするのである。

さらに、あわせて、(3)総力戦体制のもとで、(「危うさ」と「新しい水準」とを抱え込みながら)社会科学の知も転回したとする。山之内は、この三つの水準の複合した考察対象を総力戦体制論とし、その分析をおこなっていった。

とくに力が込められたのは、(3)の論点である。たとえば、大河内一男の戦時の営みが、「参加と動員」―「戦時動員体制の合理的設計に参画することを決意した」(「戦時期の遺産とその両義性」)という観点から俎上に載せられる。大河内は総力戦が階級関係を越え、あるべき社会政策を「現実」のものたらしめる環境となっていると認識し、それによって「大きく方向転換」したと、山之内は主張する。「近代の原点」をなしていたはずの「個人」から離れ、(大河内はあらたに)「社会的なシステムの総体」という立場を選択したというのである。

総力戦体制下に「国家の性格」に変化が生じた、と認識する大河内の評価替えを指摘するのだが、山之内がここに見出すのは「戦時期知識人」の「理論的転身」である――「社会科学は、いまや、社会の運営をその外側に立って観察するものではなくなり、社会システムの機能的運行においてその役割を担う装置の一つとして位置づけられた」(「日本の社会科学とヴェーバー体験」)。

むろん、こうした知識人の「転身」ないし「転回」は、従来から着目されており、大河内のばあいも「転向」として取り上げられていた。しかし「例外的ケース」とされてきており(石田雄『日本の社会科学』東京大学出版会、一九八四年、など)、逆にそれに対し山之内は、この転身の方向こそが主潮流をなすと主張したのである。

この論点は、「市民社会派」の論理的・歴史的検討となった。大河内をはじめ、大塚久雄、丸山眞男らの主導のもとの戦後プロジェクトは、あらためて戦時プロジェクトの戦後的理解によるものと位置づけられる。山之内は、(「市民社会派」の自己像のような)戦後における画期ではなく、(総力戦体制論として)戦時における画期を見出そうとする。

こうして、戦時期に起こった変化を「社会科学の変質」とし、(1)「市民社会派」はこのことに「無自覚」であったこと(戦時転向ではなく、戦後転向)をいい、反転して(2)自らの営みは、この点を踏まえたうえでのさらなる「市民社会派」批判であるとした。したがって、(3)あらためて大河内の主張、および大塚、丸山の理解を「近代への懐疑」(「近代の超克」)を軸に再構成して見せるのが、山之内の総力戦体制論の要となった。

いまひとつ、総力戦体制論は、戦争を「戦闘」から切り離し、社会編成—システムとして把握したことが挙げられる。そのうえで、スターリニズム、ニューディール、ファシズムを併置し、総体としての近代を批判していくことを提唱する。現代史を、ファシズムとニューディールの「対決」として描きだすよりも以前に、総力戦体制による「社会の編成替え」として把握し、「ファシズム型」と「ニューディール型」の相違を、総力戦体制による社会的編成替えの分析のなかの「内部の下位区分」とするのである。

これは、戦時の評価をめぐる議論であるが、同時に、戦後における戦時評価の基準をめぐっての論争であり、戦後といまの歴史的位置をめぐる問いかけに他ならない。

山之内にみられるのは、戦時下における「合理性」の議論は、抵抗ではなく戦時動員の局面であり、その動員に代表される戦時の「合理性」が、戦後を作りあげていったという認識である。この観点によって、戦時—戦後の連続／断絶に留まらず、断絶を支えてきた認識と方法そのものを問うことが、山之内の総力戦体制論の根幹をなしていく。

このように「市民社会派」を歴史的・論理的、戦時の行為・戦後の解釈と、二重三重に複合的な批判を展開するところに、山之内による総力戦体制論の主張がある。「市民社会派」の評価とともに、「市民社会派」の描きだした歴史像、「市民社会派」の歴史認識が、総力戦体制論によって反転してしまうということである。「市民社会派」が戦時の抵抗を貫き、戦後を導き、戦後民主化を推進したという構図と歴史像、それを支える歴史認識に対する真っ向からの挑戦となっている。

他方、山之内は、戦闘が終了しても、総力戦下でのシステム統合は継続し、現代社会のシステム統合がなされたと解析し、ここから総力戦体制論のいまひとつの主張が導きだされる。すなわち、戦時―戦後の断絶／連続説に対し、あらたにネオ連続説を唱え、一九四五年八月で歴史を切断せず、その連続性に着目を促した。

こうした総力戦体制の認識は、これまで議論されていた日本の「特殊性」ではなく、日本を「普遍性」の文脈で把握することに通じている。日本の「特殊性」が戦争に行きついたとするのではなく、合理性という「普遍性」を戦争のなかに見出そうとする。したがって、ここにみられるのは、総力戦を遂行していく「近代」に対する批判―「近代批判」(山之内は、ときに「近代の超克」といういい方もしている)であり、これまで近代批判とされていたのは「近代化」批判であったと指摘することともなった。

「市民社会派」と「戦後歴史学」が、「ヨーロッパ近代」をモデル化しているという認識にもとづく批判だが、山之内は、パーソンズ、フランクフルト学派の議論を念頭に置き、市民社会がそれ自体の転回のなかでシステム社会へと「変質」したとの見解を示す。すなわち、近代そのものの根拠のうちに「全体主義化や再封建化」の傾向が「内包」されていること、そしてマルクスもヴェーバーも「ヨーロッパ近代」をモデル化したのではなく、近代のもつ「合理性」を批判し、そこから生ずるものとして疎外を論じた、という解釈を示すのである。

大きな論理―認識の枠組みとして出された総力戦体制論は、したがって戦後の認識―戦後史の過程を批判するものであった。いくらか誤解を招くいい方になるが、総力戦体制論は、「市民社会派」と「戦後歴史学」が描きだした図と地を逆転する営みであった。

かかる戦後批判としての総力戦体制論は、一九四〇年体制論（野口悠紀雄『１９４０年体制』東洋経済新報社、一九九五年）と差異を有することにも、言及しておく必要があるだろう。野口は、副題に「さらば戦時経済」といい、現時が「戦時経済」からの転換期にあることをいう。総力戦にともなう戦時体制が、戦後の日本経済に大きく関与し「日本型経済システム」が戦時期に誕生したとの認識が背後にある。

山之内が戦時と戦後を貫く総力戦体制を否定的に把握するのに対し、野口は四〇年体制が高度経済成長を実現し支えたと肯定的にいう。そして、次の日本経済の将来の展望をひらくため、そこからの脱却時期として、九〇年代を位置づける見解を示した。さらに山之内と野口とは、その評価とともに、野口がこの時期を「特殊」な時期と把握している点に差異をもつ。

4

山之内が提起した総力戦体制論の意義と特徴は、一九八〇年代の日本と世界のありようの変化と、それにともなう「知」の変化を見据えたあらたな社会理論の構築ということにある。

「日本」に焦点を当てれば、「戦後」から離陸し、これまで「西洋」にモデルを求めていた状況から、逆に「日本」がモデルとされる様相が生じてきた(たとえば、さきのロナルド・ドーア『イギリスの工場・日本の工場』など)。また、併行して、ポストモダンの議論がさかんになった。

他方、「世界」では、戦後の国際関係を規定していた冷戦体制が崩壊し、社会科学を含むこれまでの知の営みが冷戦体制―戦後の価値軸にもとづくものであったことが露呈し、そのこと自体の歴史化の必要性を促した。その双方をにらんでの総力戦体制論であった。

こうして、総力戦体制論は冷戦崩壊の予感のもとでの議論であったが、一九九〇年前後とあわせ「六八年」の総括という局面ももっていよう。講座派批判、「市民社会派」批判、近代批判であり、戦後思想の総批判である。

このことは、山之内の総力戦体制論が、『総力戦と現代化』とともに、『ナショナリティの脱構築』(柏書房、一九九六年)とセットであったことに示されている。酒井直樹、伊豫谷登士翁、ブレット・ド・バリーが編集する『ナショナリティの脱構築』は、酒井直樹の序論(「ナショナリティと母(国)語の政治」)のあと、「第1部　ナショナリズムとコロニアリズム」「第2部　表象としてのナショナリティ」「第3部　ナショナリティの現在」のもとで一〇本の論文がならぶ。現時のナショナリズムを、歴史をふまえつつ政治、文学、社会思想などの面から関係的に取り上げ、批判的な考察を展開する。

『総力戦と現代化』とあわせ、山之内は、こうしてナショナリズム―国民国家と結びついて展開されてきた社会科学への批判を図る。総力戦体制論は社会科学の学知への批判的総括でもあった。

共同研究として実践されてきたということを、総力戦体制論のいまひとつの特徴として挙げることができよう。山之内の提唱のもとに集まったのは、(1)日本に在住する「日本研究」者のほか、アメリカにおける日本研究者を核とし、そのほかドイツの日本研究者、さらに比較の視点から、各地のドイツ研究者も参加している。のちには、オーストラリア、中国、韓国、カナダ、フランス在住の研究者へと広がっていった。

この広がりを「国境」という境界の越境とすれば、(2)専門分野の越境も図られた。すなわち、山之内の専攻する経済学・経済史のほか、政治学、歴史学、教育学、社会学から、哲学・社会思想、文学研究まで、人文学・社会科学に大きく開かれていった。共同研究としての総力戦体制論は、それぞれの「学知」をもち寄るとともに、その「学知」のもつ制度性、そこに由来する自明性を、あらためて検討する作業ともなった。

必然的にこの共同研究は、(3)大学という制度を越えた知的な共同体の営みとなり、山之内の周囲は「知の梁山泊」の如き活況を呈していた。頻繁にゲストを招いての研究会がおこなわれ、海外からの論者を交えたシンポジウムが開催されるとともに、毎年、チームを組んでアメリカを中心に世界各地へも出かけ、議論をおこなっていた。おりしも、アメリカの日本研究があらたな展開をみせる時期であり、その中心にいたコーネル大学の酒井直樹、ブレット・ド・バリー、ヴィクター・コシュマンは、アメリカでの総力戦論の担い手となった。

そのほか、キャロル・グラック(コロンビア大学)、ハリー・ハルトゥーニアン(ニューヨーク大学)、アンドルー・ゴードン(ハーバード大学)、テッサ・モーリス＝スズキ(オーストラリア国立大学)、タカシ・フジタニ、リサ・ヨネヤマ(当時、カリフォルニア大学)ら気鋭の日本研究者と連動しながら、総力戦体制論は展開されていった。また、ドイツのドイツ研究者として、ミヒャエル・プリンツ(ウェストファリア地域史研究所)らも加わり、比較の軸を複数化していった。

これは、総力戦体制論を海外にも発信したということである。『総力戦と現代化』の英文版は、一九九八年にコーネル大学出版会から刊行されている(*Total War and "Modernization"*, East Asia Program, Cornell University, 1998, Ithaca)。「日本」を事例とした考察から、とくにアメリカをはじめとする世界への発信であった。

認識としては、「日本の特殊性」ではなく、普遍性、そのことに伴う近代批判、そこから導き出される現代日本論――現代社会へのシステムの考察へとむかうことになる。

他方、総力戦体制論は、「少国民」として戦時期を送った山之内が、戦後史の描き方を問いかけたという側面を有している。徐々にあきらかにされるのだが、軍人を父にもつという自分史の検証ともなっている。だが、そのことを支えるのが、「現在」の認識からの出発であり、それを「学知」批判の「学知」とした山之内の強靭な論理であったことは確認しておかなければならないであろう。

5

山之内の総力戦体制論はさまざまな意味において、戦後における戦争認識と対立するものであった。いや、正確にいいなおせば、戦後―近代―講座派の見解に準拠する(「市民社会派」と「戦後歴史学」の)戦争観に対しての挑戦であり、論争である。

したがって総力戦体制論が提起されたとき、その対応は大きく二つに分かれた。第一は、（総力戦体制論の枠組みに批判的な見解をもつ）歴史学界主流との議論である。そのひとつとして、一九九六年五月に『総力戦と現代化』の合評会がおこなわれた。そして、このときの議論をもとに『年報　日本現代史』第三号「総力戦・ファシズムと現代史」（一九九七年）が提供される。

そのなかで、赤澤史朗は合評会に対し「まことに近来希に見るとも言える白熱した論争が展開され」「当初予定していた終了時刻を延長しても、なお議論が尽きないほどであった」と記している。赤澤は「日本近現代史の分野で基本的な枠組みの認識に関する論議を実りあるものにしたい」と、「総力戦体制をどうとらえるか」の特集意図を記している。赤澤をはじめ、執筆に係わった面々も真正面からの議論を展開している。

第二は、（総力戦体制論の問題提起を受けたうえで批判的見解を示す）社会学・経済学などの領域との議論である。座談会「空間・戦争・資本主義」（山之内・岩崎稔・米谷匡史、『現代思想』一九九九年一二月）は総力戦体制論の意義を評価しつつ、植民地論（外部）が欠如していることを指摘した。帝国分析としての不充分さの指摘でもある。

こうした議論を経たうえでの評価として、上野千鶴子『ナショナリズムとジェンダー』（青土社、一九九八年）と、吉田裕「近現代史への招待」（『岩波講座　日本歴史』第15巻・近現代1、岩波書店、二〇一四年）をあげておこう。

上野は、山之内の議論を（戦時―戦後の関係に関わる）「ネオ連続説」と認めて評価する一方、システム社会化の指摘には疑義を呈し、評価を保留する。上野が問いかけるのは、国民国家論と総力戦論の関係でもある。

他方、吉田は、ここ二〇年の近現代日本史研究の総括をおこなうなかで、「国民国家論」「総力戦体制論」「明治時代の評価」そして「歴史学における認識論」をとりあげ、総力戦体制論が、従来のファシズム論の文脈での議論と異なる「新たな視角を提示」し、近現代史研究に「新たな地平を切り開くこととなった」と評価した。

そのうえで、吉田は、総力戦の過程で、格差の是正や社会の平準化が一方的に進行するのではないこと、いつ、どのレベルで決定的な転換があったかがあいまいであるとも指摘した。

総力戦体制論はこうしてひとつの解釈枠組み、歴史的問題設定――パラダイムとして受けとめられ、議論の対象となっていた。しかし、山之内の関心は「現代」という「システム社会」との両輪であったため、総力戦体制論を主軸とした論文集は編まれなかった。主要論文は『システム社会の現代的位相』（岩波書店、一九九六年）と『日本の社会科学とヴェーバー体験』（筑摩書房、一九九九年）とに分散されている。

『総力戦体制論』は、そうしたなか、両著に収められなかった論稿も含めて、山之内の総力戦体制論をあらためて提供する著作となる。

6

この後の山之内の思索について簡単に触れておこう。このあと山之内は、「新しい社会運動」とグローバリゼーションを直接の対象とし、環境問題と「受苦的人間」——ハイデガーへ関心を推移させ、さらなる探究を続けていく。

「総力戦体制を経過することにより資本主義世界中心部の社会システムは対抗的利害の統合に向かった」という認識のもと、「近代の生活原理」を根拠とするのではなく、その革命性のなかに「疎外に向かう転倒的意識の動因」「官僚制的合理化に向かう形式性の動機」を探ろうとする。

一九七〇年代に入っての変化に次ぐ、一九八〇年代末の資本主義システムの再度の変容をみてとり、

資本主義システムは、総力戦状況のもとで経験した変質を第一とした場合、グローバリゼーションに直面して第二の変質を経験しようとしている。

という。「巨大な戦時動員」―総力戦体制によってつくりだされた社会のシステム統合こそが、グローバリゼーションにとってもその基盤となるとし、「二つの世界大戦とその動員体制が用意した国民国家的統合は、その軍事力ともども、グローバリゼーションの時代の世界システムへと遺産継承される」との認識を示す。

山之内は、グローバリゼーションと呼ばれてきた事象を明らかにするだけではなく、現代という時代においてさまざまな境界を越える新たな事象を明らかにするために、再度、これまでの社会科学の分析枠組みを問い直そうとした。グローバリゼーション研究を通して、日本、さらには「西洋」中心の社会科学に対して挑戦するのである。近代的な知のあり方の限界を明らかにするとともに、近代と呼ばれた時代の転換としてのグローバリゼーションの歴史性を再考する姿勢がみてとれる。

近代社会の新たな解釈を経て、それを現代社会への批判的考察へと展開することが、山之内の一貫した問題意識であった。その大きなプロジェクトのひとつとしての総力戦体制論であったが、さらに状況とともに課題を再設定し、自らの理論を検証し、あらたな地平を探っていく。

山之内が理論的主柱としたのは、「市民社会派社会科学」――「毛沢東的マルクス主義」――「ヴェーバー・パーソンズ・マルクス」――「ニーチェとハイデガー」であり、ある時期からは「市民社会派社会科学」を批判するために、「市民社会派社会科学」の理論的根拠を再解釈し、自らの枠組みを壊していった。その軌跡は、戦後日本の社会科学そのものの軌跡に重なっているようにみえる。

第15章　「日本文化」の文化論と文化史——日本研究の推移

はじめに——「日本文化論」と「日本文化史」

奇妙なタイトルをつけたが、「日本研究の過去・現在・未来」を考察するにあたり、日本文化研究の歴史的な推移を主題とすることにしたい。日本文化研究の歴史的な考察といったとき、一九八〇年代に「日本論」「日本人論」として日本文化論の大きなうねりがみられたことは留意すべきであろう。それまでにいくつものうねりがあったなか、この一九八〇年代の議論―研究の特徴は、こうした「文化論」の活況とともに、あらたな「文化史」の主張が胎動してきたことにある。日本文化研究というとき、ばくぜんと包括されていた日本論・日本文化史において、「論」と「歴史」があらためて分節化される動きがみえてきていたということである。

その後、一九九〇年代中ごろには、これまでメディア論の一分野であったカルチュラル・スタディーズ（CS）が文化研究の文脈で提唱され、日本を対象化し、日本文化論を批判する動きが登場した。しかし、二〇一〇年代半ばの〈いま〉は、あらたに保守派の論客への関心がつよまり、江藤淳や福田恆存、あるいは山本七平、竹山道雄らの議論に注目が集まっている。「戦後」という枠組みの爛熟や崩壊と併行した、保守派を中心にした日本と文化認識のもとでの様相ということができよう。

本章はこうした認識のもと、戦後における日本文化の歴史研究のいくつかの局面に着目し、その素描を試みる。まずは一九八〇年代以降の特徴として、A「文化」に力点をおくものと、B「歴史」に比重をおく日本文化研究の二つが併存していることを入口としてみよう。

一九八〇年代の動きをうけた、対照的な二つのシリーズがある。『近代日本文化論』(全一一巻、一九九九―二〇〇〇年。編集委員＝青木保・川本三郎・筒井清忠・御厨貴・山折哲雄)と、『岩波講座　近代日本の文化史』(全一〇巻＋別巻、二〇〇一年―。別巻のみ未刊。編集委員＝小森陽一・酒井直樹・島薗進・千野香織・成田龍一・吉見俊哉)である。ともに岩波書店から刊行され、近代日本を対象とするが、それぞれ「文化論」と「文化史」をシリーズの表題としており、その構えも執筆者も異なっている。

シリーズの巻別構成は、前者が「近代日本への視角」、「日本人の自己認識」、「ハイカルチャー」、「知識人」、「都市文化」、「犯罪と風俗」、「大衆文化とマスメディア」、「女の文化」、「宗教と生活」、「戦争と軍隊」、「愛と苦難」。

他方、後者は、「近代世界の形成」(一九世紀世界 Ⅰ)、「コスモロジーの「近世」」(一九世紀世界 Ⅱ)、「近代知の成立」(一八七〇—一九一〇年代 Ⅰ)、「感性の近代」(一八七〇—一九一〇年代 Ⅱ)、「編成されるナショナリズム」(一九二〇—三〇年代 Ⅰ)、「拡大するモダニティ」(一九二〇—三〇年代 Ⅱ)、「総力戦下の知と制度」(一九三五—五五年 Ⅰ)、「感情・記憶・戦争」(一九三五—五五年 Ⅱ)、「冷戦体制と資本の文化」(一九五五年以後 Ⅰ)、「問われる歴史と主体」(一九五五年以後 Ⅱ)となっている。

前者がテーマ別の編成であるのに対し、後者は通時的に論を立てているが、それ以上に文化と歴史への向きあい方が双方で異なり、問題の把握と評価、論の組み立ても異なっている。

とともに、(1)それぞれは、それぞれに時間における変化・推移を組み込み(文化を)歴史の時間のなかで論じると同時に、(2)シリーズ名にともに「文化」を掲げ、焦点としている。ここにA「文化」とB「歴史」との差異がみてとれよう。AとBとの差異は明瞭で、(1)にかかわっては、前者は素朴な時間的な流れを歴史とみなすのに対し、後者は歴史を構成的なものとし、そのことを議論の核心においている。また、(2)にかかわり、前者は文化を領域的なものと把握するのに対し、後者は(歴史に接近するための)方法として文化をもちだしている。

本章の主題である日本研究にかかわっていえば、前者が日本・日本文化を構成されたものとしたうえで自明化し、それをテーマへと分節するのに対し、後者は日本・日本文化が自明とみえてしまうカラクリこそを問題化している。そして構成的な日本・日本文化の概念が、あらためて近代のなかで、どのような画期をもち、どのようにそれぞれの時期で「日本なるもの」「日本文化なるもの」が創りあげられたかを考察する。

前者も後者も学知における言語論的転回をみてとっているが、前者はそれに距離をおき、その認識に懐疑的であるのに対し、後者は逆に、言語論的転回を歴史分析に導入しようとしている。すなわち、前者と後者との対比において、いまひとつの軸となる「日本」の実体化と構成性である。ポストモダンの流れのなかで、前者はあえて「日本」を実体化して対象とし、後者は日本は構成的に再構成されたことを議論の出発点におく。日本文化研究において、対象である日本、あるいは文化、歴史に、「実体―構成」という軸が生じる。

いくらか一般化して、日本文化研究を、文化論と文化史、実体論と構成論を軸とし図示するとき、左図のようになる。日本文化研究は、四つの象限(ⅠⅡⅢⅣ)をもつが、各象限において、それぞれが別個の問題意識、分析のための概念と範疇を有し、互いに交錯しない状況がみられるということである。日本文化論は、Ⅰ「アイデンティティとしての日本文化(論)」と、Ⅱ「対象としての日本文化(論)」に位置づけられ、日本文化史は、Ⅲ「領域としての文化(史)」(しばしば、部門史となる)と、Ⅳ「方法としての文化(史)」

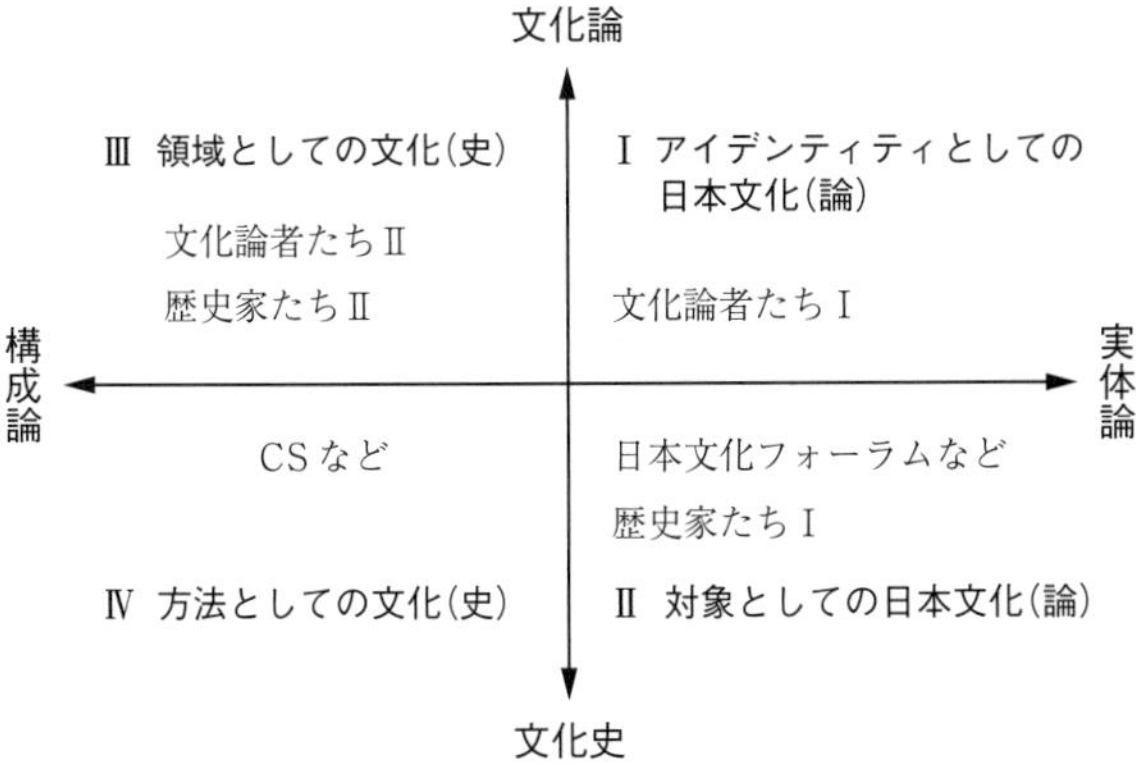

(全体史への志向)をもつ。Ⅰ—Ⅳが近接し、他方、Ⅱ—Ⅲが近接することになる。

また、日本文化への批判的な議論と、日本文化を礼賛し肯定する議論として、評価が分離する。おおむね構成論派は日本文化礼讃に批判的であり、実態論派は肯定的であるが、論者と時期によって議論と評価は入り組んでおり、決して単純ではない。文化論/文化史の方法がまだ途上、あるいは変化の過程にあるということである。

まずはAに焦点をあてながら、課題に接近してみよう[1]。

1　「日本文化論」の推移をめぐって

1

「日本文化論」(A)と「日本文化史」(B)のうち、推移―系譜が論じられてきたのは、もっぱらAの日本文化論である。日本文化論の軌跡は、それ自体が(日本文化論にとっての)アイデンティティをなしてきた、ということになる。日本文化論は、先行する日本文化論の研究に言及し、その範疇を論じることをひとつの作法としている。日本文化論が、アイデンティティ論となっていることのひとつの証左である。

日本文化論の推移の考察といったとき、軸をなすのは、したがって、もっぱらAの立場と方法である。代表的な作品として、青木保『「日本文化論」の変容』(中央公論社、一九九〇年)、南博『日本人論の系譜』(講談社、一九八〇年)、『日本人論』(岩波書店、一九九四年)、船曳建夫『「日本人論」再考』(日本放送出版協会、二〇〇三年)などを挙げうるが、もっともはっきり時期区分をするのは青木である。

青木は、一九九〇年の時点で「戦後日本の文化とアイデンティティー」を問うことを試み、四つの時期を提出している。「否定的特殊性」(一九四五―五四年)、「歴史的相対性」(一九五五―六三年)、「肯定的特殊性」(前期一九六四―七六年、後期一九七七―八三年)、「特殊から普遍へ」(一九八四年―)として、肯定／否定と、特殊／普遍の軸で日本をめぐる議論を整理する。型の抽出と通時的な推移を組みあわせており、日本文化論の文化論的整理として受容することができる。

「「外部」の眼」の存在を強調した時期区分というが、ルース・ベネディクト『菊と刀』を冒頭において展開される青木の議論は、戦後の「日本文化論」の展開を意識している。政治史的な動きとして、敗戦―五五年体制―冷戦体制―新冷戦体制、あるいは経済的な進展として、復興―高度成長―安定成長―バブルという動きのなかでの議論となる。挙げられる文献も「ホーリスティックな日本についての論考」で「大きな話題」「傾向を変えるような影響力」をもつものであり、開かれた議論となっている。だが、「肯定―否定」が軸とされるものの、「実体―構成」の軸はない。青木が「肯定的特殊性」とする時期の後半には、モダニティの再考がなされ、「日本」の自明性が俎上に載せられ、そのうえでの考察が登場する時期であったのだが、この点に関心は示していない。

他方、Bの観点からの日本文化論の考察は少ない。そのなかで、鹿野政直「日本文化論の歴史」(『史学雑誌』第八七編第三号、一九七八年)、同『「鳥島」は入っているか』(岩波書店、一九八八年)、西川長夫『国境の越え方』(筑摩書房、一九九二年)などが、文化史の立場(B)から日本文化論(A)の検討をおこなっている。

鹿野は、日本文化論が唱えられた七つ（一九八〇年代を含めると八つ）の時期を設定し、「文明開化期」（一八七〇年代）、「国粋主義期」（一八九〇年代前半）、「帝国主義突入期」（一九一〇年前後）、「ファシズム化期」（一九三〇年代）、「戦後出発期」（一九四〇年代後半―五〇年代前半）、「新安保体制期」（一九六〇年代）、「七〇年安保以後期」、そして一九八〇年代の時期を指摘する。日本文化論がさかんであった時期とそうでなかった時期を見渡し、日本文化論の隆盛は、(1)「大衆運動」と反比例し、(2)「知識人」と「大衆」（知識人優位）という論点がみられるとした。

本章で対象とする戦後については三つの時期が指摘され、背後にアメリカとの関係を有する社会運動に基づいた時期区分をおこなっている。鹿野は、日本文化論をひとつのイデオロギーとして把握し、そのゆえに経済ではなく、政治、それも社会運動との関連で考察する。日本文化論それ自体に批判的なまなざしをもち、接していくのである。

しかし、ここでも「実体―構成」の軸は見られないうえ、ともにそれぞれの時期の代表的な論を取り上げ、その特徴を指摘するという手法をもつ。ABとして挙げた双方の議論には相当の距離があるが、分析の手法や叙述の作法は類似している。

加えて、着目する作品も類似している。たとえば双方とも、加藤周一「日本文化の雑種性」（『思想』第三七二号、一九五五年）や梅棹忠夫「文明の生態史観」（『中央公論』一九五七年二月）をひとつの節目の著作とし、加藤・梅棹が「西欧対日本」との関心で近代日本を議論していることを指摘する。そして、そのことの自己認識と自己評価として日本文化研究がなされてきた、という把握がなされる。

ABともに、(1)近代の価値化――それを鏡とする日本文化研究を抽出し、それらが(2)「封建遺制論」を下敷きにしていたことが一九七〇年ころまでの主調音をなしたとしている。

ちなみに、A文化論からの日本文化論・日本文化史として、一九七〇年ころまで参照されてきたいくつかを列挙すれば、『思想の科学』グループ(鶴見俊輔、鶴見和子、南博、佐藤忠男ら)、政治思想・政治思想史(丸山眞男、藤田省三、橋川文三、神島二郎ら)、文化の社会学(見田宗介、栗原彬、作田啓一ら)、文学史研究(前田愛、亀井秀雄ら)、社会批評(吉本隆明、谷川雁、花崎皋平ら、また山崎正和ら)、民俗学(谷川健一、宮田登ら)、文化人類学(山口昌男、川田順造ら)、教育学(中内敏夫ら、また天野郁夫、竹内洋ら)、差別批判(金達寿、尹建次ら)などの領域からの議論と作品を挙げうる。

他方、これらに反発し、批判する議論も出されていた。日本文化論として提供されたものは、イザヤ・ベンダサン(山本七平)『「日本人」とユダヤ人』(山本書店、一九七〇年)や土居健郎『「甘え」の構造』(弘文堂、一九七一年)、山本七平『「空気」の研究』(文藝春秋社、一九七七年)などである。いずれも、近代化論的な視点に立つといえよう。

2

日本論・日本文化論の磁場は、一九八〇年代を通じて大きく動く。一九七〇年代と一九八〇年代の差異は、批判的・日本文化論と肯定的・日本文化論が、「日本」「文化」論となってあらわれてくることにある。文化論として日本を扱い、日本文化を論ずるのではなく、文化の一形態、すなわちケーススタディとして日本を扱う研究の登場である。あるいは構成的な立場からの日本論・日本文化論の出現といってもよい。

加えて、日本文化を論ずることが、そのまま日本文化の自讃に連なることがもっぱらであったなか、批判的な日本文化論が少なからずみられるようになる。

背景にあるのは、高度成長にともなう日本経済の爛熟である。そのことにより、かつての封建遺制論―日本近代の歪みや遅れという議論が姿を消していくのは青木の指摘の通りであろう。

こうしたさまざまな動きを象徴するひとつが、田中康夫『なんとなく、クリスタル』(河出書房新社、一九八一年)の登場である、と私は考えている。唐突な感をあたえるかもしれないが、この小説を日本論として考察するとき、これまでの日本論とは大きく異なる面が浮上する。

田中が見すえるのは、東京の原宿、六本木、広尾、青山といったモダニティの尖端の場所であり、そこにおける料理やブランド品などのモノである。また、学生でありつつモデルをする女性たちが創りだす人間関係である。

農村に出自をもつものたちの感性や関係から遠くへだたったモダン日本を、田中は切り取り小説として送り出した。興味深いことは、この小説が多くの批判を浴び、田中が描き出す消費に着目した日本像が批判されるなか、保守派の江藤淳が『なんとなく、クリスタル』を絶賛したことである。

一見すれば不可解なこの関係について、加藤典洋『アメリカの影』(河出書房新社、一九八五年)は、高度成長期におけるアメリカからの「影響」や「圧迫」――すなわち、憧れと反発という背反するアメリカへの感情を見出しつつ、戦後論として論じた。加藤は、江藤による田中評価を、アメリカを補助線として読み解くのである。加藤の論旨は、戦後論にあるが、日本論としては、日本の自意識の背後に「アメリカの影」を指摘したということになる。

日本論・日本文化論の背後にあるアメリカとの関係。加藤の指摘によって、一九八〇年代以降の日本をめぐる議論は「アメリカの影」の存在が欠かせない視点となった。

また、一九八〇年代には、保守派の日本論として、村上泰亮・公文俊平・佐藤誠三郎『文明としてのイエ社会』(中央公論社、一九七九年)、および、山崎正和『柔らかい個人主義の誕生』(中央公論社、一九八四年)を見逃すことができない。さきの青木は『文明としてのイエ社会』を「広い文明史的展望に立ってとらえられた「日本近代化論」」とし、

「「肯定的特殊性」の総括」をおこなっているとした。『文明としてのイエ社会』は「間柄主義」をもちだし、「日本の近代化の特性の分析」をおこなった――日本の「多系論的発展」を欧米の「一系論的発展」と対置したとするのである。日本社会の位置づけを逆転し、今後の進展のための可能性をもつ「社会原理」と評価したと青木はいい、日本文化論の「黄金時代」の著作として位置づけた。

この時期、日本文化に肯定的でありつつ、しかしその特徴を「特殊性」として把握しない論者も登場する。山崎正和は、脱産業化の大きな流れで日本文化の現況を把握し、次のように唱えた。

われわれが予兆を見つつある変化は、ひと言でいへば、より柔らかで、小規模な単位からなる組織の台頭であり、いひかへれば、抽象的な組織のシステムよりも、個人の顔の見える人間関係が重視される社会の到来である。(『柔らかい個人主義の誕生』)

山崎は、これまでの「硬い戦闘的な生産組織」「隣人の顔の見えない大衆社会」から推移し、あらたな「人間的集団」――あらたな共同体＝組織の登場の予感を告げる。国家主導の時代が終わり、地域の時代となりゆく現状を、「脱産業化」として普遍的に把握するのである。また、「生産」にかわり「消費」が意味をもちはじめていることを、(当然、日本に固有なものではなく)普遍的な文脈で指摘した。

山崎は、「個人」に着目し、「禁欲」から、(欲望を)「解放」する「個人」を肯定的に評価する。「集団」の時代から、「個人」の時代という把握であるが、こうした動向を、山崎は日本文化論として展開し、近代社会の「第三段階」と論じた。

「誰でもない人」(貴族社会 nobody)→「誰でもよい人」(大衆社会 anybody)→「誰かである人」(いま somebody)と説明し、「規律」「誠実」を「産業社会」の特徴として相対化するが、この動向が日本文化論として論じられる点に、山崎の議論の特徴がある。山崎によって日本文化論に構成的な軸がもち込まれることにもなる。このとき、山崎は肯定的な文脈で日本文化論を唱えており、構成的で肯定的な日本文化論が主張されることとなった。

2　「日本文化史」の推移をめぐって

1

主として歴史学によって担われてきた日本文化史は、日本文化論のような現状への直接性を欠いているようにみえる。状況との緊張関係を直接には表明せず、もっぱら過去の叙述として提供する。しかし、「日本文化史」には、歴史家なりの問題意識と工夫がなされてきていることはいうまでもない。

戦後における歴史学の日本文化史の様相を、家永三郎『日本文化史』(岩波書店、一九五九年、第二版一九八二年)に探ってみよう。(2)

家永は「文化史とは歴史の見方を示すものであって、歴史のうちのある領域を指すものではない」という考え方もある、と述べる。家永には、「文化史学」を念頭におき、西田直二郎らが文化史の名のもとに歴史を恣意的に解釈したという認識があったろう。文化史を「歴史の見方」とすることに警戒をもつ。そして、西田らの「文化史学」を批判し、文化史をあらためて「領域」とするのである。加えて、「敗戦前の日本」では「日本の国家や文化の特殊性」が「国体の精華」のように「誇称」されてきたが、それは「政治的動機から出た、実質的根拠のない、独りよがりの優越感」にすぎないと、手厳しく斥ける。このとき、家永は日本の「特殊性」認識は保持したままであり、その評価に異議を申し立てている。さきの青木のいう「否定的特殊性」に位置し、日本文化の「特殊性」の称揚を批判する。

そして、あらためて文化史の領域というとき、家永は「せまい意味での文化の定義」によるのではなく、ひろく「学問や芸術や宗教や思想・道徳などの領域」を対象とすることを主張する。

文化史が学問・宗教・芸術などの歴史であるならば、日本文化史では、何よりもまず日本人がこれまでどのような内容をもつ学問・宗教・芸術をつくり出してきたかを具体的に明らかにしなければならない。(『日本文化史』)

「世界史的・国際的な伝播・交流のなかで発達」という観点のもとで、日本文化史を考察することを図っている。家永は、文化を「単にでき上がった文化財としてだけでなく、いつもこれをつくり出し、享受する社会または個人との関係において考えること」とし、「つくり出すはたらき」「つくられたもの」「享受するはたらき」に着目する。作品として具体化される文化を、(1)完成品としてではなく、生成の過程として把握し、(2)提供する側からだけではなく、享受する側の視点を入れることをあわせいう。動態的に文化を把握しようとする視点がみてとれる。

だが、家永の文化史では、その領域が戦後の常識的な理解で把握されているとともに、「学問」「宗教」「芸術」の範囲が時期的に異なることが理論化されないまま、実体化されている。むしろ、「学問」「宗教」「芸術」という領域の線引き――範囲の推移こそが文化史の考察対象となるはずだが、家永にはそうした関心は見受けられない。加えて、その(流派とは異なる)「型」を抽出することもなく、家永のいう文化とは、実のところ文化財をその内実としている。[3]

『日本文化史』は、江戸期までを主要な対象とし、「原始社会」、「古代社会」(律令社会、貴族社会)、「封建社会」と時期区分し、それぞれを「成長期」「確立期」「崩壊期」とさらに腑分けする。そして、近代の部分は、「日本の近代化と西洋近代文化の摂取」として概説される。この時期区分は、「日本文化史では、日本文化の一貫した伝統やその特色を明らかにしていくことが、だいじなしごととなろう」という主張と対になり、日本文化の範囲も固定されることとなる。

ている。静態的で固定的な文化史ではある。

かくして家永の『日本文化史』においては、文化財の正典(キャノン)を日本文化として紹介し、その推移をたどることが日本文化史とされ、日本の範囲も現時のものとされ

なお、家永は、文化研究が転回する一九八〇年代の入口に『日本文化史』第二版を提供した。だが、大枠は崩さず、目次も変更しないまま、(1)近代の部分を削除し、(2)「新史料・新史実の発見と新しい評価の観点からの補足・修正」をおこなった。すなわち、「もとより基本的な日本文化史に対する私の見方に変りはない」とされる。

現在の目で見るとき、こうした家永『日本文化史』は日本文化論と接点を有していない。歴史学は、独自にたくさんの部門史とそれを束ねた日本文化史を提供していた。たとえば、『体系　日本史叢書』(全二二巻、山川出版社、一九六四年―)に「社会史」「生活史」「産業史」「宗教史」「科学史」「美術史」「芸能史」「思想史」「交通史」の巻がおかれるごとくである。家永の『日本文化史』も同じ構造をもち、「学問」「宗教」「芸術」という部門史の集成となる。

こうした歴史学における文化史の位置とその構造は、『近代日本思想史講座』(全八巻、

筑摩書房、一九五九―六一年。一冊未刊)、『技術の社会史』(全六巻+別巻、有斐閣、一九八二―九〇年)などの試みや史料集の展開(いくつもの思想大系、文学大系、アンソロジー)がなされるものの、文化の概念を変えたり、その推移を扱ったりといった姿勢がみられないことと同じ位相をもつ。

また、『図説 日本庶民生活史』(全八巻、河出書房新社、一九六一―六二年)、『日本生活文化史』(全一〇巻、河出書房新社、一九七四―七五年)など、そのあとにつづく「日本文化史」も同様である。文化財を束ね、正典の通時的紹介をもっぱらにすることとなり、文化の概念やありようの認識の転換はともなわない。時期区分、すなわち、文化史的な時代把握も(『日本生活文化史』のばあい)「西洋文明の衝撃」「生活のなかの国家」「市民的生活の展開」「軍国から民主化へ」とされ、オーソドックスである。

文化財の紹介を効果的にするため、これらのシリーズでは、大判、カラーを含む多くの図版が収録されている。なかでも、『図説 日本文化史大系』(全一四巻、小学館、一九五六―五八年)や『図説 日本文化の歴史』(全一三巻、小学館、一九七九―八一年)は、その代表的なものとなる。これらのシリーズでも、時期区分は「明治」「大正・昭和」「現代」とオーソドックスであり、通史的体裁をとり、あらゆる部門を、図像を多用しながら叙述していく。

これらは、戦後の歴史学が、社会経済史・政治史から文化史・生活史へ傾斜するという歴史学全体の傾向を示すとともに、高度成長下で経済的な向上に対応した出版という側面ももつ。政治史とそれに組み合わされた社会運動史が軸となっていた歴史学において、かかる文化史のありようは、批判性(イデオロギー性)が弱まることでもあった。

このとき、興味深いのは日本文化史の講座として、日本史研究会編『講座 日本文化史』(全八巻、三一書房、一九六二—六三年)が編まれたことである。「寛政—明治初期」(第六巻)、「明治五年—明治末」(第七巻)、「大正—昭和期・戦後」(第八巻)という構成で、「下部構造」を重視し、社会経済史に力点を置いていたマルクス主義にもとづく。文化史の通史として異色であった。

家永の『日本文化史』が、戦後の歴史学の第一潮流=「戦後歴史学」と対応するとするとき、一九六〇年代以降には、あらたな歴史学に対応する日本文化史が胎動する。そのひとつが、色川大吉『明治の文化』(岩波書店、一九七〇年)であり、色川は「民衆」への着目をおこないながら日本文化史への関心を示す。ひとつの画期が、色川によってもたらされる。

『明治の文化』は、(外来の)「欧米文化」と(土着の)「民衆文化」に目を配り、民衆文化のなかの「頂点」と「底辺」の相違を指摘する。また(文化史を標榜しつつ)「変革思想」に言及し、秩父事件などの民衆運動に「文字なき人びとの思想・意識」を見出す。さらに「非文化状況」へも議論を及ぼす。風土や民俗に言及し、丸山眞男の批判を通じて「知識階級と民衆との思想形成の質の違い」を論じてもいる。「民衆」「大衆」「人民」「国民」「民族」と、言い方こそ統一されていないが、色川の著作は「一大文化運動としての自由民権運動の昂揚と挫折」を「明治の文化」として描く。文化の概念を、文化財の集合から一挙に解放し、文化史の概念を大きく開いていった。

中尾佐助『栽培植物と農耕の起源』(岩波書店、一九六六年)や川田順造『無文字社会の歴史』(岩波書店、一九七六年)、あるいは山口昌男が文化概念を根底から変えていった営みと同じ位相をもち、歴史学における文化概念を転回し、あらためて日本「文化」のなかで検証する日本「文化史」の試みであったといえよう。

もっとも、色川は日本を「特殊」の文脈で把握している――日本は「特殊な文化感覚と日本型住民社会と社会意識」をもつとし、次のように述べている。(日本の風土は―註)思想・文化に抜きがたい固有性をもたらした。それは人種、言語、宗教、衣食住の様式の均質性から、発想様式、美意識、自然観、精神構造にまでおよぶ単一性をもたらしたのである。いかにそれが単一的で均質的であるかは、インド、中国、東南アジアの多民族国家のそれとくらべてみれば、すぐにわかることであろう。

『明治の文化』は、日本文化を特殊な実態をもつ文化と把握されている。「日本」「文化」を「日本文化」と実体化し、（近代によって形成された概念ではなく）超歴史的概念としたうえで、そこに、日本の「固有性」として「均質性」「単一性」をみている。

色川が『明治の文化』で試みたことは、たくさんの「民衆」の経験を発掘し束ねる営みであり、それを文化史として描き出すことであった。色川が「民衆」の経験を共有し、「国民」の文化（「国民文化」）として語るのである。このとき、文化史は、(1)構造的であり連続的となり（「底辺」「地下水」との語は、色川のキーワードである）、(2)当事者優位と、（色川が）当事者になりかわって語ることが一体化していく。

戦後の歴史学の第二潮流——「民衆史研究」をうけた、この日本文化史はゆっくりと日本文化論と接していくようになる。Aを軸にBと接点を有するシリーズ、および、Bを基調としAにも目を配るシリーズとを紹介しておこう。

前者は、『明治大正図誌』（全一七巻、筑摩書房、一九七八―七九年）である。全体の構成は、『図説年表』（山口修編。以下、（ ）内は編者）、『関東』（色川大吉）、『近畿』（岩井宏美、西川幸治、守谷克久）、『日本海』（鹿野政直）、『海外』（吉田光邦）、『中央道』（飛鳥井雅道）、『北海道』（永井秀夫）、『東北』（色川大吉）、『東海道』（原田勝正、田村貞雄）、『京都』（梅棹忠夫、守谷克久）、『大阪』（岡本良一、守屋毅）、『瀬戸内』（大江志乃夫）、『九州』（飛鳥井雅道、原田伴彦）、『東京（一）』（小木新造、前田愛）、『東京（二）』（前田愛、小木新造）、『東京（三）』（芳賀徹、小木新造）、『横浜・神戸』（土方定一、坂本勝比古）となっている。

大判で図説、カラーを含む図像をたっぷりと紹介し、これまでの日本文化史の出版の手法を用いるとともに、「民衆史研究」の成果をもりこんでいく。風土や自然、地域の形成とそこでの主体の形成をさまざまな観点から叙述する。

他方、後者は、民間学の提起と拡大・定着と重なって出版される。鹿野政直・鶴見俊輔・中山茂編『民間学事典』(事項編・人物編、三省堂、一九九七年)と、「シリーズ 民間日本学者」(編者は、鶴見俊輔、中山茂、松本健一)がリブロポートから、一九八六年より一九九五年まで四二冊刊行された。

前者は、人びとの営みやありようを、できうるかぎり広汎に、かつ柔軟な評価軸に基づいて汲み上げ、留め置こうとする試みである。日常の「知」の再評価であり、それだけに自覚しにくい「事項」「人物」をひろいあげている。

また、後者は、おおかたの思想史、文学史には登場しにくい人物を自由な書き方で紹介する試みであった。**表1**にあらわされるように、これまでの歴史書にはみられない名前がならんでいるとともに、副題が(執筆者による)対象者の意味づけや特徴を提示している。こうしたなかに、福沢諭吉や中江兆民が入り込めば、福沢・中江らの「読み」もまた変わってこよう。なじみの領域区分にはまりきらないような人物や「知」のありようが紹介される。

『今村太平 ── 孤高独創の映像評論家』杉山平一(1990年)
『猪谷六合雄 ── 人間の原型・合理主義自然人』高田宏(1990年)
『暉峻義等 ── 労働科学を創った男』三浦豊彦(1991年)
『正岡子規 ── 創造の共同性』坪内稔典(1991年)
『黒岩涙香 ── 探偵実話』いいだもも(1992年)
『私語り 樋口一葉』西川祐子(1992年)
『鈴木悦 ── 日本とカナダを結んだジャーナリスト』田村紀雄(1992年)
『山崎延吉 ── 農本思想を問い直す』安達生恒(1992年)
『三世井上八千代　京舞井上流家元 ── 祇園の女風土記』遠藤保子(1993年)
『森銑三 ── 書を読む“野武士”』柳田守(1994年)
『吉屋信子 ── 隠れフェミニスト』駒尺喜美(1994年)
『竹内好 ── ある方法の伝記』鶴見俊輔(1995年)
『比屋根安定 ── 草分け時代の宗教史家』寺崎暹(1995年)
『中井正一 ── 新しい「美学」の試み』木下長宏(1995年)

＊このほか，予告が出されていたものとして，狩野亨吉(鈴木正)，梅原北明(阿奈井文彦)，小野圭二郎(吉岡忍)，松岡静雄(鶴見良行)，岸田吟香(中薗英助)，内山完造(上野昂志)，V・モライス(伊高浩昭)，長谷川如是閑(山領健二)，呂運亨(安宇植)，徳富蘇峰(木村聖哉)，大佛次郎(西川長夫)，福沢諭吉(西川俊作)，金子ふみ子(道浦母都子)，渡辺宗三郎(石川好)，下村湖人(佐高信)，中野重治(杉野要吉)，石川淳(田中優子)，宮本常一(左方郁子)，佐野碩(岡村春彦)，新井奥邃(日向康)，岡田虎二郎(津村喬)，北村喜八(福田善之)，戴季陶(松本英紀)，西村伊作(上笙一郎)，別所梅之助(笠原芳光)，徳田秋声(小沢信男)，坪内逍遥(津野海太郎)，富士川游(樺山紘一)，山本宣治(米本昌平)，坂口安吾(川村湊)がある．(　)内は執筆予定者名．

表1 「シリーズ 民間日本学者」ラインアップ

『小泉八雲──その日本学』高木大幹(1986年)
『石井研堂──庶民派エンサイクロペディストの小伝』山下恒夫(1986年)
『出口王仁三郎──屹立するカリスマ』松本健一(1986年)
『牧野富太郎──私は草木の精である』渋谷章(1987年)
『柳宗悦──美の菩薩』阿満利麿(1987年)
『添田啞蟬坊・知道──演歌二代風狂伝』木村聖哉(1987年)
『長谷川伸──メリケン波止場の沓掛時次郎』平岡正明(1987年)
『辻まこと・父親辻潤──生のスポーツマンシップ』折原脩三(1987年)
『今和次郎──その考現学』川添登(1987年)
『田村栄太郎──反骨の民間史学者』玉川信明(1987年)
『石川三四郎──魂の導師』大原緑峯(1987年)
『花田清輝──二十世紀の孤独者』関根弘(1987年)
『E・S・モース──〈古き日本〉を伝えた親日科学者』太田雄三(1988年)
『伊波月城──琉球の文芸復興を夢みた熱情家』仲程昌徳(1988年)
『内村鑑三──偉大なる罪人の生涯』富岡幸一郎(1988年)
『保科五無斎──石の狩人』井出孫六(1988年)
『小笠原秀実・登──尾張本草学の系譜』八木康敞(1988年)
『きだみのる──放浪のエピキュリアン』新藤謙(1988年)
『一戸直蔵──野におりた志の人』中山茂(1989年)
『夢野久作──迷宮の住人』鶴見俊輔(1989年)
『野尻抱影──聞書“星の文人”伝』石田五郎(1989年)
『井上剣花坊・鶴彬──川柳革新の旗手たち』坂本幸四郎(1990年)
『永井荷風──その反抗と復讐』紀田順一郎(1990年)
『B・H・チェンバレン──日欧間の往復運動に生きた世界人』太田雄三(1990年)
『H・ノーマン──あるデモクラットのたどった運命』中野利子(1990年)
『島木健作──義に飢ゑ渇く者』新保祐司(1990年)
『高群逸枝──霊能の女性史』河野信子(1990年)
『辰巳浜子──家庭料理を究める』江原恵(1990年)

「民間」とは「在野」であり、「官」から認可されるという権威からは無縁である。また、そのゆえに欧米からの「知」と異なる土着の思想と発想を展開することともなった――このような認識のもと、あらたな日本文化への着目がなされたといいうる。指針となる「民間学」とは、もとは鹿野『近代日本の民間学』(岩波書店、一九八三年)に由来し(さらにさかのぼれば、鹿野「日本のサブカルチュア研究史」『思想の科学』臨時増刊号、一九七五年)、一九一〇年代から二〇年代にかけての非アカデミーの営為を、通時的に拡大した。在野における「知」のありようを、評伝というスタイルとあわせ、ヒトで括りあげた。あらたな日本文化の把握であり、一九七〇年代の日本文化研究の一端が提供されている。

このとき、これらのシリーズ(『明治大正図誌』「民間日本学者」)が風土や土着性に着目し、「外来」との対比の思考をもつ点に留意したい。欧米からくる「知」は抽象的であり、「官」が独占し、さらに制度化を伴うが、それとは対抗的な「在野」の自発的な営みをすくい上げようとする営みということができる。

換言すればナショナリズムが伏在しているということである。自発的なもの―土着的なもの―民間・在野のものをすくい上げる網は、必然的にナショナリズムを伴った。自発的―土着的―民間・在野は、反欧米・反近代とは言わずとも、非欧米・非近代の立場をもち、日本に足場を求め、ナショナルなものに接近する。一九八〇年代の文化史との差異のひとつが、この点にうかがわれる。

2

他方、歴史学における文化の扱われ方を探るとき、戦後四次にわたって刊行された『岩波講座　日本歴史』(第三次は「日本通史」)が、ひとつの手掛かりとなろう。なぜか講座の類では、文化は慣例として巻末におかれるが、各次の岩波講座の巻と目次の構成によって、文化史の構想――どのような文化把握が、どの時期になされたかがうかがえる。『岩波講座　日本歴史』での文化史叙述を大づかみにいえば、近代形成期は「啓蒙思想」を軸とし、「自由民権運動」「初期社会主義運動」を入れ込み、「平民主義」「国粋主義」を扱い、「民本主義」へと至る。「文明開化」と「天皇制」をいまひとつの核とし、一九二〇年代の「大衆文化」に目を配り、近代と現代の思想と文化、運動と社会を把握しようとする。他方、戦時期以降は、思想・文化の項目は極端に少なくなるが、「戦後思想」「戦後文化」として、その後の文化が捉えられるのである。

いささか煩雑だが、近代・現代の日本文化の歴史学的把握の項目化を知るために、各次の「文化史」部分の目次、および執筆者を**表2・3**として掲げておこう。(4)

『岩波講座　日本歴史』第一次(一九六二―六四年)、第二次(一九七五―七七年)に比し、第三次『岩波講座　日本通史』(一九九三―九六年)は文化史を重視し、領域にとどまらず歴史をみる視点にしようと試みるが、第四次(二〇一三―一五年)はまたもとに復している。『岩波講座 日本通史』における文化論への接近、さらに方法としての文化史の試みはあったが、総じてアカデミズムの歴史学においては、文化史はまだまだ部門史(領域・対象)にとどまっていた。全体史としての日本文化史(方法)が登場するのは、さきの『岩波講座 近代日本の文化史』以降ということになる。

しかし、『岩波講座 日本歴史』に示される日本文化史は、日本文化論とは一線を画し、「精神」や「意識」とともに「社会運動」「地域」、あるいは「天皇制」「差別」、さらに「社会的諸団体」「リーダーとサブリーダー」「生活」などが文化として抽出され、それらを組み合わせて文化史が叙述―提供されている。

別の角度からいえば、アカデミズムには思想史/文化史/生活史の領域が存在している。これに従ってみるとき、たとえば色川大吉の軌跡は、思想史(『明治精神史』黄河書店、一九六四年)→文化史(『明治の文化』岩波書店、一九七〇年)→生活史・世相史(『昭和史 世相編』小学館、一九九〇年)となる。思想史と生活史の接点としての文化史という位置付けがみられる。色川は「社会の生活様式として無意識に機能している文化」(『明治の文化』)とも述べていた。

同時に、歴史学内部から日本文化史を引き裂く試みもあった。たとえば、飛鳥井雅道『近代文化と社会主義』(晶文社、一九七〇年)は「日本帝国主義思想」への関心から、日本

表 2 『岩波講座 日本歴史』における文化論(第一次・第二次)

第一次(1962-64 年)

「近代思想の萌芽」鹿野政直
「文明開化」大久保利謙
「教派神道・キリスト教」村上重良・高橋昌郎
「自由と民権の思想」後藤靖
「天皇制思想の形成」武田清子
「明治 20 年代の文化」色川大吉
「国民的文化の形成 1・2」飛鳥井雅道・宮川寅雄
「大正期の文化」鶴見俊輔

＊別巻に史学史, 歴史教育, 「結婚・恋愛・性」をおく. 運動, 体制の思想を重視する.

第二次(1975-77 年)

「啓蒙思想と文明開化」ひろたまさき
「自由民権運動とその思想」江村栄一
「キリスト教と知識人」松沢弘陽
「天皇制下の民衆と宗教」安丸良夫
「平民主義と国民主義」植手通有
「近代科学技術の導入」藤井松一
「初期社会主義」飛鳥井雅道
「日本ナショナリズム論」色川大吉
「大正デモクラシーの思想と文化」鹿野政直
「マルクス主義と知識人」生松敬三
「社会生活の変化と大衆文化」山本明

別巻

「日本文化論と日本史研究」井上光貞
「国民の歴史意識・歴史像と歴史学」鹿野政直

研究整理

「近代の思想文化」栄沢幸二

＊もっぱら史学史, 歴史教育および, 宗教, 技術, 運動の思想と文化, 大衆文化, 歴史意識を扱う.

第四次(2013-15年)

「文明開化の時代」苅部直
「教育・教化政策と宗教」谷川穣
「伝統文化の創造と近代天皇制」高木博志
「近代学校教育制度の確立と家族」小山静子
「社会問題の「発生」」石居人也
「戦間期の家族と女性」小野沢あかね
「「改造」の時代」黒川みどり
「大衆社会の端緒的形成」大岡聡
「戦争と大衆文化」高岡裕之
「戦後日本の社会運動」道場親信
「戦後史のなかの家族」田間泰子
「メディア社会・消費社会とポピュラーカルチャー」伊藤公雄

*基本的に政治史として，歴史をまとめあげようとしている．別巻に，史学史(ジェンダー史，国民国家論などをふくむ)が掲げられる．

表3 『岩波講座 日本歴史』における文化論(第三次・第四次)

第三次(『岩波講座 日本通史』1993-96年)

文化論

「文明開化」牧原憲夫
「政治的自由主義の挫折」坂野潤治
「自由主義論」松沢弘陽
「戦中・戦後文化論」赤沢史朗
「大衆文化論」中野収
「現代の思想状況」安丸良夫

その他

「民衆運動と社会意識」鶴巻孝雄
「西郷隆盛と西郷伝説」特論：佐々木克
「近代天皇像の展開」飛鳥井雅道
「「裏日本」の成立と展開」特論：古厩忠夫
「故郷・離郷・異郷」岩本由輝
「主婦と職業婦人」米田佐代子
「マルクス主義と知識人」安田常雄
「マスメディア論」特論：山本武利
「柳田と折口」特論：赤坂憲雄
「アジアの日本観・日本のアジア観」内海愛子
「戦争と厚生」特論：小坂冨美子
「「大東亜共栄圏」における日本語」特論：高崎宗司
「技術革新」中岡哲郎
「宗教意識の現在」小沢浩
「問われる性役割」天野正子

＊各巻に「文化論」をおく．文化史的視角からの歴史叙述(あるいは文化論的把握)をねらう．「通史」「論説」「特論」と「文化論」の構成．

文化史を論じていく。飛鳥井は、日清戦争と日露戦争のあいだ(一八九五—一九〇五年)における「社会的高揚」に着目し、民友社左派の社会小説、『万朝報』『二六新報』などの社会改革への参画、そして「自我」——「日本型のブルジョア思想」と「明治社会主義思想」の登場などに着目する。

このとき、飛鳥井はこの「社会的高揚」は「国民文化」に結晶しえず、日露戦争を画期に転換し、ついに「帝国主義的な文化」となり終えることをあきらかにする。「国民的文化を成立させる条件」はあったが、日露戦争後に「支配者と被支配者の分裂した文化」——「文化の二重構造」を、飛鳥井は指摘するのである。日本文化が「国民文化」として成立せず「帝国主義的な文化」となったことを述べ、日本文化に一石を投じ、これまでの文化史の叙述に対し、亀裂をもち込んだ。

飛鳥井は「文明開化」について、

日本近代化のありかたとその条件を、文明開化ということばに集中して表現される、社会・思想・文化の構造変化のなかで、わたしなりに解きあかそうとする試みである。(『文明開化』岩波書店、一九八五年)

と述べるが、日本文化の帝国主義化を、文化史の方法を用いて論述し、均一的な日本文化の把握を内破しようと試みた。

安丸良夫『出口なお』(朝日新聞社、一九七七年)や、ひろたまさき『文明開化と民衆意識』(青木書店、一九八〇年)、あるいは鹿野政直『戦後沖縄の思想像』(朝日新聞社、一九八七年)も、文化史の方法による従来の日本文化史研究の内破であった。

たとえば、安丸は、民衆宗教の教祖を「通俗道徳型」の生活規範から「近代化日本への憤激」へ向かったとし、明確な方法意識により「歴史的なものとしての生の様式の内在的分析」をおこなう。ひろたのばあい、文明の先進と後進、文明と野蛮、文明ゆえの差別などの論点を提示し、「民衆」がもつ三層構造(「豪農」「底辺民衆」「奈落と辺境」の民衆)を指摘する。「国民化」される「奈落」と「辺境」の民衆を論じ、文明を歴史的な検証の場におき、文化史のあらたな視点を提出した。そして、鹿野も「戦後沖縄」を「本土」(およびアメリカ)との緊張関係で生きた青年群像を軸として考察し、日本文化の一体性なるものに疑義を提出する。文化の概念を拡大―再定義するとともに自らの方法としていった。

一九七〇年代に胎動する文化史は、近代/日本近代/近代化を分節し、生活/運動/思想を、その対象としていった。文化の定義もそれにともない、学問・宗教・芸術(家永)といった古典的な領域から拡大される一方、「知識人と民衆」、さらには(色川による)「非文化状況」の考察もなされる。「一九世紀文化史」(飛鳥井)も、同様の発想によろう。

だが、ここでもナショナルなものへの傾斜と同居していることを指摘しなければならない。『日本文化の歴史』(岩波書店、二〇〇〇年)を著した尾藤正英は、文化とは、さまざまな文化遺産や文化現象そのものを指すのではなく、それらを包括しつつ、歴史的に形成されて来た日本人の生活や思考の様式の全体を、特にそこに現れた民族としての個性ないし特性に注目して考える意味の概念である。(『日本文化の歴史』)

という。尾藤はまた、「日本の将来に新しい展望を開く可能性」があるとすれば、「「西洋化」の弊害」を見すえ、「西洋化以前の伝統に基づいて、新しい日本のあり方を構想するところから着手しなければならないのではないか」とした。

旧来の文化の概念を内破する文化史であり、民族としての日本人そのものが構成的であることは意識しつつも、日本・日本文化という枠の構成性にまでは射程が及ばないようにみえる。ナショナルなものとあわせ、ナショナルなものへの著者たちの関心そのものが文化史の対象とされねばならない。

おわりに

リン・ハント編『文化の新しい歴史学』(*The New Cultural History*, 1989)の日本語訳が、岩波書店から刊行されたのは、一九九三年のことである(筒井清忠訳)。『文化の新しい歴史学』は、あらたな歴史学の方向を文化史に探り、「転回」を踏まえた試みを次々に紹介する。ここでは、さまざまな文化をめぐる現象がテクストとして読み解かれ、国民文化は解体される。

この議論に学べば、日本文化はひとつのケースとして扱われ、日本文化は、「日本」「文化」となり、あらためて文化史が方法とされ、文化とともに文化史も構成的な認識を踏まえた叙述として再定義されることになる。

他方、この「新しい文化史」の動きと対抗するように、文化論の観点から「転回」を拒絶し、文化をあらためて実体化したうえで、歴史をくるみあげようとする動きもでてくる。冒頭の対抗状況は、かかる事態の所産であった。日本を問題化しつつ、日本文化史を叙述する試みとともに、文化論もあらたな展開をみせている。

こうしたなか、文化論／文化史の関係をあらためて問い、日本／日本文化のみならず「日本」「文化」とその位相を同時に問題化する姿勢が求められよう。素朴なナショナリズムと実証主義にとどまらず、言語論的転回以後の状況を踏まえた「日本論」、「日本文化論」、「日本」「文化」論とをあわせて射程に収めるということである。日本・日本人・日本語・日本文化の恣意的結合の指摘のみならず、日本・日本文化は構成的でありながら、なぜリアリティをもつのかということが問われなければならない。

加えて、文化史が叙述として提供されることを考えれば、あらたな叙述の作法も求められている。メタヒストリーにまで行き着いた史学史は、あらためて叙述の作法と実践を求めている。新しい軍事史、ジェンダー史のあらたな展開、エゴヒストリーや感情史、音楽史の浮上などは、こうした課題への応答であろう。日本研究の幾度目かの大きなうねりが予感される。

(1) 以下にとりあげるのは、もっぱら近代日本の文化を論じた戦後の作品となる。歴史学においては、日本文化史の領域は中世史において活況をなしており、林屋辰三郎、北山茂夫、石母田正、網野善彦、黒田俊雄、横井清らをはじめとする作品を多々挙げることができる。また、日本文化史の通史として書かれた、家永三郎『日本文化史』(岩波書店、一九五九年、第二版 一九八二年)、あるいは、尾藤正英『日本文化の歴史』(岩波書店、二〇〇〇年)も前近代に比重をおいている。

(2) 歴史学における日本文化史の系譜は連綿と続くが、文化史を歴史分析の方法としたのは、いわゆる「文化史学」であり、史学史のなかでの一潮流—範疇とされる。担い手としては、一九一〇—二〇年代の津田左右吉、村岡典嗣、内藤湖南、柳田国男、和辻哲郎らが挙げられる。なかでも、方法に自覚的なのは、西田直二郎『日本文化史序説』(改造社、一九三二年)であり、西田は部分によって全体を見ることを図り、「国民史的自叙伝」を書いた、とされる(北山茂夫)。また、実証主義と文献史学に対する批判の論点、「世界史と国民史の統一」、「歴史を書く立場」の明示と日本精神史への傾斜をもったことも記される(奈良本辰也。いずれも、第一次『岩波講座 日本歴史』別巻、所収)。

(3)　通時的な叙述に型を組み合わせた作品として、加藤周一『日本文学史序説』(正続、筑摩書房、一九七五・八〇年)がある。「近代」において、世代に着目するとともに、さらにそこから型を抽出している。

(4)　むろん、ここではなにを文化史とみなしたか、という私自身の選択とその基準があわせ問われよう。**表2・3**においては、妥協的ではあるが消去法をとり、政治史、経済史、国際関係史という歴史学の主流・主軸以外のものを抽出した。

初出一覧

＊本書への収録に当たり、全体にわたってわずかに字句の修正を施した。
＊タイトルを改めた章がある。その場合には、原題を【　】内に示した。
＊本文および註に記載した文献については、できるだけ最新の情報を加えるように心がけたが、各論稿の刊行後に新たに発表された研究文献については触れていない。
＊「歴史論集」へのあらたな註は、〔補註〕として追記した。

現代文庫版まえがき　新稿、二〇二一年

問題の入口　なぜ〈戦後知〉を問うのか

第1章　〈戦後知〉のありか【原題「「戦後知」の収蔵庫――岩波現代文庫に寄せて」】
『図書』八五四号、岩波書店、二〇二〇年二月
第2章　「戦後七〇年」のなかの戦後日本思想
三浦信孝編『戦後思想の光と影――日仏会館・戦後七〇年記念シンポジウムの記録』風行社、二〇一六年三月

Ⅰ「戦後文学」の歴史意識――歴史学からの対峙

第3章　大佛次郎の明治維新像――半世紀後に読む『天皇の世紀』【原題「半世紀後に読む『天皇の世紀』――大佛次郎の明治維新像」】
『おさらぎ選書』二六号、大佛次郎記念会、二〇一八年一一月

第4章　司馬遼太郎と松本清張
『論座』一三〇号、朝日新聞社、二〇〇六年三月（↓成田龍一『歴史学のポジショナリティ』校倉書房、二〇〇四年所収）

第5章　松本清張の「大日本帝国」――文学者の想像力と歴史家の構想力
『歴史評論』七〇五号〈特集　歴史小説と日本近代史研究のあいだ〉、歴史科学協議会、二〇〇九年一月（↓成田龍一『歴史学のナラティヴ』校倉書房、二〇一二年所収）

第6章　「歴史と文学」の来歴【原題「「歴史と文学」のために」】
『社会文学』一八号〈小特集　文学へどう向き合うか〉、社会文学会、二〇〇三年一月（↓『歴史学のポジショナリティ』所収）

Ⅱ「戦後知識人」から「現代知識人」へ

第7章　「戦後知識人」としての加藤周一
共同通信配信「加藤周一」（二〇〇八年一二月）、朝日新聞夕刊「「戦後と知識人」再考」（二〇〇九年一二月三日、岩波現代文庫『私にとっての二〇世紀』「解説」（二〇〇九年二月）の三つ

の文章を一括した(→『歴史学のナラティヴ』所収)

第8章　大江健三郎・方法としての「記憶」――一九六五年前後【原題「方法としての記憶――一九六五年前後の大江健三郎」】

『季刊 文学』六―二〈特集 大江健三郎〉、岩波書店、一九九五年四月(→成田龍一『歴史学のスタイル』校倉書房、二〇〇一年所収)

第9章　井上ひさしの「戦後」――出発点、あるいは原点への遡行【原題「出発点、あるいは原点への遡行――井上ひさしの戦後」】

『社会文学』四八号〈特集 井上ひさし〉、社会文学会、二〇一八年八月

第10章　「東京裁判三部作」の井上ひさし

『未来』五四六号、二〇一二年三月(→田中浩編『リベラル・デモクラシーとソーシャル・デモクラシー〈現代思想 その思想と歴史4〉』未来社、二〇一三年所収)

第11章　辻井喬のしごと――日中友好の井戸を掘る【原題「友好の井戸を掘る――辻井喬のしごと」】

岩崎稔・成田龍一・島村輝編『アジアの戦争と記憶――二〇世紀の歴史と文学』勉誠出版、二〇一八年六月

Ⅲ　「現代思想」への〈転回〉を歴史化する

第12章　山口昌男の一九七〇年前後――「歴史学的思考」への挑発【原題「「歴史学的思考」への挑発――山口昌男の一九七〇年前後」】

『ユリイカ』四五―七〈特集 山口昌男――道化・王権・敗者〉、青土社、二〇一三年六月
第13章 見田宗介をめぐってのこと二つ、三つ
『現代思想』四三―一九臨時増刊〈総特集 見田宗介＝真木悠介――未来の社会学のために〉、青土社、二〇一六年一月
第14章 山之内靖と「総力戦体制」論【原題「山之内靖と「総力戦体制」論をめぐって」】
山之内靖『総力戦体制』(伊豫谷登志翁・成田龍一・岩崎稔編)、筑摩書房(ちくま学芸文庫)、二〇一五年一月
第15章 「日本文化」の文化論と文化史――日本研究の推移
『日本研究』五五号〈特集 日本研究の過去・現在・未来〉、国際日本文化研究センター、二〇一七年五月

解　説

戸邉秀明

1　〈戦後知〉という問題提起

本書は成田龍一氏(以下、著者)の「歴史論集」全三冊の二冊目にあたる。本シリーズは、著者が最近四半世紀の間に著した諸論考のうち、広く歴史学をめぐる状況を論じた「歴史批評」とよぶべきものから、巻ごとの主題にそって新たに精選・編集したものである(編集の詳しい経緯と方針については、「歴史論集1」である『方法としての史学史』所収の著者「まえがき」と「解説」を参照されたい)。

そのうち本書には、著者の戦後史論の中核を占める文学者・思想家に関する代表的論考をまとめた。著者は戦後における知的な営みの総体を〈戦後知〉として括り、まさに現在進行形の作業として検討を進めている。その広がりと深さがわかるように、歴史文学・知識人・現代思想という、大きく三つの主題にそって関連する論考を編んだ。

本書「まえがき」の通り、〈戦後知〉とは、民衆思想史家の安丸良夫が二〇一〇年の論考で提唱した概念である。著者は近年、それを引き受けて、これまでの自身の研究を、新たな構想のもとに位置づけている。

本書冒頭の「問題の入口」には、その構想の見取図がよく表れた論考を置いた。第1章は、本書もその一冊である岩波現代文庫を構成する書目の一覧を手がかりに、〈戦後知〉の構成要素と、その受けとめに必要な方法的工夫について述べている。また第2章では、世代を指標として〈戦後知〉の変化が一望されており、本書の総論ともいえる(以上と関連して、著者と小森陽一・本田由紀との鼎談『岩波新書で「戦後」をよむ』岩波書店〈岩波新書〉、二〇一五年も併せて参照されたい)。

なぜ〈戦後知〉という術語を用いるのか。そこにはまず、おおよそ一九七〇―八〇年代を境に転換する知の営みを、戦後思想と現代思想に分節化した上で、あらためて両者の関係と、二〇世紀後半以降の歴史との対応について捉え直す意図が込められている。

ここでは二つの動向をにらんでいる。一方で、戦後の規範が次々と壊されるなか、「戦後」擁護の声が挙がっている。著者はここに、あえて待ったをかける。守るべき「戦後」像がますます単一化してしまい、批判的な吟味を経て継承如何を選択する自覚的契機が奪われるからだ。他方、自分たちの正しさや卓越性を訴えるため、前世代との断絶ばかりを強調する議論にも、著者は批判的である。いま必要なのは、戦後思想と現代思想を、その差異を前提としつつも、変化の過程を統一した視野で位置づける「歴史化」の作業である。

一九九〇年代に本格化したグローバル化以降、「戦後」とは性格を異にする「「戦後」の社会体制が、否応なく創り出された。そのなかで現代思想も大きく変容しつつある。したがって戦後思想と現代思想の違いを注視するだけでは、もはや不充分なばかりか、本来向き合うべき課題から目をそらすことになる。そこで著者は、両者を含んだ〈戦後知〉からの「軽々の脱却ではなく、その再解釈、そして再解釈をへての再起動」を求め、その拠点とすべく〈戦後知〉という言葉を公論の場に投じた。

もっとも著者には、〈戦後知〉を掲げる以前から、そうした歴史化を進めるための目算と準備ができていたように思える。目算とは、「歴史論集1」にまとまった「方法としての史学史」を指す。人文科学におけるポスト構造主義、とりわけ言語論的転回を受けとめ、自身も携わる歴史学という学知の作法そのものを検討にふした著者は、その検討を同時に他の学知にも差し向けた。諸学知を、同じ時空間を共有するテクストとして位置づけ、相互浸透や互いの排除によってコンテクストが生成される過程のダイナミズムを捉えるためである。これにより、言説が帯びている権威性を剝奪(脱神話化)し、それぞれの歴史的意義をあらためて解釈するための、歴史化の領野が切り拓かれた。

日本近代史を専攻する著者は、国民国家による学知の創設という対象の面でも、右の歴史化の作業に先駆的に着手していた(たとえば『岩波講座　近代日本の文化史3』岩波書店、二〇〇二年の総説「時間の近代」を参照。以下、著者執筆の文献は著者名を略す)。さらにそれを、戦後日本の歴史学の存立根拠にまで差し向け、歴史学の現代思想としての再生を賭けた問題提起が、「方法としての史学史」であった。そしてその視点で、同時代の文学や思想を領域横断的に検討する作業を、同時並行で進めていった。これが、著者の一九九〇年代半ば以降の著作のなかで、ひとつの山を形作ることになる。そのエッセンスが本書である。

そこで以下、三つの主題で編んだ意図について、関連する著者の作品の紹介も兼ねて、若干の解説を加えていきたい。

2　歴史文学、あるいは「歴史と文学」との対峙

第I部には、近現代史を対象とする歴史文学を著した戦後日本の代表的な「国民的作家」たちをめぐる論考をまとめた(第3—5章)。併せて、歴史文学と歴史学の関係をめぐる従来の議論の枠組みを、批判的に概観した論考を収めた(第6章)。

著者が早くから文学に親しみ、前田愛の文学研究に傾倒したことは、「歴史論集1」第1章に詳しい。その関心は、樋口一葉・石川啄木の創作や日記、雑誌の読者投稿などを用いて、都市生活で生みだされる意識の諸相を探った近代都市史研究に活かされてい

る(たとえば、『「故郷」という物語――都市空間の歴史学』吉川弘文館、一九九八年など)。

さらに「戦後」の枠組みが大きく変容する一九九〇年代半ば、著者は中里介山の大長編小説『大菩薩峠』や、司馬遼太郎の作品を手始めに、歴史小説の具体的な分析に進んだ(前者の成果は、『「大菩薩峠」論』青土社、二〇〇六年にまとまっている)。

特に焦点として見定めたのが、死後にブームが再来した司馬遼太郎であった(「司馬遼太郎の歴史の語り」小森陽一・高橋哲哉編『ナショナル・ヒストリーを超えて』東京大学出版会、一九九八年)。その後も、小説『竜馬がゆく』・『坂の上の雲』の語りと構造から、司馬の日本近代史像を読み解いた『司馬遼太郎の幕末・明治』(朝日新聞社〈朝日選書〉、二〇〇三年)、膨大なエッセイを含めてその思想の全軌跡を描いた『戦後思想家としての司馬遼太郎』(筑摩書房、二〇〇九年)を著して、著者の歴史文学論の中核となっている。

本書では、これらとの重複を避け、著者の司馬論の意図をよく示すものとして、松本清張と対比させた第4章を中心に置き、前後する第3・5章の大佛次郎論、松本清張論によって、著者の歴史文学に対するアプローチの代表例を示した。ここでは、それらに特徴的な観点を、二つあげておきたい。

第一は、歴史文学に対峙する著者の方法的態度である。従来の歴史家の立場は、史実の点検者であった。それに対して著者は、歴史家の歴史叙述も作家の歴史文学も、言語表現を介して人々の歴史意識に働きかける意味では同等であるとの考えで臨む。それぞれが歴史像を創り出すために用いる作法を比較して、大佛・司馬・松本の小説に、歴史学と共通する作法を見出している。著者は両者の共通性をつきつめることで、さらにその先にある、作家の想像力がもつ独自の思想性を浮かびあがらせた。

これが第二の点、彼らの歴史文学を「戦後思想」の典型的表現として捉える観点につながる。第4章では、司馬と松本を対比させ、両者の対照的な位置こそが補完的に作用して、高度経済成長期の戦後思想を体現したことを論じている。これは、同時代の〈歴史と文学〉という対の思考枠組みがもっていた問題性(第6章)とも重なる。作家が歴史を描く際、戦後歴史学とある種の作法を共有していたのは、いずれも戦後思想としての思考の枠組みを前提にしていたからだ。歴史と文学を対比させる議論の構図は、そうした共通の土俵を見えなくさせたまま、創作/研究、想像力/科学といった対照性の分割線を強調してジャンルの枠を固定化し、互いの読者市場の確保に貢献した。その意味でも、彼らはあくまで「戦後思想」の枠内にあり、第Ⅱ部の文学者たちとは異なると著者は見ている。

なお著者による文学への論究は、ほかにも横光利一、坂口安吾、大岡昇平、さらには田中康夫、別役実、桐野夏生の作品に及んでいる。「環日本海文学の可能性」(『社会文学』八号、二〇〇九年、『歴史学のナラティヴ』校倉書房、二〇一二年所収)など、日本海沿いの社会を描く文学作品を網羅的に論じた離れ業もある。

　こうしたまれな関心の広さから、文学者や文学研究者との協働も多い。特に戦争文学については、連続討議をまとめた『戦争はどのように語られてきたか』(川村湊と共編著、朝日新聞社、一九九九年、のちに『戦争文学を読む』と改題して朝日文庫、二〇〇八年)があり、近現代の日本語文学における戦争文学の斬新なアンソロジー『コレクション　戦争×文学』(全二〇巻+別巻一、集英社、二〇一一—一三年)の共編・解説の仕事がある。また戦後文学については、『「戦後文学」の現在形』(紅野謙介・内藤千珠子と共編、平凡社、二〇二〇年)で、現在に求められる新たな読み方を提示している。

3　「知識人になる」模索からいかに学ぶか

　第Ⅱ部には、四名の文学者を通じて、戦後日本における知識人のあり方とその変化を考える論考を集めた。著者の知識人論が、作家の具体的な軌跡によって開陳される。敗戦以降、六〇年余りにわたって批評活動を続けた加藤周一は、戦後日本の知識人のなかでも、まったく異例なほど、日本の枠を越えた視点で日本を考え続けた。そのため、「戦後思想」のただなかにありながら、その問題性にも早くから自覚的だった。加藤が著者にとり、戦後の各時期を捉える際の座標軸になる存在といえる所以である。戦後七〇年に、著者は戦後史論の数ある焦点のなかから、『加藤周一を記憶する』(講談社〈講談社現代新書〉、二〇一五年)ことを選んだ。これは、加藤の発言の総点検によって、「戦後」を保守するよりも、「戦後」の総括の仕方を新たに考案すべきとの著者の提言を、実例によって示した作品といえる。第7章には、その原型となる加藤への追悼文をもとにした論考を収めた。

第8章は、本書所収論考のなかで最も早い一九九〇年代半ばの発表である。そのため、第Ⅰ部の歴史文学論に近く、大江健三郎の文学における「歴史」と「記憶」をめぐる関心が前面に出ている。『万延元年のフットボール』は、同時期の「明治百年」を言祝ぐ政府のキャンペーンに対して、百年前の「谷間の村」の一揆と一九六〇年の安保闘争の体験を重ね合わせ、周縁から、記憶の重層性と多声性とを押し出すことで、方法的にも鋭く対抗する異議申し立ての作品となった。著者はこの小説に、戦後歴史学の実証的知見を活用しながらも、歴史家の単声的な歴史叙述に対して反省を迫る批判的な意義を見出しているが、この問題提起は現在でも有効だろう。

さらに第8章の後半では、大江の一九六〇年代の小説と評論に共通する、「証言」による「記憶」の束ね方の問題と、いわばその脱構築への模索を抽出することで、大江が「現代知識人」へと転回する兆しをすでに読みとっている。なお著者は近年、大江にとっての「広島」と「沖縄」を通時的に検討した「方法としての「書き直し」・序説――いま、大江健三郎を読むこと」(『群像』七四―一一、二〇一九年一一月)という長編論考を発表して、大江論を再開している。

　第9・10章の井上ひさしは、二〇一〇年代に入って著者が盛んに論じた文学者である。井上は少年期の不遇から、創作の初期には、戦後社会に疑問をもつ主人公の視点で物語を紡いだ。それが一九七〇年代以降、自覚的に戦後的価値を選びとることを明言する。著者がここに読みとる「再帰的戦後」は、同時期の、いわゆる「68年」の運動に見られる戦後批判とは真逆に見える。だが「戦後」の選び直しは、現実にあった(それこそ著者が幼少期に疑問視した)戦後ではなく、むしろ実現されていない価値へのコミットメントによる、歴史の見直しを井上に促した。それが「東京裁判三部作」を典型として、諧謔と企みに満ちた劇作を通じ、登場人物たちの対話的関係から、より深い民主主義の実現をめざすラディカルな表現として遺された。

　右の三名と並んで、第11章に辻井喬の名があることは、意外に思われるかもしれない。著者はすでに辻井の自伝的小説『彷徨の季節の中で』を分析して、戦後革命運動からの脱落に対する作家の深い内省と作品への昇華を、「戦後知識人」の軌跡として論じているのか(「「裏切り」の瘡蓋をはがす営み」『ユリイカ』四六―二、二〇一四年二月)。その辻井がどのような意味で「現代知識人」なのか。一方で、一九八〇年代の消費文化の先端を演出しながら、同時に消費社会批判を展開する両義性を有した。他方で日本の侵略の過去をふまえ、最晩年まで友好の紐帯を維持しようと中国に足を運んだ。モデル小説における政治家への評価の甘さに留保をつけつつも、晩年まで一貫した辻井の姿勢を評価することで、従来うまく位置づけられてこなかった知識人のタイプを論じている。

四名の文学者に対する著者の関心の焦点は、「戦後知識人」として出発した彼らが、「現代知識人」として転成を遂げ得た要因と過程にある。戦後社会が変貌し、現代思想への転回が興るなかでも、知識人として社会に問題提起をする彼らの力は衰えなかった。「戦後」が未解決のままにした課題を、「戦後」後にどのようにつないだのか。そのために、彼らは自らの何を、どこまで変えていったのか。それは彼らの、変わらない何によって可能となったのか。〈戦後知〉を批判的に継承するための鍵が、ここにある。

4　思想家論を通じて「転形期」を測る

第Ⅲ部は、現代思想(家)論である。第12章から第14章に至る山口昌男(文化人類学)、見田宗介(社会学)、山之内靖(社会思想史)の三者は、いずれも一九七〇年代以降、従来の戦後思想の限界を突破してそれぞれの学問分野の先端を行くだけでなく、八〇年代を中心に現代思想をリードした。著者は大澤真幸との討議『現代思想の時代——「歴史の読み方」を問う』(青土社、二〇一四年)で日本の現代思想の見取図を示している。これに対して本書第Ⅲ部の論考は、個々の思想家にそくした、より具体的な展開の試みといえよう。ここではその特徴について、論考に共通する二点に絞って言及しよう。

第一に、三者による現代思想への転回と対比することで、一九七〇―八〇年代の「戦後歴史学」における転回の不在が厳しく問われている。第15章は、いわばその具体例として、歴史学による「日本文化史」叙述の推移を概観して、一九九〇年代以降の「文化研究」による近代日本の分析との齟齬を浮き彫りにしている。他の諸学問も同時期に、その内部では方法や価値観の対立で軋みを見せており、日本の歴史研究、とりわけ「戦後歴史学」の潮流だけが他より「遅れていた」という話ではない。だがそれにしても……そこには同時代に転回を促そうと奮闘した著者ゆえの感慨が滲み出ている。もちろん、後続の世代ならば、この「転回の不在」に由来する問題を免れているわけでもない。史学史が、他の学問史との間に共通の討論を成り立たせるには、このような学問内外・学問間の齟齬を説明するための方策を必要としている。

第二に、ここで対象となった三名は、いずれも一九三〇年代前半から半ばの生まれである。著者の戦後史論では、世代が主軸のひとつとなるが、著者が論じる〈戦後知〉の担い手には、この世代が多い。第Ⅱ部の大江・井上がそうであり、歴史学でも民衆史研究の鹿野政直・安丸良夫、社会史研究の喜安朗・二宮宏之、また文学研究の前田愛が該当する。辻井は少し年長だが、同じ一九二七生まれの藤田省三や網野善彦らと同様、徴兵されなかった最上級生に当たり、そこから大江や見田あたりまでは、かなり共通の世代体験をもっている。体験と密接につながるその知的営みをどう伝えるか。いまや戦争体験どころか、〈戦後知〉体験を継承するための方法的な議論が、喫緊の課題となろう。

ここで論点として浮上するのが、著者が「転形期」と呼ぶ一九八〇―九〇年代の位置づけである。山口昌男に著者が一定の留保をつけるように、「ポストモダンの知」を先行的にリードした彼らの評価は、実は難しい。一九七〇年代、既成の知の組み替えを推進する批判派だった山口は、八〇年代には順応派へと「位相が変化した」。「歴史論集1」の第Ⅱ部で論じられた、民衆思想史研究者たちの九〇年代における分岐も、この転形期のくぐりぬけ方にかかわる。彼らが学界や論壇を越えて社会にどう受容され、いかに消費されたかというメディア論的な観点を交えた検討が必要になるだろう。史学史も含めて、学問史自体の論じ方が、ここでは再考を迫られる。

「転形期」とそれ以後を考える際、試金石となるのがジェンダーや植民地主義の問題への応答の仕方である。この点に関する著者の論考は「歴史論集3」にまとめられており、そちらも併せて参照されたい。

5 なぜ〈戦後知〉を問うのか――〈いま〉に向き合う歴史学

冒頭で述べたように、〈戦後知〉の歴史化とそれにもとづく戦後史像の書き換えは、著者がいま最も精力的に進めている仕事である。関連する著者の論考は日々増殖中で、解説でふれられたのは、ごく一部にとどまる。全貌はとても把握できないが、読者の便を考え、あえて蛮勇をふるうと、次のような配置に見立てられるだろうか。

まず、著者の戦後史論の基本的視座ないしは原論にあたるのが、『「戦後」はいかに語られるか』(河出書房新社〈河出ブックス〉、二〇一六年)である。解説の冒頭で確認した著者の〈戦後知〉論の根本にある意図や動機について、より詳しく述べられている。また戦後史の見取図については、教育やメディアで流布する戦後像を点検した『戦後史入門』(河出書房新社〈河出文庫〉、二〇一五年。本書は『戦後日本史の考え方・学び方』同社刊、二〇一三年の改題増補版)がある。これらは、いわばトルソの頭にあたる。

こうした視座を打ち出すための拠点となる方法が〈戦後知〉論であり、本書が体現するように、著者がこの四半世紀にわたり培ってきたものでもある。さらに著者は昨年より、雑誌『現代思想』(四八―一二、二〇二〇年九月号―)で「「戦後知」の超克」の連載を始め、西川長夫や鶴見俊輔などを対象に詳細な検討に及んでいる。この解説でも紹介した一連の著作群は、トルソの本体というにふさわしい中核を占めている。

ではトルソから伸びる四肢はどうか。視座と方法に裏打ちされた、戦後史の具体的な歴史叙述である。これについても著者はすでに、戦後六〇年にあたる二〇〇〇年代半ばから、サークル運動史、人生雑誌論、『共同研究　転向』論などを発表してきている。昨年、増補版として岩波現代文庫に加えられた『「戦争経験」の戦後史』(初版は岩波書店、二〇一〇年)と併せ読まれるべき論考として、それらの集成も期待される。

ここまで熱意を傾けて、著者が〈戦後知〉に取り組むのはなぜだろうか。最後にこの点にふれて解説を終わろう。

そこには、著者の強い危機感と、実践的な企図がうかがえる。〈戦後知〉の「再解釈」と「再起動」を願う著者の訴えは、「「戦後」後」における二重の敗北という「悔恨」の記憶に動機づけられている。二重の敗北とは、二〇一一年の「三・一一」原発災害と二〇一五年の安全保障関連法制、それぞれを契機に人々の変革を求める声が高まったにもかかわらず、活かせずに失速した経験である。そこから著者は、戦後思想の初発にあった「悔恨共同体」を想起し、「悔恨」を媒介とする、あらためての「集結」を構想する(この点については、本書第2章の議論を敷衍した前掲『「戦後」はいかに語られるか』第二章の併読が有効である)。

しかしその際、戦後思想家たちの「共同体」が宿していた問題点を繰り返すわけにはいかない。また、それからの「脱却」をうたい、戦後思想がもっていた貴重な論点を置き去りにした現代思想をなぞることはできない。それらを一緒くたにして「戦後レジームからの脱却」を叫ぶ動向に対抗して「集結」するには、幾度かの「悔恨」経験そのものを歴史化するという点検を経なければならない。そのような点検のための討議の空間を創り出すことこそ、国民や男性性といった権力を帯びた「共同体」を内側から解体する、運動としての共同性を呼び込む場となるだろう――著者の企図をこのように読みとるならば、〈戦後知〉とは、まことに切実な響きを湛えた言葉であると感じられる。

一人の「現代知識人」としての著者のメッセージを、歴史分析の行間からどれだけ聴きとれるか。「戦後」後を生きる私たちもまた、〈戦後知〉を生みだした人々と同様、模索の渦中にある。著者による「歴史化」の試みは、その現実に、私たちを直面させる。

（とべ ひであき・沖縄／日本近現代史・東京経済大学）

本書は岩波現代文庫オリジナル編集版である。収録論文の来歴については、本書「初出一覧」を参照されたい。

〈戦後知〉を歴史化する――歴史論集2

2021年5月14日　第1刷発行

著　者　成田《なりた》 龍一《りゅういち》

発行者　岡本　厚

発行所　株式会社 岩波書店
〒101-8002 東京都千代田区一ツ橋2-5-5

案内 03-5210-4000　営業部 03-5210-4111
https://www.iwanami.co.jp/

印刷・精興社　製本・中永製本

ISBN 978-4-00-600433-0　　Printed in Japan

岩波現代文庫創刊二〇年に際して

二一世紀が始まってからすでに二〇年が経とうとしています。この間のグローバル化の急激な進行は世界のあり方を大きく変えました。世界規模で経済や情報の結びつきが強まるとともに、国境を越えた人の移動は日常の光景となり、今やどこに住んでいても、私たちの暮らしは世界中の様々な出来事と無関係ではいられません。しかし、グローバル化の中で否応なくもたらされる「他者」との出会いや交流は、新たな文化や価値観だけではなく、摩擦や衝突、そしてしばしば憎悪までをも生み出しています。グローバル化にともなう副作用は、その恩恵を遥かにこえていると言わざるを得ません。

今私たちに求められているのは、国内、国外にかかわらず、異なる歴史や経験、文化を持つ「他者」と向き合い、よりよい関係を結び直してゆくための想像力、構想力ではないでしょうか。

新世紀の到来を目前にした二〇〇〇年一月に創刊された岩波現代文庫は、この二〇年を通して、哲学や歴史、経済、自然科学から、小説やエッセイ、ルポルタージュにいたるまで幅広いジャンルの書目を刊行してきました。一〇〇〇点を超える書目には、人類が直面してきた様々な課題と、試行錯誤の営みが刻まれています。読書を通した過去の「他者」との出会いから得られる知識や経験は、私たちがよりよい社会を作り上げてゆくために大きな示唆を与えてくれるはずです。

一冊の本が世界を変える大きな力を持つことを信じ、岩波現代文庫はこれからもさらなるラインナップの充実をめざしてゆきます。

（二〇二〇年一月）